考古学の道標

考古学者・戸沢充則の軌跡

「考古学の道標」編集委員会［編］

新泉社

曽根遺跡の調査で諏訪湖底を鋤簾ですくう（大学1年生夏）

オルドバイ遺跡にて（1975年）

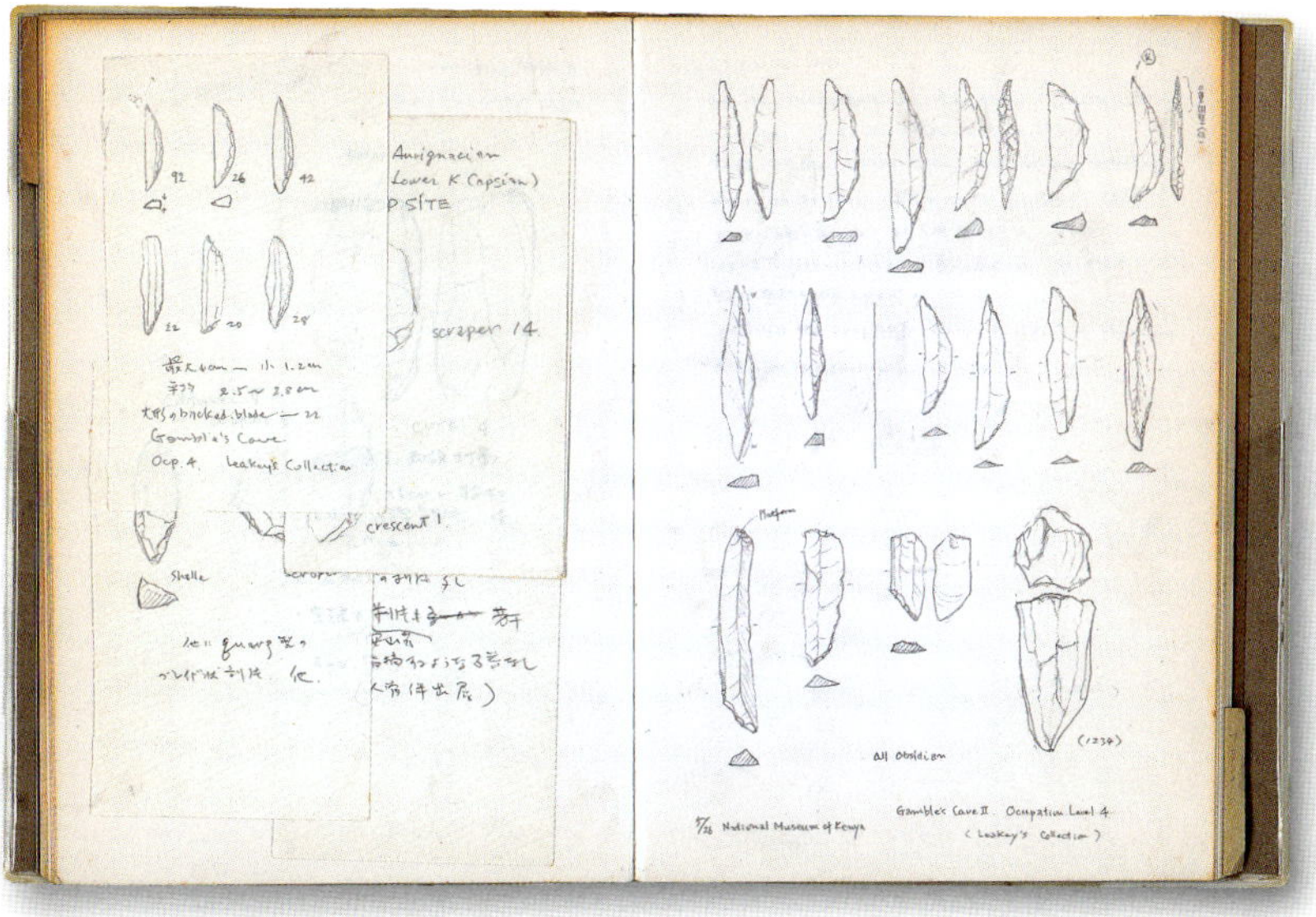

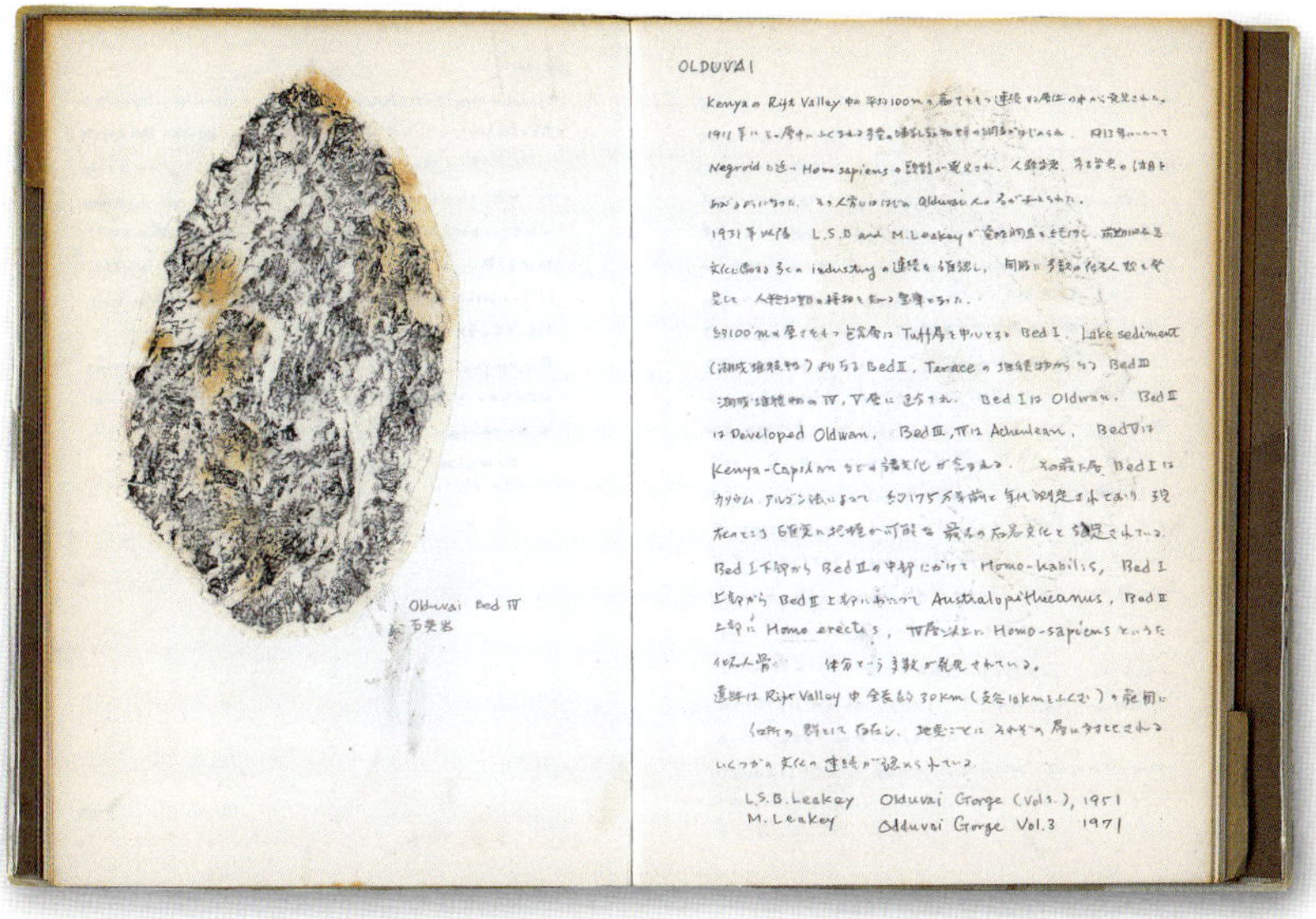

ケニア滞在中のノート（1975年）

多摩湖遺跡群にて（東京都東大和市、1976年）

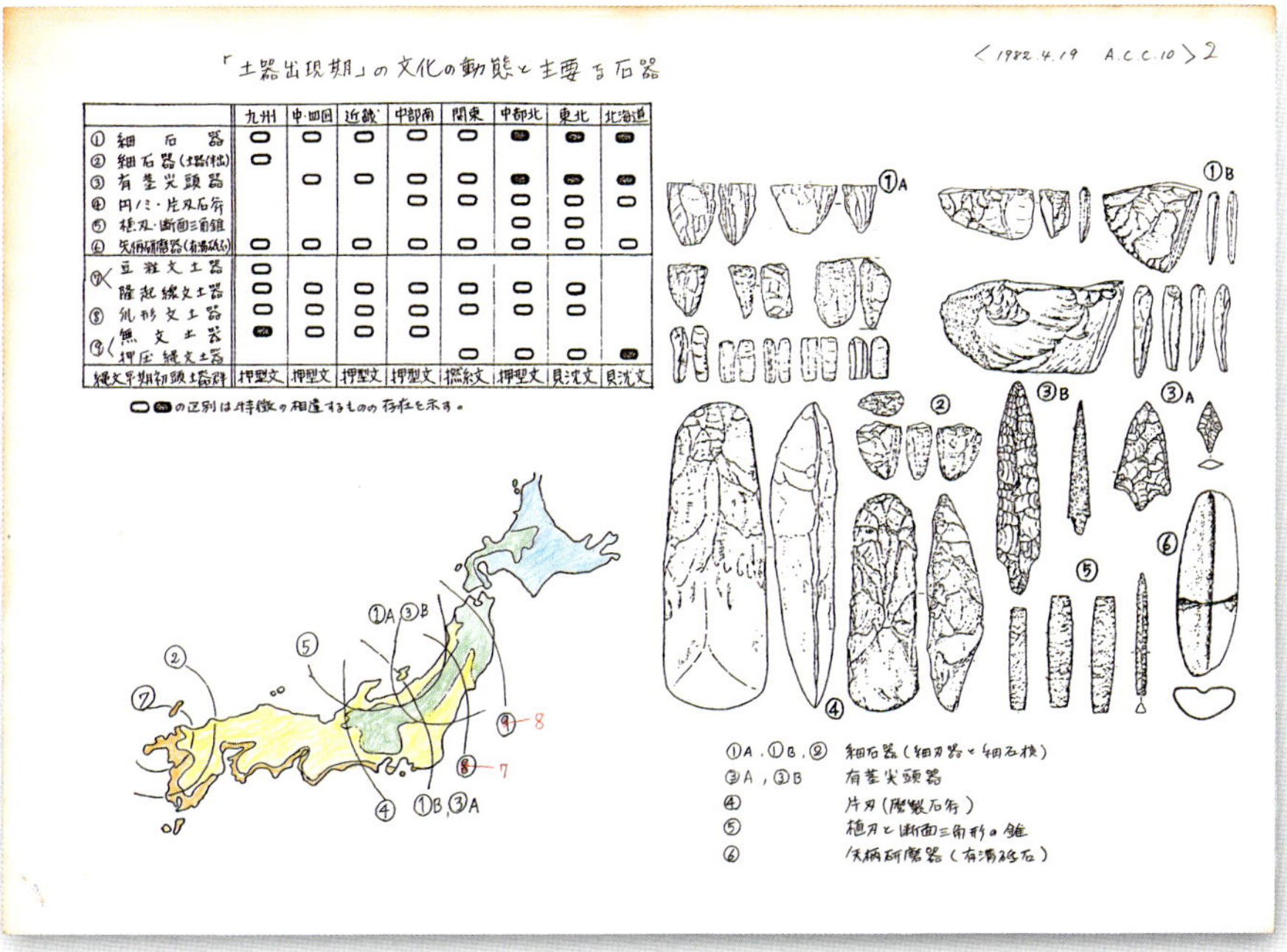

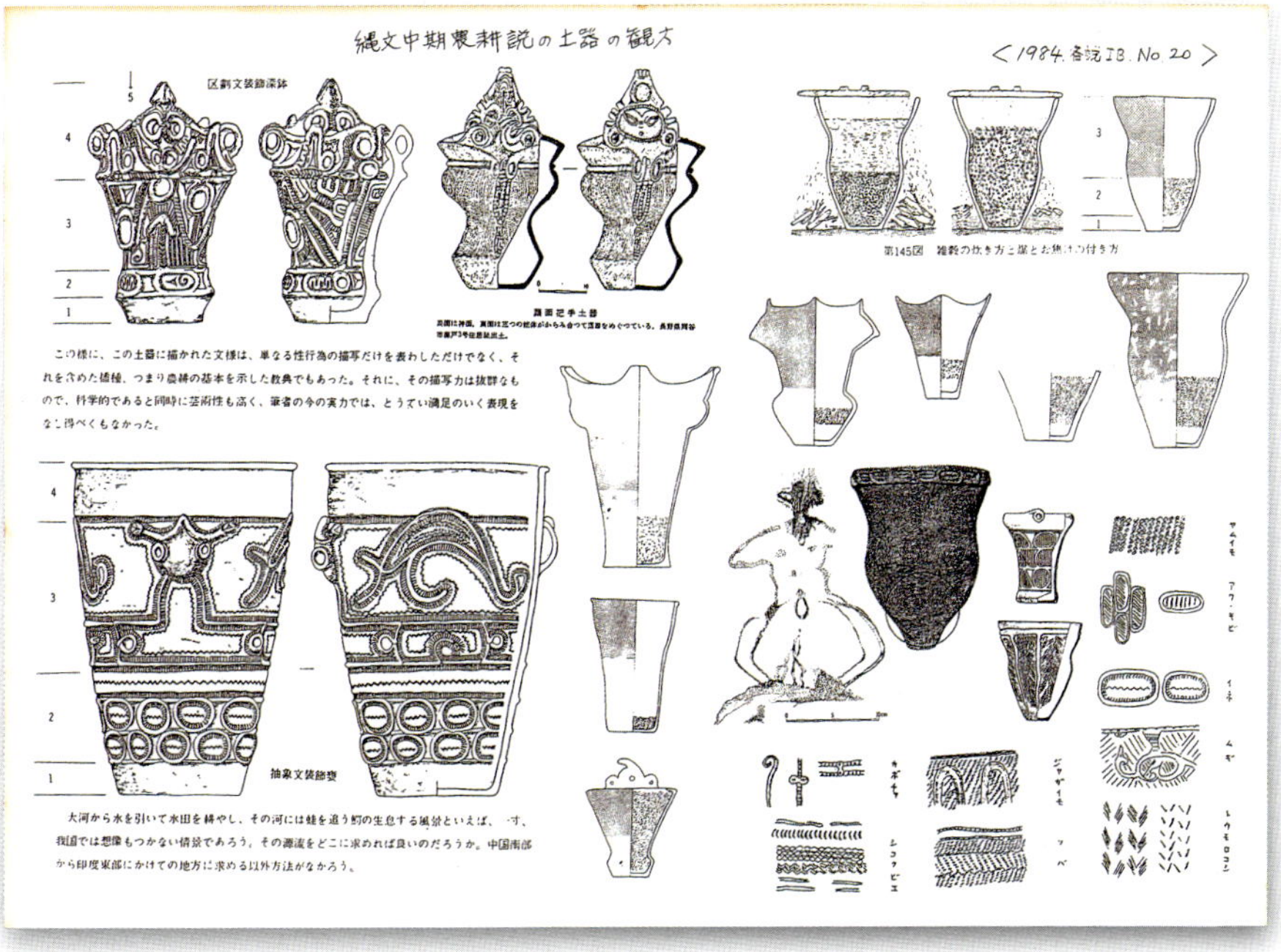

大学の講義のために作成した教材

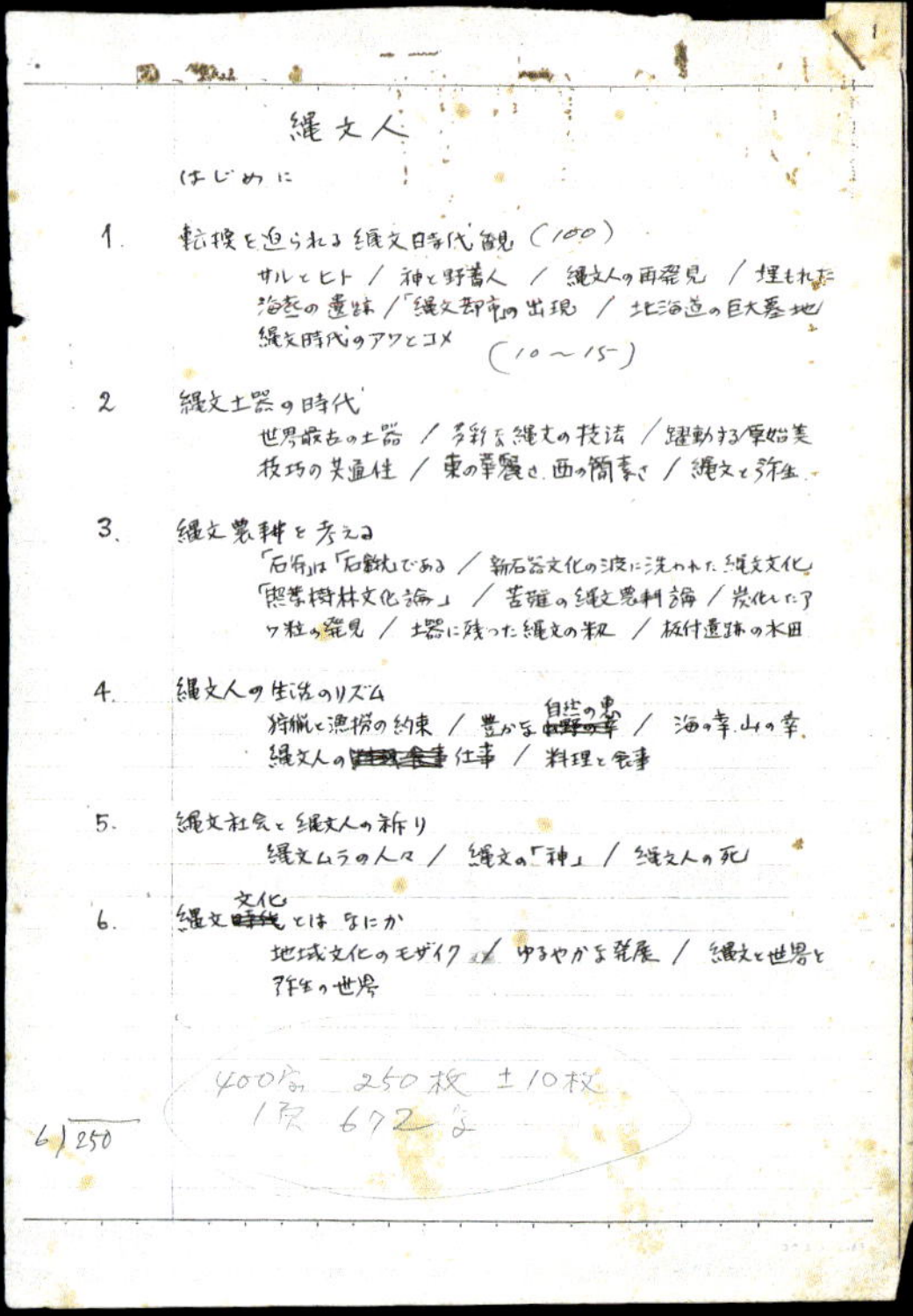
縄文人

はじめに

1. 転換を迫られる縄文時代観（100）
サルとヒト／神と野蛮人／縄文人の再発見／埋もれた海底の遺跡／「縄文都市」の出現／北海道の巨大墓地／縄文時代のアワとコメ （10〜15）

2 縄文土器の時代
世界最古の土器／多彩な縄文の技法／躍動する原始美／技巧の共通性／東の華麗さ西の簡素さ／縄文と弥生

3. 縄文農耕を考える
「石斧」は「石鍬」である／新石器文化の波に洗われた縄文文化／「照葉樹林文化論」／苦難の縄文農耕論／炭化したアワ粒の発見／土器に残った縄文の籾／板付遺跡の水田

4. 縄文人の生活のリズム
狩猟と漁撈の約束／豊かな自然の恵／海の幸山の幸／縄文人の仕事／料理と食事

5. 縄文社会と縄文人の祈り
縄文ムラの人々／縄文の「神」／縄文人の死

6. 縄文文化とはなにか
地域文化のモザイク／ゆるやかな発展／縄文と世界と弥生の世界

400字 250枚 ±10枚
1頁 672字

6|250

新書「縄文人」執筆構想

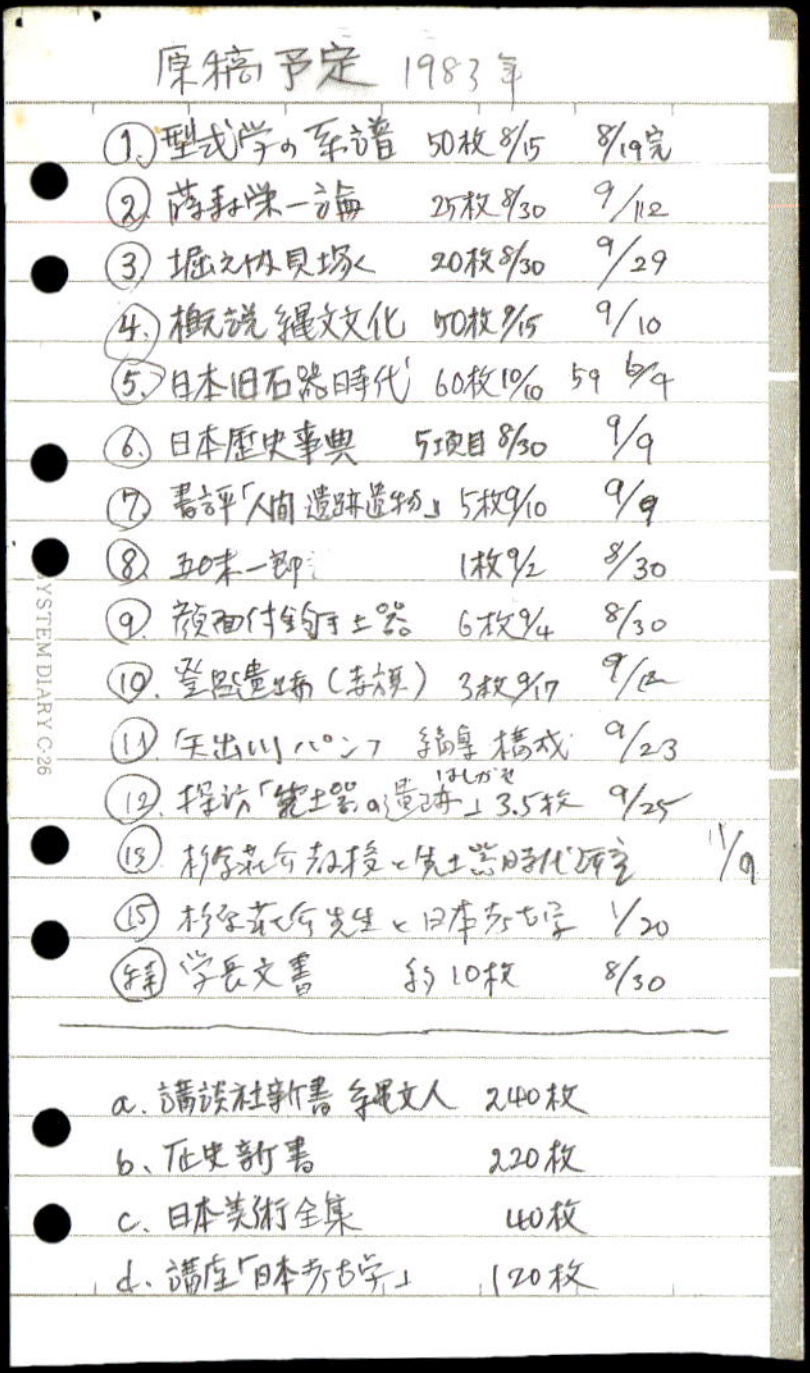
原稿予定 1983年

① 型式学の系譜 50枚 8/15 8/19完
② 藤森栄一論 25枚 8/30 9/12
③ 堀之内貝塚 20枚 8/30 9/29
④ 概説縄文文化 50枚 8/15 9/10
⑤ 日本旧石器時代 60枚 10/10 59 6/4
⑥ 日本歴史事典 5項目 8/30 9/9
⑦ 書評「人間 遺跡 遺物」 5枚 9/10 9/9
⑧ [illegible] 1枚 9/2 8/30
⑨ 顔面付釣手土器 6枚 9/4 8/30
⑩ 登呂遺跡（寺頁） 3枚 9/17 9/12
⑪ 矢出川パンフ 編集 構成 9/23
⑫ 探訪「縄文土器の遺跡」はしがき 3.5枚 9/25
⑬ 杉原荘介先生と先土器時代研究 11/9
⑮ 杉原荘介先生と日本考古学 1/20
(学) 学長文書 約10枚 8/30

a. 講談社新書 縄文人 240枚
b. 歴史新書 220枚
c. 日本美術全集 40枚
d. 講座「日本考古学」 120枚

SYSTEM DIARY C-26

「ポケット手帖」より

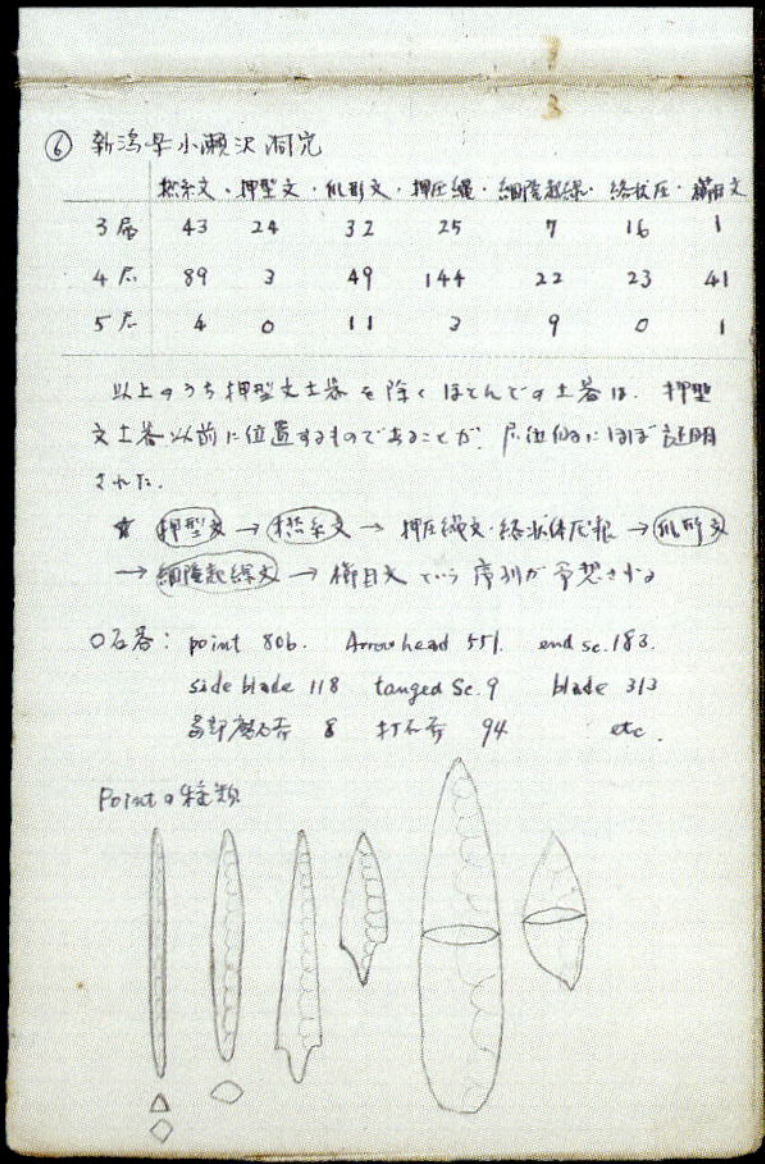
⑥ 新潟県小瀬沢洞窟

	撚糸文	押型文	爪形文	押圧縄	細隆起線	絡状圧	櫛目文
3層	43	24	32	25	7	16	1
4層	89	3	49	144	22	23	41
5層	4	0	11	2	9	0	1

以上のうち押型文土器を除くほとんどの土器は、押型文土器以前に位置するものであることが、层位的にほぼ証明された。

★ 押型文→撚糸文→押圧縄文・絡状体圧痕→爪形文→細隆起線文→櫛目文という序列が予想される

石器：point 806, Arrowhead 551, end sc. 183, side blade 118, tanged sc. 9, blade 313, 局部磨製石斧 8, 打製石斧 94, etc.

Point の種類

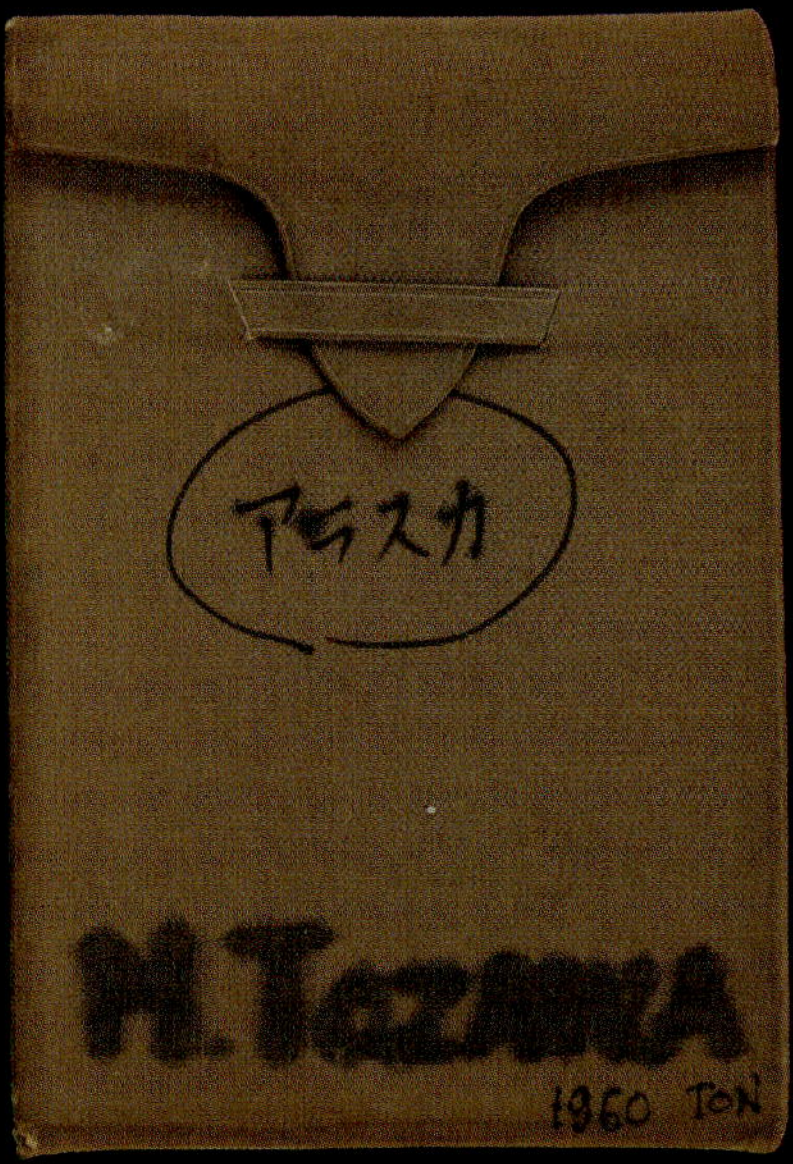

「ポケット手帖」

自宅の書斎にて（2011年）

考古学の道標——考古学者・戸沢充則の軌跡

はじめに

私たちが敬愛する戸沢充則先生が二〇一二年四月九日に逝去されてからすでに二年半が経つ。その年の七月一日に明治大学のアカデミーホールで催した「戸沢充則先生を偲ぶ会」には五〇〇名にも及ぶ方々にご参列いただだいた。しばしば学生に「遺跡は教室だ」と檄を飛ばしていたように、戸沢先生は、遺跡はもちろん、大学・学界・行政など様々な場面でつねに先頭に立って、現実を直視しつつ理想を語る姿勢を貫いた。それぞれの場で戸沢先生に導かれ、あるいは協同した多くの方々のなかに、戸沢先生の哲学が息づいている。それが「偲ぶ会」によく表れていたと感じる。

諏訪での中学・高校時代に藤森栄一先生のもとで考古学の魅力にひかれ、明治大学に進んでからは杉原荘介先生のもとで旧石器・縄文時代研究を推進した。とくに旧石器時代の石器群を理解する方法としてインダストリー論を提唱して、遺跡の構造的研究を推進した。また、遺跡が考古学研究の実践の場であるだけでなく、地域を理解する重要な起点であることを社会に説き、市民参加の発掘や各地の重要遺跡の保存運動も積極的に推し進めた。大学では、教室のみならず、いわゆる大学行政の面でも自ら実務を担い、学務・教務に関して様々な提言をおこない実行した。そのために、本意ではなかったと推察するが、多くの教員から推されて学長までも務めた。それぞれの時と場所で自ら先頭に立つ行動の人であり、しかも多くの方々とともに歩むことがつねであったからこそ、戸沢哲学が生き続けている。

しかし、還暦の際も、また古稀および定年退職の折も、それらを祝う企画や催しを強く固辞されたために、「考古学者・戸沢充則」の歩みを記録する機会を逃したままになっている。考古学史の基礎資料として、またそれ以上に、戸沢考古学・戸沢哲学を顧みることを通して今後進むべき道を模索するためにも、六〇年あまりに及ぶ戸沢先生の活動・業績のあらましを誰もが知り得る条件を整えておく必要がある。

こうした趣旨から、著作目録・講演一覧・年譜を作成し、それに加えて戸沢先生の考古学の実践と哲学に触れることができる小論やエッセイを収録する本書を編むこととした。戸沢先生は、明治大学を定年退職されたのち、ご自分で著作等の目録を作成されていた。また、『考古学のこころ』、『考古地域史論』、『歴史遺産を未来へ残す』、『語りかける縄文人』(いずれも新泉社刊)などを編集されて、ご自身の考えを再度社会に発信されている。高校・大学学部生時代という初期の論考をはじめ、本書にはこれらに収録されていないものを採り上げることとした。

「遺跡には感動がある」。これは、監修されたシリーズ「遺跡を学ぶ」(新泉社刊)のキーワードで、戸沢先生の口癖に由来する。遺跡は埋蔵文化財包蔵地という無機的な存在などではない。それを残した人々の足跡・道標であり、まさしく人間的な魅力がある。それを考古学者は感じてつかみとり、市民と共有せよ。「市民の言葉で考古学を」。これも戸沢語録のひとつ。考古学者がその研究成果を世に発信して社会的使命を発揮するには、分かりやすい市民の言葉で語ることが必須だ。考古学者にこれを実践するよう強く求めた。「数百万年の人類史的視点で」。これは学長時代に繰り返した言葉で、「文明」におごる激動の二〇世紀の反省に立ち、自然と人間、および諸「民族」の文化と思想が共生するには著しく長いスパンの人類史的視点こそが必要だ。だからこそ考古学者は市民の言葉で語るべきだと説く。

私は、いま考古学が岐路に立っていると感じる。それだからこそ、こうした戸沢哲学に学ぶことはいくつもあると思う。本書をその手がかりとしていただきたい。

明治大学文学部考古学研究室　石川　日出志

目次

はじめに　石川日出志……2

第1部　論考

I　1948―1956……11

曽根遺跡研究　12
岡谷市下り林遺跡の早期縄文式土器　29
諏訪湖周辺の中期初頭縄文式遺跡――諸磯文化期における漁撈集落と狩撈集落　34
小さな主題――中期初頭縄文式文化の一断面　54
学史勉強会「近代科学と日本考古学」　60
〝団体研究〟ということ　63
日本旧石器時代展――実施の経過と展示内容の報告　69

II　１９６５―１９７８……83
先土器時代における石器群研究の方法　84
蔭の主役たち――岩宿発掘までの間に　107
『長野県上ノ平の尖頭器石器文化』について　110
考古学における『地域研究』の方法・序説――藤森栄一の仕事を通して　115
藤森考古学の現代的意義――通念に縛られた学問観の変革を求めて　133

III　１９８９―２０１２……145
開発優先の発掘調査に反対し日本考古学の自主的発展を堅持するための声明（案）　146
古代漂流　150
一〇〇人が語る、私の〝昭和天皇独白録〟　163
藤森栄一著『古道』「解説」　164
平出発掘から五〇年、平出を活かす二一世紀　170
信州最古の旧石器を観る　192
考古学変革の新しい契機　197

〈文献解題〉　勅使河原　彰・三上徹也……201

第2部　業績目録・年譜

Ⅰ　著作目録……219
Ⅱ　講演一覧……293
Ⅲ　年譜……305

装幀　勝木雄二

凡例

・「第1部　論考」収録の論文・エッセイなどについては、明らかな誤字以外は、旧仮名遣いを現代仮名遣いに、旧字体を新字体に改めるにとどめ、送り仮名などは原則として原文のままとした。

・地名などは当時のままとした。

・今日の人権擁護の見地からすると、不適切と思われる語句・表現があるが、故人の作品であり、歴史性を考慮して原文のままとした。

第1部

論考

I

1948
|
1956

曽根遺跡研究

一　序

諏訪市大和地籍湖中にある曽根遺跡は本邦稀な水中遺跡としての特異性と共に、往時は中央学界に於ても相当に喧伝され研究されたのであるが、大戦による科学のブランクと共に現在一部有識者を除いては全く忘れ去られたかの感があり、謎の遺跡として永遠に葬られるの感がある。終戦後平和を迎えて三年有余この遺跡に対する探究は吾々に残された重要、且つ貴重なる仕事である事を痛感したのである。幸に夏休中再度に亘る調査の結果、非常に興味ある遺跡である事を知り、それ以来会員一致協力のもとに研究をつづけ、ここに今日までの結果を報告する。この疑問に固ったような大遺跡に少い労力と、十日程の調査では勢い、その表面のみを見る事になるが、現在までに述べられた諸先輩の論文を検討し発掘調査の大要を記し最後に結論を試る。この結論も今後続行する調査によって相当の訂正を必要とする仮説である。

尚ここに一つ付け加えたいのは、大和に在住され、二十年余の間曽根を研究され曽根に対する一大権威で居られる長谷川氏の事である。氏は吾々の研究に当って献身的協力を与えられ、終止こん切に指導され我々の研究にとってかくべからざる助言を与えられた。我々は今誌上に心から感謝の意を表し、本題に入る。

二　曽根に対する論考（諏訪史、諏訪湖の研究参照）

A　人類学的立場からの説

(a)　杭上住居説（坪井正五郎博士）――調査中多量の木片の土壌化せるものを発見し、これを杭であると断定してスイスその他の例を引用して説いたものである。

(b)　限定杭上住居説（江見水蔭氏）――前記説について木片がそれ程多量でない等の理由に基き、単に兵器製造小屋といった程度の定住的住居でないとする説。

(c)　筏上住居説（鳥居龍蔵博士）――前記二説後に記す地変説について夫々検討され調査によって焼土があって炉又は炉の石がない、杭上生活の杭がない（又は少い）。等を指摘デンマークの例を引したもので湖上に大筏を組立てその上で生活したという説である。

以上三つが地質学的に無視した人類学考古学的な説で次に記す地変説に反対するものである。

B　地理学的立場からの説

(a)　地辷説（橋本福松氏等）――往時対岸の山続であったものが相当大きい地辷によって湖中に没入したという説で反証の理由が少く更に近年に至って大和高木地籍に地辷が多く相当安全性のある説。

(b)　土地陥没説（神保小虎博士）――ボーリングの地層調査によって想像された説で地変によって土地が急に落

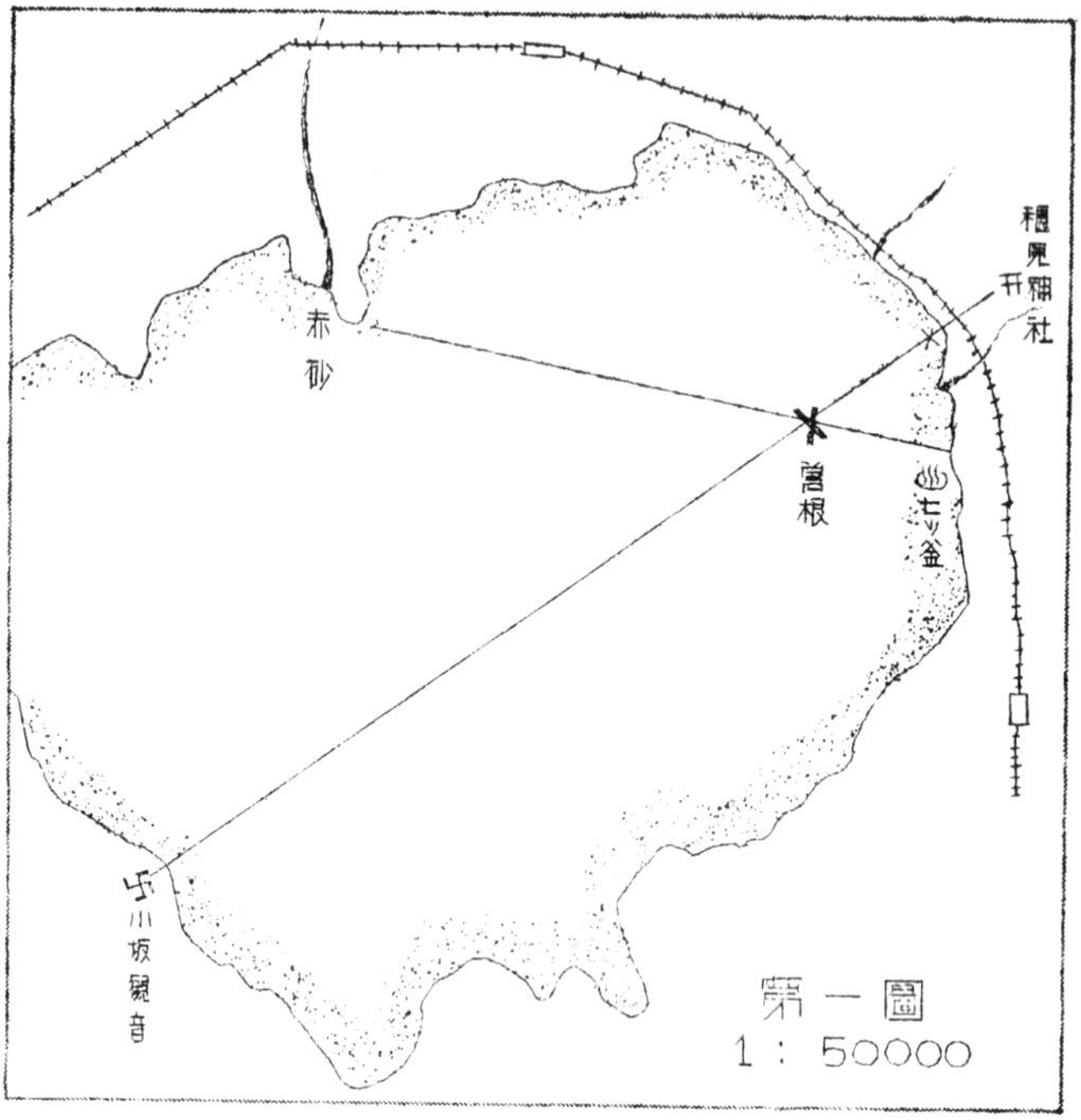

ち込んだという説。

(c) 活断層説（不明）――湖の東南を、下諏訪から〝底無しの池〟に至る断層線が現在曽根附近の中心に昇降運動をつづけるという説。

(d) 諏訪湖増水説――これは全く新しい説で当時湖水に水少なく曽根が山となって居てそこに人類が住んで居たという説で諏訪湖・八ヶ岳の成因等と合せてすぐ否定出来る説である。

以上が現在までに行われた学説の大要であるが共に早計に過ぎたと云っても過言でない仮説である。尚詳細は諏訪史諏訪湖の研究。

三　調査の大要

A　地理学上の調査

(a)曽根（湖中）の調査

㋑　位置

大和〝穂見神社〟と湊との小坂観音とを結

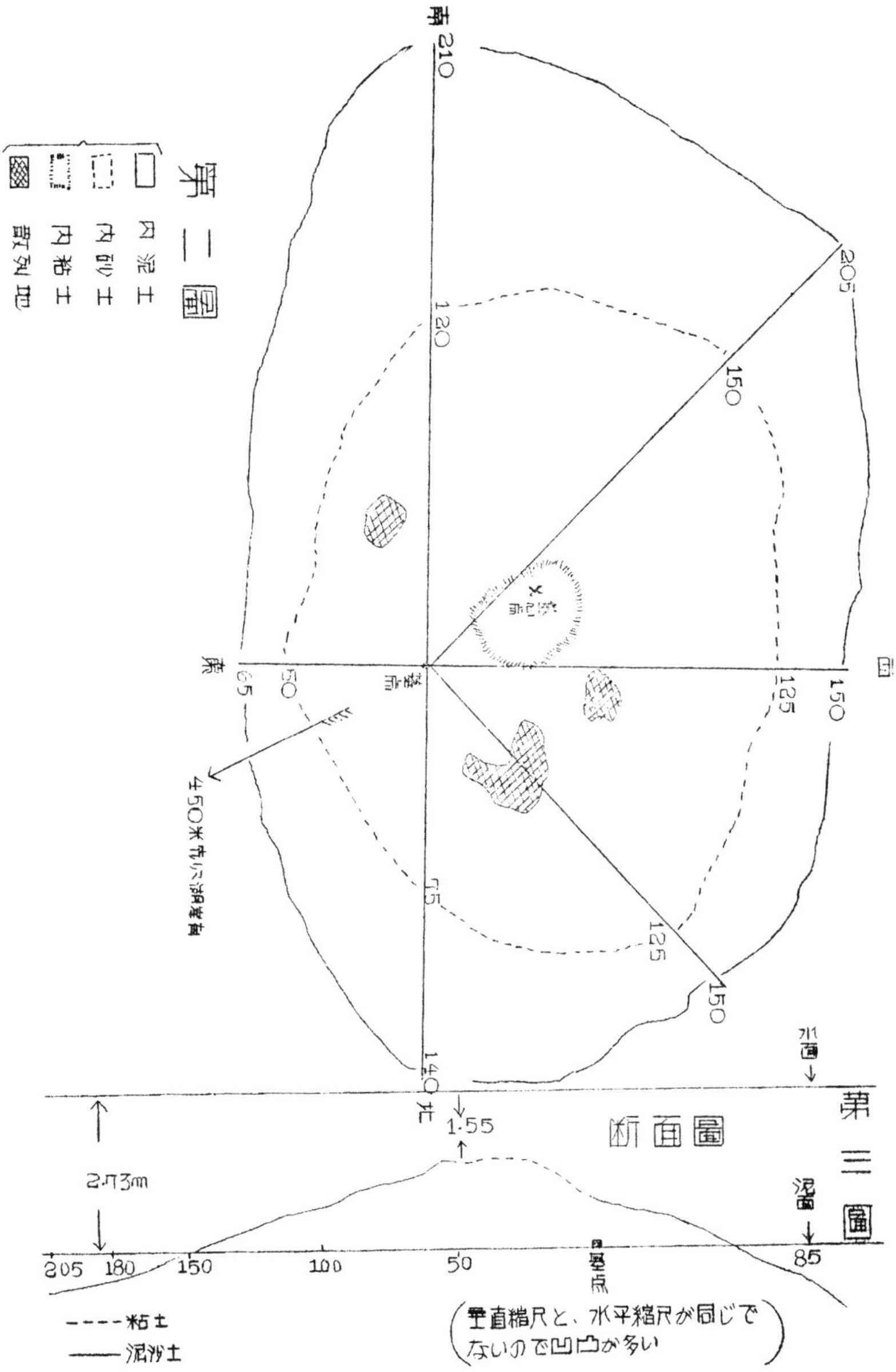
第二圖
内泥土
内砂土
内粘土
南 210
205
120
150
東 65
50
基点
西 150
125
450米ヨリ湖岸ニ
75
125
150
140
北
第三圖
断面圖
水面
1.55
2.73m
湖底
205 180 150 100 50 基点 85
----粘土
——泥砂土
垂直縮尺と、水平縮尺が同じでないので凹凸が多い

んだ線上で湖岸より四百米乃至五百米の地点でその中心は諏訪市七ツ釜と下諏訪砥川尖端を結んだ線と前述の線との交点に当る。（第一図参照）

㋺　範囲

曽根は全湖中九十三％を占める湖底堆積土と、底質を異にする湖底をいう（但し全体の六・二％を占める河口堆積砂は除く）。その範囲は全湖水面積の一・八％に過ぎない約五万二百八十平方米である。（第二図参照）

㋩　地質

実測図基点の西南五十米に粘土露出地帯があり、曽根の最高部附近に当る。それより外部に火山砂利混りの砂土があり、更に外部に行くに従って次第に泥土の堆積が多くなる。（第二図・第三図参照）測量断面

㊁　形態

形態は湖岸寄りに高く、南側は殆んど平らであるが、北方は南に比し急勾配なる事が分る。大体に於て曽根はその主体となるべき地質が粘土層でその上部に火山砂利があり、その上に砂土又は泥土が堆積したものと考えてよいであろう（第三図参照）断面

b　周辺（大和・高木）の調査

㋑　地形

標高一〇〇一米の両明山の急傾斜が湖岸におおいかぶさる。この山は諏訪地溝帯の一環をなすものでその急な傾斜は一見それを思わせる。また両明山両端に諏訪市千本木川と下諏訪大沢川が深い谷を作ってその先端に夫々大和・高木部落のある美しい扇状地を形成して居る。そしてその先端は夫々湖に張り出している。

㋺　地質

ボーリング等の入手難から調査は出来なかったが両明山附近一帯は平均一米位のローム層に覆れ、その下層は相当に厚い粘土層である事はほぼ誤りではないと思われる。更に三ツ釜と七ツ釜の中間が附近一帯釜穴地帯にもかかわらずそれが一つもないという事は両明山と曽根との地層が続いていること暗示するものである。更に両明川と、大沢川には特に多量の火山砂利を見出事が出来る。この事は更に前記の事について可能性を強くし、更にもう一つ大沢川河口南方の湖中に曽根類似の底質ある事は興味ある事である。

B　考古学上の調査

(a)　遺物散列状態――実測五万二百八十平方米に亘る広大な地域一帯に遺物が一様に分布するのではない。特に濃密な分布を示すのは、実測図の基点のやや東よりの北方で恰も曽根特有の石鏃の如き形態をしている部分で

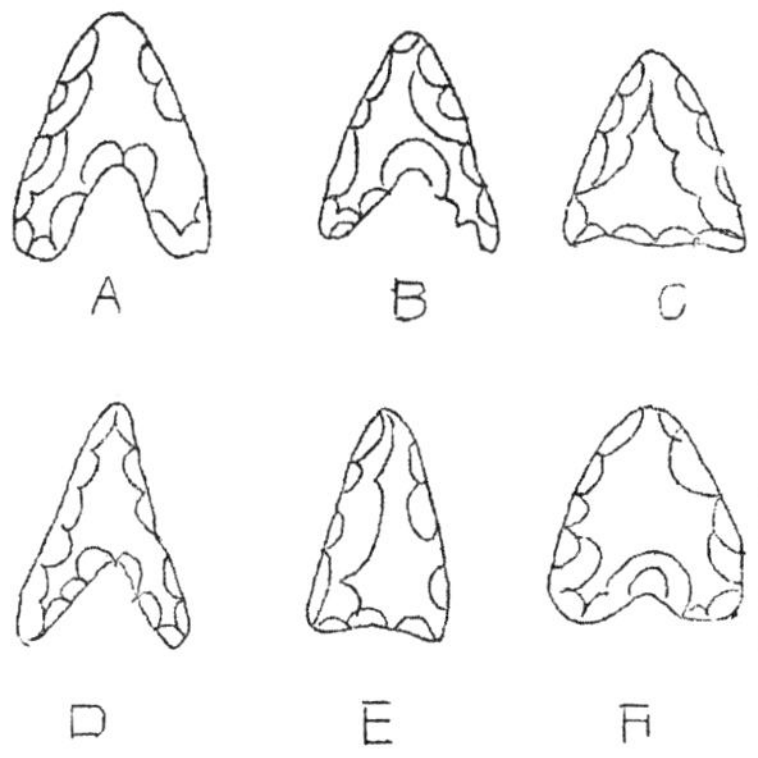

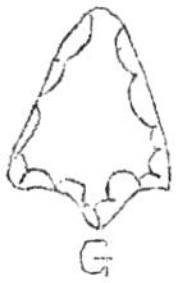

第四圖

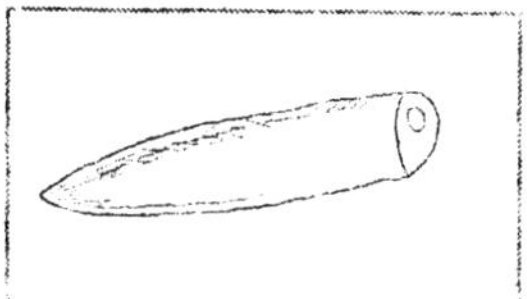
第六圖

現在までの発掘は大部ここである。この地には特に火山砂利が多くその中に混ずる黒曜石片は枚挙に限りがない。尚最高部附近の粘土地帯にはほとんど遺物の散列は見ない。其の他二・三個所の外泥の下からもよく遺物が発見されるが一ぱんに火山砂利の地域に多いのは我々に何事をか暗示する。（第二図第三図参照）

(b)　遺物各論（一）

㋑　石鏃　曽根と云えば石鏃を思わせる程石鏃は曽根の重要な遺物でその量も数時間の採集で現在でも二・三十個発見出来る程豊富である。これ程石鏃の豊

富な遺跡は他にその例を見ない。この豊富な石鏃の上から見た曽根は当時芸術の華さんとして輝く楽天地であったたろう。否我々には感ぜられる。

次にその形態についてみると、現在十種余りが数えられて居るが我々の延九時間余に亘る採集の結果集め得たものについて形態の上から分類してみると尚これはすべてA地点（第二図参照）から採集したものである。――完成品のみで総計六十九個で最も多い形式がAで全体の四十九・三％を占める三十二個の多数に上り次がBで全体の二十三・二％で十六個次に各地にも相当見られるCで十四・五％の十個ついでDとEで夫々三個で四・六％宛更にFとGと各一個で一・五％となって居る。以上が大体の分類であるがこれをまとめると比較的足の長いものが特徴で特に外部と、内部が非常に丸みを帯びている。八幡一郎氏は日本考古学に於て捺型文土器を伴う最も古い石鏃を鋤形鏃と呼んでいるが、これが型が不完全にしろ非常に曽根出土のそれと酷似する所がある。このような古い石鏃から柄の突出する比較的新形式に属するもの等、曽根の石鏃は異常な進境を見せている。特に足のつけ根が一・五糎位の精巧品を見た時は立派な芸術品である事を感ぜずには居られなかった。この微細な彫刻を不完全な石器をもって完成した吾々祖先の技術に尊敬の念を払って本題に返ろう。さて石鏃の形式分類は現在未だに研究されて居ないから今後の研究にまつとして次に原料石について一言しよう。

先づ最初に半成品・完成品について石質を分類すると、合計九十一個中黒曜石が六十三・七％を占めて五十八個その他の岩が三十六・二％の三十三個である。他の石にはアヂノール板岩・硅石・粘板岩・サヌカイト・蛋白石・硬砂岩等が上げられている。特にサヌカイトは、四国・近畿方面にのみ産して他には発見されない石であるが、この石が本郡の然も最古の当遺跡に発見する事は間接又は直接に当時已に何らかの通商のあった事を意味する。更に同じ状態で伊那谷に点々と発見することは交通の面から見ても興味ある問題を我々に提供する。尚他の石はすべて郡内に発見されるものである。更にその砕片も莫大な数に上り我々はますをもって比率をとった所黒曜石六合に対して他の石八勺で他の石はわずか全体の十三・三％にすぎない。このような事から黒曜石以外の石は数量の少い関係上貴重に取扱われ製作に対しても非常に注意がはらわれたであろう。

次に半成品は、二十二個で加工品全体の三十一・五％内黒曜石が十四で六十三・六％他の石が八つで三十六・四％となって完成品の比率と一致する。この半成品は曽根特有の足の長いのであれば例外なしに片足又は内部の円みのみ出来て居るのが普通である。これは石鏃の製造に当って欠損し易い足部から作ったもので更に実際問題として考えれば足部の少し位の欠損は使用の上では差支えなかったであろうが特に足を重要視したのはこれを芸術品の如くに扱った大きな表れとして注目すべきである。尚製造に触れたから一言附加すると六十九個の完成品のうち数個の例外品を除いてはほとんど片面に扁平な部分を持つ。これは恐らく製作上片面を打っているうちに片方がかけるという危険性を防止する為であったであろうが私は中期以後のものではこれを見て居このような面からも石鏃の古い形式の一特徴を見出し得るかも知れない。以上で石鏃自体に対する研究は終るがそれ以上の事すなわち石鏃の形式分類又は、現代人が鉄器をもってしても作る事の出来ない石鏃の製法、更にはこれが果して武具のみとして使用されたかは今後に残された問題である。（第四図参照）

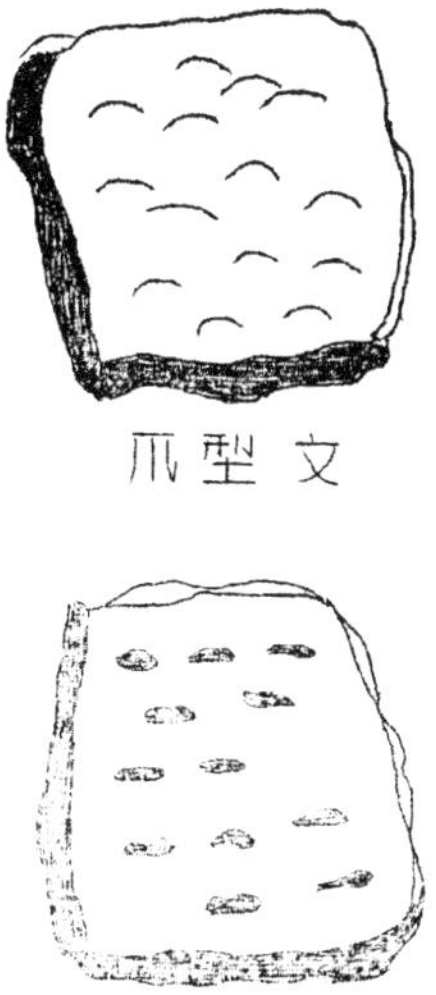

爪型文

押型文

第五圖

㋺　土器　石器時代遺物でその文化相を民族性を地方色をよく表現するものは縄文式土器である。曽根遺跡に於ける土器はどうだろうか。それについて我々の所有する資料だけでは不足を感ずるからそれに関する書を参考とする。鳥居博士は諏訪史に於て厚手派・薄手派とは異る独立した土器群である事を述べられて来たが、最近土器編年〝形式分類〟の発達に伴うて、これが捺型文・爪型文として縄文式前期に属する古い形式の土器である事は最近の各書物に於て広く認められて来た事である。特に八幡一郎氏はその書〝日本石器時代文化〟に於て曽根が捺型文の土器が爪型文の土器を伴って出る事を特筆して居るが、関東又は他の捺型文のみを出す遺跡と新潟県などに見られる爪型文（特に尖底）土器を出す遺跡のほぼ中間に位置してそこに何らかの相対的関係を見出す事が出来るかも知れないがそれは今後の研究に任せることとしよう。次に我々の発掘品中主要なものについて一言しよう。

我々の採集した土器片は二十三個でその最大は九平方糎位最小は小指の爪程のものである。このような小片のみで全体の形態はすべて不明である。

文様は爪型文が二片で捺型文が八片他は文様不明である。これのみの資料で曽根の本体となるべき土器の型式は決定出来ないが坪井博士は爪型文百三十に対して捺型文二で曽根本体の土器を爪型文とされている。其の他各土器とも非常に薄く最大七粍・最小二・五粍となって居る。一般に曽根の土器は非常に薄いのが特徴である。土質は一般によく焼成もよく非常に堅い。このような原因は恐らく曽根に良質な粘土を産する為であろう。このように石鏃の数に比し土器が少いのは石鏃の製作に重点をおき土器は飲食料の供給が容易でしかも煮沸を知らなかった古い原住民であることを意味する。以上で曽根出土々器に対する普通の説明は終るがここに二つ我々が実見した新（?）事実について一言する。すなわちここから出るすべての土器片に他遺跡の発見土器には認め得ない微細な黒曜石の粉末が相当多量に含される事である。この粉末状黒曜石は恐らく石鏃製造中出来たもので曽根の土砂を天日に乾すと同様に認められるものである。我々はここに曽根の土器の一大特徴として粉末状黒曜石混入土器を指摘したい。これが確実性となれば坪井博士の云われる〝曽根は爪型文土器の遺跡で捺型文は他の遺跡から混入せるものである。〟と云う説は否定され、先に記した爪型文の捺型文土器伴出、両者の関係は思わぬ進展を見せるかも知れない。もう一つは現在曽根出土の土器は相当茶褐色を呈するものもあるにもかかわらず例え水中にあったにしろ何故黒色を呈するのであろうか、これは焼成の加減であったかも知れないが、我々は土器内部にとくさの茎にある如き線の圧痕を発見した。それが何らかの目的の為に入れられたいわゆる繊維土器であるか偶然に混入したものかは化学実験顕微鏡実験をしていないから不明であるが、これも又先の問題と共に今後に残された興味ある問題である。(第五図参照)

㈧　骨器？　獣骨の発見される石器時代遺跡(特に貝塚)には普遍的に骨器が発見される。その器の種類には主として漁具が多く針・装飾品等がある。が獣骨はしばしば発見されるのにもかかわらずはっきりした骨器はすべて発見されていない。坪井博士が発見された骨器らしいものが我々も一個発見出来たから報告する。長さ三・五糎長径八粍短径四・五粍で先細の型を呈している。色は黒く光沢をおび中心より上部寄に髄の穴が貫通している。上部がゆるい弧をなして先方が磨かれたらしい形跡がある。更にその下方先端にもやはり同様の形跡がある。これが骨器であるか否かは専門家の鑑定が済んで居ない故不明であるが坪井博士のものと類似であるらしいので一応報告しておくのみに止める。(第六図参照)

㈡　其の他土石器　前記各遺物の他現在までに土錘・石錘・皮剝・石斧・石槍・石錐・凹石等が発見されて居るが我々はこれを採集するに至らなかった故名称を上げるに止めるが錘類の発見が相当あることは曽根に於ては漁撈が相当盛んに行われたという想像に大きな支持をするものである。更に石斧はその形式の上から曽根の前期縄文式文化相を呈す一かんとなる。以上説明を要する重要な遺物も多いが以下省略する。

以上が曽根出土遺物（加工品）の大要であるがその性質の特異性と共に前期縄文式文化相を示す標準遺跡たるの貫禄をもっていることを附言して次に入る。

(c)遺物各論（二）

㋑　木片　誰でも発掘に従事して気がつく事は発掘中土壌化せる木片が非常に多い事である。大体は卵大のもので非常にもろく手でおさえつければ茶色の水を出してすぐに原形を失う。これ程小さい木片をもって〝杭である云々〟の説は早すぎると思われるが長谷川氏の発掘によると、円形をなせる木片も相当土と共に上げられたとの事である。これは大きさもまちまちで大凡の直径は八糎が最大であると云う然もここに一つ附け加える必要のあるのはその輪の木片に附着して根がある事実である。これは何を意味するか、言わずとも明らかなる事実である。

㋺　湖底沈澱物　現在〝曽根〟と云われる全地域に亘って発見されるものに湖底沈澱物と呼ばれる特殊なものがある。これは最大直径三粍最小二粍位で長さ三糎―四糎位のものである。一見これは粘土で作った紐のようなもので硝子筆の先でつっついたような穴が全体にある。色は黄褐色又は茶褐色のものも稀にはある。かつて或る人がこれは土製釣針であると発表されたが余りに莫大な量に上る事又形状が一定しない事、更には他に同例を見ない事、等で否定されるべき事であるがこれが果して何であるかは今後の研究によって確め得るであろう。

㋩　焼土　曽根からはよく焼土が発見される。すなわち粘土の上で焚火した為か相当大きな固い固りをなしている。色は茶褐色で焼けている事は疑いない。その中には曽根に多くある火山砂利がしっかり入って一種の化石とでも云った状態である。厚さは一・五糎位で往々棒でついたような小穴がある。

又この焼土にはもう一種あって粘土まじりの砂が方形にきそくよく形をなしたものがあって割合にもろいのが

特徴である。以上が焼土の大体の外観であるが、これは炉であった所の土がはがされて上ってくるものであると断定すべきである。焚火の事にふれたから一言しておくがこの曽根からは非常に多量な木炭が発見される。

㊁ 獣骨　先に骨器の所でちょっと記したが曽根からは多量の獣骨が発見されている。その種は鹿・いのしし・の物が多い事は当時の気候が現在の気候と同じか更にはより寒かった事を暗示するものである。

以上が加工品以外の遺物の大要であるが、これが加工品と共に重要である事は後に知れることであろう。

(d)曽根周辺の遺物散列地

これは先の地理学的に見た周辺を考古学的に観察したものである。

㋑ 大和地籍　諏訪市千本木川はその下流に美しい扇状地を作る。その扇状地上今の旧甲州街道より高部には相当濃密な遺物の散列を見る。表面採集による土器片は大体中期に当るもので関東の諸磯式以降に当るものである。黒曜石片は相当多いが製品を見ないから曽根との関係は不明であるが少くとも何等の関係を有しない事は想像出来得るであろう。

㋺ 高木地籍　高木は大沢川の作る扇状地上にある。我々の採集は河口から始めた。湖面より一米位の低い所で地質は、ローム層を交える粘土質で火山砂利が非常に多い事に注意をひく。我々はそこで二個の石鏃と文様不明ではあるが薄い弥生式とは異る土器片二個を発見した。この土器には黒曜石粉末を含まない。石鏃は足部の長い一見曽根との共通点も見出し得るが尚一層の準備が必要である。尚附近からは相当多量の黒曜石（一般に大きい）が発見される割に土器片が少い事等大沢川河口はあらゆる点で曽根との関係を見出し得る条件が多い。然もそれらの遺物が河口のみに存し他の扇状地上とは独立して存在する事を明らかにする条件は扇状地上津島神社附近発見の土器は明かに中期縄文式土器（加曽利E）又は弥生式土器に当るもので河口とのそれと相当のへだたりを有する事からも推察出来る。このように河口遺物が曽根と何等かの関係を有するかも知れないと云う事は誰しも一応うなづけるであろう。

㈧　其の他　其の他曽根と同様の文化相を示す遺跡として本郡では北山村湯川、十五社平、金沢村木舟等が上げられて居るがこれらはすべて高地性の遺跡である。このように曽根は特異性のある存在として他から全く独立した形を有するのである。

四　各学説の検討

一応自己の説を新しく出す事は相当に簡単であるが、すでに多くの説があってそれを検討し更に新しい説を創るという事は大変困難である。というのは各説とも相当確固たる理由のもとに立てられているからである。我々の現在までの研究ではこれらに徹底的反証を与える事は必ずしも可能でなく、更に可能たらしめんとしてもそれほど自信のあるものとは思われぬのである。それ故その一局部のみに出来得る限りの反証を与えてみる。

A　人類学的に見た説の検討

坪井博士の杭上住居説は木片の出土をもって杭と断定して立てられた説であるが木片の数もそれほど多量でない。又スイスの例などから完全な杭が一本位はあるのが普通であり、更に出る木片の太さが一定せず。然も根の附着せる事実――すべての水上生活説を否定する重要な資料であるが――はこれら木片を杭として承認するに足らぬものである。もう一つ大きな反証として氷害が考えられる。博士はスイスの例から推して氷害に関係なしと断定されたが、諏訪湖は日中、もしくは一日一日の温度の差が冬期では特に大でその為に氷殻の機械的運動が盛んである。本邦に於ても諏訪湖は著名の氷殼運動湖である事はかの御神渡などによって知られよう。所が博士が例に引用されたスイスでは一般に高冷で厚氷は張るが氷殼の機械運動は殆んどおこらないと考えられる。このように盛んな氷殼運動はかつて湖中の建築物を一夜にして破壊した事さえある。これで果して湖中の杭上住居が営めたであろうか、大きな疑問である。以上で杭上住居説は否定するに足ると思われるから次に筏上生活説に移る。これはその根きょになる理由も少いが反証の理由も比較的少い然しその一番の問題は炉の問題であろう。鳥居博士は炉の石がないと断定されたが往時は相当石があって網なども損じたが、やゝ、つかの石更にしじみ養殖の目的をもって大部分移してしまったと云われる。これでは炉がなかったと断定するわけには行かないであろう。更に基盤となる土が粘土であるから当時民族が土をやいて土器を作る事を知って居れば粘土をもって相当な炉を作った事は想像するに困難でない。現に我々は固い粘土中にやわらかい砂の入ったらしい直径四十糎位の穴を実見して居るこれが果して炉であるかは判明しないが附近から焼土の多量に出る事に依っても相当まで考えられるであろう。ここで木の根の問題と共に相当否定し得るのである。

B　地理学的に見た説の検討

地理学的に見た説についてはより一層の困難を感ずるというのは夫々確固として動かぬ根拠を有しておるからである。我々は我々の説に一つ一つ大きな不安を抱きつつ筆を進めて行く事とする。

先づ最初の諏訪湖増水説であるが八ケ岳の活動が新生代第三紀第四紀で今より概算五十万年以上前の一言で否定出来得る。

次に陥没説であるがこれが地盤沈降説であるか又急激な変化であるかは当の神保博士に聞かねばならないが、急激な陥没とすると現在釜の存在位置によって有明山との続きを暗示されるから否定してもよいであろう。更に大沢川口の特殊底質の存在、又遺物の類似等から考えて敢て否定する。

次の活断層説については下諏訪温泉又は冷泉湧出線と湖南地方の温泉湧出線を結ぶ線上にある断層線が曽根附近を支点に昇降運動を続けるというのであるがこれが本当であれば下諏訪湖南の両温泉の間に何等かの輪廻的変化を認められるであろうが現在までにその報告を受けないから一時否定するに足るものである。

最後の地辷り説はほとんど理論的に説明出来る手段がない。然しいかに大きな地辷であっても両明山より一粁弱の曽根まですべり込むという事は常識的に考えても著しい疑問を伴う。更に長谷川氏の調査によると有明山附近から曽根に至る間に地辷りの痕跡を認められない事を相当強調されて居るから大凡の否定は可能である。

五　結論

我々がこれから述べんとする結論は我々の研究の生命ともなるべき重要な部分である。然るに我々はそれに多くの仮説をもって不備を補わねばならない矛盾を痛感するのであるが序論に於て述べた如くすべて仮定の上に成立った仮説であることを諒承願って最後の結論に入ろう。

そもそも現在曽根について最も重要な課題とされているのはその生因である。我々は前述の如くすでにすべての論考に対して反証を与えて来た。然らば曽根に対して如何なる説を採用するのが最も適切であるか……。

我々はここに地盤沈降説を採用したい。すなわち大和にある七六二・三四米の水準点が一年に四粍の降下を続ける事が確められている。云い落したが地盤沈降の原因は表層の厚い粘土層の収縮により又特に地下水の関係によって著しい沈降をする事が多くの地質学者の間に確認された事である。更に結論に当って一つ仮定を考える。それは現在盛んに論議されて居る新石器時代の上限問題である。我々は今仮に曽根に人の住んだ年代すなわち前期縄文文化を今より約五千年前と仮定する。この仮定が正しくないとしても約三千年前以前は現在のように老年期とは云われず湖面の水位降下率も盛で曽根が湖上に頭を出してから湖が老年期に達するまでは常に水中に没する事はなかったからである。すなわち年代は便宜上代入したのであって実際年代は諏訪湖周辺のあらゆる遺跡についてその前後を明かにし、新石器時代の上限問題の決定、其の他地質学的研究の結果求め得るものである。

我々はこれだけの仮定のもとに地質遺物すべての面から検討した曽根の復原とも云うべき大パノラマを展開する。そしてそれを本当の結論に変える事にする。

今より百万年以上前（当時諏訪湖のない諏訪盆地は形成されて居た）八ケ岳は盛に活動を続け概算五十万年前には諏訪と甲府盆地は莫大な八ケ岳の溶岩のためにしゃ断されたその為に釜無川へ流れるはずの水が逆流して盆地にたまり始めた。当時曽根は両明山につづく一つの峯として高くそびえて居た。そして一万年位前には湖は最高水位を示し曽根はそれに没した。やがて最高を示した水は最も低い釜口から流れおちた。すると谷は深くなり益々水位は降下し八千年前は水位は現在より三十米位下の高さで曽根は湖上に二米位頭を出す小島となった。更に五千年前には曽根は水上に十米位の頭を出し高木寄の両明山からは尾根が浅くなって続く島となった。当時原住民は安住の地を求めてさまよい湖中に樹木が青々としげり魚族を初め食料、土石器の原料豊富で然も天然の要害である曽根を発見した。そしてここに初めて人類文化の足跡を印したのである。彼等は至極平おんな日々を送った。湖岸で魚を取るものこつこつと石鏃をつくるもの、鹿を肩にして帰る若者等、曽根は当時民衆の楽天地であった。

石鏃は土器などの不用から益々盛んに作られ精巧を加えて行った。曽根は当時石鏃の名産地としてその名を轟かせた。西日本とは早くも交通が行われた。然しこのような彼等の栄華もそう長くは続かなかった。思わぬ災害によって曽根の民衆は滅亡した。其の後、後続の民衆は追々湖の周辺に住居を構えた。然し曽根は悪霊の島として敬遠された。その間に湖は現在より五米高い水位を示して老年期に達しつつあった。従って地盤降下率は湖の水位降下率をしのぐ早さとなった。そして原史時代には早曽根は湖中に没し去った。水位は三米位高かったであろう。其後排水口の拡張なども行われたが、曽根は遂に水上に浮び上る事なく現在に至ったのである。

以上が我々の主張し、想像する曽根の長い歴史である。この確実性は少いものにしろこのような経過をたどったであろうことはさほどの矛盾を感じないのである。

（青木茂人・金松直也・手塚昌幸・戸沢充則の共同研究に依る）

〔『清陵考古学』一号、一九四八年〕

岡谷市下り林遺跡の早期縄文式土器

一

岡谷小学校山校附近にある下り林遺跡がこの地方における有数な古式縄文式文化期の遺跡として、僕等の注意にのぼってからすでに三年を経過した。この間に十回余の小発掘を試み、昨年八月にはその調査報告書をある学界に送って置いたが、種々の差支えがあってまだ発表に至っていない。然し下り林遺跡の土器は種々の面で、この地方の早期縄文式土器の研究の上に非常に注意すべきものがあるので、正報告書の発表ができるまでのブランクを埋めるためと今後の研究のための一つの踏石としてこの小稿をものにした。したがって今日は細かい考察は避け、特に重要な資料の一部を羅列するに止める。

二

1　撚糸文土器（1・2）　いづれも細かい撚糸文を用いている。走向は縦又は斜で、縄目も左右両傾のものがある。土器が相当固まってから施文されている。発見数は胴部のみ四片で、全部最下層から発掘した。

2　斜縄文土器（3）　薄手、土質純良で焼成の硬い土器である。器面が相当固くなってから施文する手法は前の手法に似ている。文様は全部斜縄文で、図示した資料（3）は口縁部破片で施文が両面に及び、口唇上縁にも圧痕がある。最下層出土。

以上二群の土器は時代的に全く同一のものと思われ関東の編年に比定して、稲荷台系文化の井草式に最も近いと思われる。正報告書で第一類としたものである。

3　捺型文土器（4〜6）　捺型文を有する土器は比較的多い。種類は山型文と、斜行格子目文で、前者には横走のものと縦走のものとがあり、横走のものには施文原体に特別な加工があるように見られ、感じは縦走のものより新しい。5には裏面にも同じ施文がある。斜行格子目文は各地に通有なもので、下り林の捺型文は一般に文様が細かい。又斜行格子目文を有する土器で一片繊維の混入するものがあることは注意すべきであろう。

これら一群の捺型文土器の編年学的な帰属は慎重を期すべきであろうが、捺型文の種類の組合せや、文様の癖、土質などを綜合すると前の撚糸文と同じくやはり井草期前後に比定されるものであろう。凡そ同一時代の所産である捺型文土器と撚糸文斜縄文を有する土器のどちらがその主体者であるかは、その地域的な研究と共に興味深いように思われる。正報告書では第二類。

4　条線文土器（7・8）　土質・焼成良好。横走する浅薄な平行線文がある。施文原体は不明であるが、その感じは田戸下層式に最も近い。わずかに二片のみで最下層出土、正報告書では第三類に分類した。

5　絡縄体圧痕文土器（9）　発見数わずかに三片。下り林第四類に分類。文様は撚糸を棒に巻いて器面に押しあてた所謂絡縄体の圧痕を有する土器である。胎土に相当多量の繊維を混入する。

この土器は伊豆・駿河など東海地方に濃い分布を示し、絡縄体の圧痕文は関東地方の子母口式の一要素である。最近僕等は岡谷市丸山・海戸両遺跡で昔採集された資料の中に、多量のこの種土器の素晴しい資料を検出した。

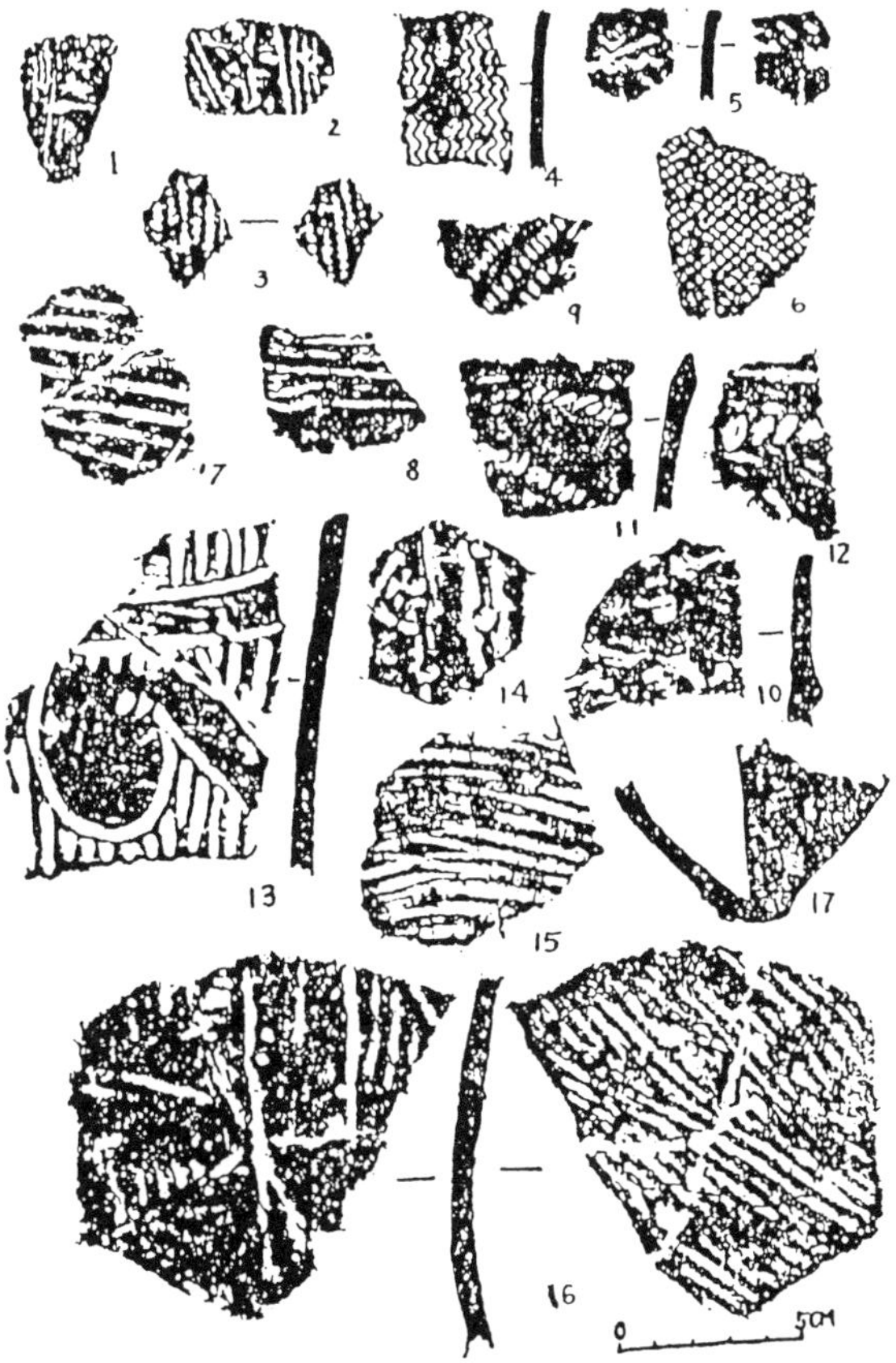
第一図　下り林出土早期縄文式土器

6　紐帯文土器（10）

この名称は僕が今便宜上仮に用いたものである。器面の装飾として不定形なおさえのある紐帯を有する。尾張の上之山式に比定されるもの。胎土に多量の繊維を含む。図示したものはティピカルなものではない。下り林第五類D型。

7　粗大爪型文土器（11・12）　器面に列点する粗大な爪型を特徴とする。尾張の粕畑式土器である。胎土にいづれも繊維を含み、黒みがかった褐色のものが多い。口縁部の形態も特色がある。器の内外面に貝殻条痕を伴うものが大部分である。発見数は大部多くしかもよくまとまって一群をなして居る。県下に於ける同例は余り多くない。下り林第五類A型としたものである。

8　微隆線・沈線文土器（13・14）　この名前も僕のこじつけで、関東地方の飛ノ台・茅山貝塚などの主体をなす、茅山式に比定されるものである。13は深く太い箆描の沈線文、14は断面三角形の微隆線文と、それに伴う刺突文がある。繊維は余り多くなく裏面に貝殻条痕のあるものが多い。この群のものも発見数比較的多く、この地方では最も良い標本かと思われる。下り林第五類B型として分類した。

9　条痕文土器（15〜17）　貝殻条痕のみが表裏に施される一群で、下り林下層出土々器の内で最多数である。条痕の存在以外何ら指摘するものはない。胎土に多量の繊維を混入する。尚17は下り林に於る唯一の明確な尖底部の資料である。

この類は関東の指扇式土器に比定されるもので、この地方でも各地の古式遺跡から普遍的に発見されている。正報告書では第五類C型として分類した。

三

以上で今回の僕の目的である下り林遺跡の早期縄文式土器――層位的には下部文化層出土々器――の紹介を終るが、次の機会には上部文化層から出土した、花積下層式比定のもの以下、黒浜式・糠塚式（?）・北白川下層式・大蔵山式・諸磯ａｂｃ各式・踊場式・五領ヶ台式などの前期縄文式土器群及び、若干の石器群を紹介する予定である。

県下における早期縄文式文化の研究が漸く盛んになって来た時、この小報告によって下り林遺跡の土器がすこしでも研究者の参考資料として利用されるならば、今度の僕の目的の大部分は達せられるものと考える。

前述したように下り林遺跡の土器に対する編年学的、系統学的及び型式学的な正しい解釈は、将来発表する正報告書と、その補充によってなしたいと思う。

参考文献

江坂輝彌「廻轉押捺文土器研究（一）」あんとろぽす。江藤・長田「北伊豆に於ける古式縄文式文化遺跡調査報告」考古学一〇ノ五。江藤千萬樹「伊豆伊東町上ノ坊石器時代遺跡調査報告」考古学一〇ノ八。吉田・杉原「尾張天白川沿岸に於る石器時代遺跡研究」考古学八ノ一〇。江坂・吉田「貝柄山貝塚」古代文化一三ノ九。飛台貝塚調査分科会「下総飛台貝塚調査報告」考古学一〇ノ四。戸沢充則「岡谷市南部の遺跡の古式縄文式文化」諏訪考古学五〇

〔『信濃』二巻七号、一九五〇年〕

諏訪湖周辺の中期初頭縄文式遺跡

――諸磯文化期における漁撈集落と狩撈集落

一　問題の発端

昭和二十四年秋から二十五年の夏にかけて、岡谷市内にある二つの遺跡を調査した。一は諏訪湖面との比高百米もある高地性の遺跡――下り林遺跡[1]であり、他の一は諏訪湖に極めて接近した低地性の遺跡――丸山遺跡[2]である。

この両遺跡は共に早期初頭からの土器を含む古式遺跡であるが、その両者のもつ十幾形式かの土器の構成が、極めて対蹠的な関係にある点に、非常な興味をもちつづけた。

ところが、昭和二十五年になって、宮坂英式氏が『信濃』に「長野県内縄文文化諸磯式遺跡[3]」を発表されたのを機に、興味が漸く一の問題に結びつく暗示を得た。ついで昭和二十七年、神田五六氏も『信濃』誌上に、「縄文諸磯期に於ける低地性遺跡と高地性遺跡[4]」を発表されて、同じ主題に対する異った資料の一を示された。

以上、二の示唆に富んだ論考を基礎に、ここでは、諏訪湖周辺で調査した代表的な幾つかの中期初頭縄文式文化期の遺跡を報告すると共に、この時期の遺跡立地に見られる顕著な一つの事実に触れてみたいと思う。

二　諏訪湖周辺の中期初頭縄文式土器

1　米沢村寄せの台遺跡の土器

八ヶ岳山麓の大泥流ファンの裾をめぐって北山浦一帯の水を集める上川は、諏訪湖に注ぐ河川のうちで最大の水量を誇る。この河に沿った米沢村北大塩部落の、一つの傾斜する台地に寄せの台遺跡がある。標高約九〇〇米、しかし河面との比高は一〇米を越さない。

昭和二十四年の春、藤森栄一氏と松沢亜生君とが小発掘を試み、相当な成果を収めた。それによると、この遺跡の主体となる土器は、赤ないし茶褐色の焼きのよい精製土器と、やや粗製で縄文のみを有するものとからなる。精製土器の文様は半截竹管による平行線文・連続爪型文・竹管文・磨消縄文など、関東地方の諸磯a式土器のメルク・マールともなるべきすべての文様を含んでいる。

これらの土器の外には、みみずばれ状の浮線文を有する諸磯b式土器若干と、近畿地方の北白川系土器の直輸入と見られるような、白粘土薄手の朱塗土器数片、諸磯c式土器一片、繊維土器と中期縄文式土器が数片づつ検出された。これはいづれも混入程度で、それらを除くと、寄せの台は諏訪湖周辺における唯一の初期諸磯式文化期の単純遺跡と言うことができる。

土器の外には、皮剥三・石鏃二など、若干の石器が発掘されている。

2　諏訪市細久保B遺跡の土器

諏訪市内を通って諏訪湖に流れる角間川の最上流、霧ヶ峰山麓の谷深くにある遺跡で、標高一三〇〇米を算える。昭和二十四年秋、諏訪考古学研究所で前後数回にわたって発掘調査を行った。細久保と俗称される谷の中には二の小台地があって、その一である A遺跡は、押型文土器を単純に出すすぐれた早期初頭の遺跡であり、それと一〇〇米の距離を置いて対峙するB遺跡は、早期初頭の田戸下層式土器以下、前期末葉までの土器を出す代表的な古式遺跡である。このB遺跡に僅かの地点の差によって出土する土器形式が異るという特殊な事情を示しているが、圧倒的な量をもって主体となる土器は、粗雑な刻目のある浮線文で全体を飾った一群と、地文に縄文を施し、粗放な平行線文で飾った一群とである。これら二群の土器は同一形式内における二つの相を示すにすぎないのであって、関東地方の諸磯b式（あるいは四枚畑式）土器と等しい。

この前後の土器としては、飛驒の糠塚式などに類似した縄文を有する土器と、僅かに数片の諸磯c式或いはそれと親縁関係にある一群の土器（第四項、晴ヶ峯遺跡参照）と思われるものが発見されたにとどまる。

石器としては、主体となるべき前述の土器が特に多量に出土した地点から、乳棒状石斧一・皮剥三・石鏃四・打石斧一・凹石などが検出された。

3　北山村下島遺跡の土器(5)

宮坂英弌氏が昭和二十三年ころより、数回にわたって鋭意調査された遺跡で、上川の河床原に近い尾根の先端にあるが、標高約一〇〇〇米、高距性の大きい丘陵性遺跡である。

この遺跡から発見された大量の土器は、関東地方で諸磯c式または草花式と呼ばれた一形式の土器以外になく(例外的な資料として若干の弥生式土器が発見されているが)、この完全な単純性は諏訪地方の中期初頭縄文式土器の編年学的研究に、重要な根幹的意味をはたしている。

土器はいくつかのヴァラエティをもっているが、大きく二に分けられる。その一は地文として半截竹管(諸磯c式の竹管は、a又はb式のそれに比較して、直径が二〜三分の一位のものが支配的であるところに一の大きな特徴が見られる)による条線文が地文として乱雑にひかれる。その上に細い結節状浮線文が一定の文様をなすかのように置かれ、更にその間隙に二つで一対をなす疣状突起が見られる。他の一群はより粗雑な感じを与える土器で、結節状浮線文がなく、その代りに盛用される疣状突起と平行条線文が用いられる。この二群の土器の中間的なものがあるが、いづれにせよ、結節状浮線文・平行条線・疣状突起という単純な文様の要素[6]に斉一性をもつ下島遺跡の土器は、一形式の土器として極めてユニークな存在と言うことができよう。

この遺跡の石器は、宮坂氏の直接の御教示によると、十数本の石鏃と数本の打石斧その他であり、皮剝の発見は皆無とのことである。

4 宮川村晴ヶ峰遺跡の土器[7]

静岡—糸魚川構造線は諏訪湖盆の西を南北に走っている。赤石山脈の末端をなす守矢山系の急な東壁がそれである。この断層山腹の頂上近く標高一二〇〇米、諏訪湖との比高四五〇米を算える晴ヶ峰の一角で、昭和十年ころ、ちの町の矢崎源蔵氏が採集され、その後、宮坂英弌氏が保存された五〇片ほどの資料がここに報告する一群の土器である。

晴ヶ峰の土器もまた大きく二つに分けられる。そしてその各々は前述した下島遺跡の土器の二の群に、非常に類似した関係を示している。すなわち晴ヶ峰にも下島と全く同じ結節浮線文、又は結節を伴わない浮線文の土器があるが、それらは例外なく地文に縄文をもち、下島における平行条線と対蹠的な特徴となっている。他の一群は極めて粗雑不整形など、粗放な平行線による不規則な施文と、その空間を埋める三角形印刻文が見られる。その他に半隆起線といわれる半肉彫風な（中期縄文式土器に近い）平行線文も現われる。

これらの土器は関東地方で十三坊台式と仮称されているものすべてを含んでいるが、分布の中心は中部地方にあるらしく、伊豆から信濃にかけて特に発見例が多い。飛騨方面の土器と密接な関係がある。この形式の土器が晴ヶ峰の如くまとまって単純に出土した例は他に余りない。またこの土器と諸磯c式・踊場式などの関係ははっきりわかっていない。

遺跡が偶然の発見によるためか、石器は一も残されていない。

5　諏訪市踊場遺跡の土器(8)

踊場式土器――それは藤森栄一氏が昭和九年に広く学界に発表し、今もなお縄文式土器編年表の一齣を飾っている記念すべき土器である。

現在では、藤森氏の踊場式土器は完全に分析し切れない嫌いは認められるが、最近、新しい二三の資料を加えて、諸磯c式土器から次の梨久保式土器に移行する過程の、重要な一形式であることが改めて認識された。

それは、藤森氏によって「篭様容器をモチーフした」と説明されたように、器面全面にぎっしりと施される平行線文が、一定の帯状をなして、斜行し、或るいは交叉し、器面をめぐっている土器を主体とし、さらに、最も特徴的な三角印刻文・特殊な撚糸文・結節のある半隆起線文などによってメルク・マールされる。これらの文様はいづれも踊場式土器自体のうちに発生したものでなく、前述した幾つかの先行形式土器の文様素材を、最もプライマリーな形で集約したものと見ることができよう。したがってこの踊場式土器には曲線文的要素が皆無と言ってもよいほどに乏しく、中期縄文式土器の豪放な文様を生むためには、更に確実な仲介者を必要とされるのである。

すなわち、この稿で諸磯式以下の形式土器(9)（次に述べる梨久保式まで）を特に中期初頭縄文式土器と一括して呼んだのは、半截竹管文と浮線文という基本的な文様素材が発展して行く過程を一つの概念として把えようとした試みからである。(10)

さて、踊場は霧ヶ峰熔岩台地の先端、諏訪湖面との比高一二〇米を算する典形的な丘陵性遺跡で、十数ヶの石鏃、それよりも遥かに少数の皮剝と、特に終戦後莫大な量に上る石槍が発見されて、非常な興味をひいている。(11)

6　長地村梨久保遺跡の土器(12)

関東地方で中期縄文式土器の最初頭の形式は五領ヶ台式と言われる。時間的には併行するであろうが、非常にそれとは異った地方色をもつ一形式の土器を諏訪地方で梨久保式土器と呼んでいる。

諏訪湖北盆地の東壁をなす鉢伏山塊の裾に並ぶいくつかの扇状地には、この形式土器を出す遺跡が点々と分布している。長地村中村部落の山沿いにある梨久保遺跡は代表的なもので、その名が示す通り梨久保式のタイプ・サイトである。

昭和二十四年夏、岡谷工業高等学校地歴部員が発見し、諏訪清陵・諏訪二葉両高等学校地歴部員が協力して、前後数回の発掘調査を行った。

梨久保式土器の文様は、先行形式からの伝統をひく半截竹管によるものであるが、その平行線が強く深くひかれたために、半隆起線と呼ぶ一つの違った文様として発展した素材を用いたものが多くなり、それ以前の土器の半截竹管文と区別する重要な特徴となる。それと共に、粘土を器面に貼りつけた本格的な隆起線もようやく一般的となり、踊場式ではまだ数学的に鋸歯文状の配列をもっていた三角形印刻文も、全体の文様に溶けこんで、非常にヴァラエティに富んだ文様を描かせる。曲線文や渦巻文が盛用されると同時に、固い感じの幾何学的な区画にとらわれない、むしろ不均衡な文様の構図も多くなり、一方こうした華かな器面装飾だけでなく、口縁部に作り出す立体的な装飾把手もこの時期に至って、小さいながら忘れられない存在となるのである。

梨久保遺跡で発見された梨久保式土器以外の土器は、偶然の採集による押型文土器二片、発掘による茅山式・黒浜式土器若干の他、中期初頭縄文式土器としては、諸磯c式・晴ヶ峰式・踊場式土器がそれぞれ二、三〇片宛と、相当多量の中期土器群が検出された。

また石器は表面採集資料も含めて、石鏃約三〇、それに対して皮剝は僅かに四で、その他に定角石斧・打製石斧・凹石などが相当豊富に発見された。

梨久保遺跡とその土器を客観的に観察しただけでも、この時期のもつ異常な緊張が感ぜられる。その暗示するものは長野県などの中部山岳地域を中心に爆発した中期縄文式文化の意欲の、その用意された力に他ならない。しかし、今はこの興味深い問題に飛躍するのを押えよう。その力をもたらせた時の流れをまづ検討するのが今日の主題であるからである。

以上、六つの遺跡は、前期末の諸磯式から中期縄文式時代に至る所謂中期初頭縄文式文化期の、諏訪における代表的な遺跡であって、各遺跡で主体となる土器の標準遺跡でもある。それらの土器に形式名を与えるならば、各形式は記述の順序にならって編年される。しかし、ただそれが編年学的に一系列のものであるかどうかは重要な課題で、次項以下で研究する問題もその疑問の一つの表れにすぎず、また逆にその疑問の解決の糸口の一つとも確信している。

三　下り林遺跡と丸山遺跡

直線距離にして一粁足らず、互に見上げ、見下ろすほどの位置にあるこの二つの遺跡は、時間的には早期初頭以後殆んど連続的に十幾形式かの土器で代表される永い消長を続けながら、極めて対蹠的なニュアンスをもっている。両遺跡の出発が、下り林では押型文土器、丸山では田戸下層式土器である事実[13]を伏線において、問題を中期初頭前後の土器に集中しようと思う。

諸磯式直前の繊維土器は両遺跡で発見される。しかし、畿内の北白川下層式土器が、時間的には関東の諸磯式以前の土器と併行するという学界の仮説が正しいものとするならば、一群の北白川下層式土器が、下り林なぞとても及ばない質と量をもって、丸山に存在する事実に先づ注意を向けなければならない。諸磯a式土器を特徴づける磨消縄文や連続爪型文、それに塗丹の手法が、その施文の細部にまで北白川下層式土器と共通の点をもつことは、この両形式土器の関係を積極的に考えさせるのである。以後に述べる下り林と丸山の中期初頭土器にみられる対立的な関係が、その直前の形式にすでに萌芽を見せているという推測を考慮におきたい。

諸磯式以前に早くも認められた対立は、諸磯a式土器に至って顕著である。すなわち、丸山遺跡で発見された諸磯a式土器の量は、「リンゴ箱一ぱいにある大量で、一形式の土器としては、この遺跡の中期土器についで多い。ところが一方、下り林では、丸山でかくも多量に発見される諸磯a式土器が、一細片と云えども発見されないのみか、丸山ではa式についで繁栄する諸磯b式土器も、下り林では全くa式と同様な結果で終ってしまう。土器形式の示す（a式とb式も指す）丸山的な様相を下り林は完全に拒否しているのである。

この激しい対立は、次につづく時期に至って、全く逆転した形で表れる。下り林遺跡の上層文化を代表する一群は、諸磯c式・踊場式・梨久保式土器で、その量は丸山における諸磯a式土器と匹敵するほど多い。しかも、丸山では、莫大な採集資料を細大もらさず分類したにも拘ず、僅かに二片の諸磯c式、三片の踊場式・梨久保式土器を、それぞれ検出したにすぎなかった。

下り林はこの時期を最後にその生活立地は放棄される。しかし、下り林的性格をもった遺跡は諏訪地方の各所に点在し、その多くは引きついだ伝統を更に次代に生かしていく。一例をあげるならば、梨久保遺跡で観察されたように、諸磯a・b式を含まず、諸磯c式以降の土器を出すこれらの遺跡は、そのまま中期縄文式文化を育てる大きな推進力となって発展して行くのである。

他方、丸山は、諸磯b式以後、一たんおとろえを見せるけれども、やがて阿玉台式文化と言う全く異質の要素（諏訪地方の他遺跡では阿玉台式土器は極めて少い）を取り入れて、他に勝るともおとらない豪華な中期縄文式土器を生むのである。しかしこの時期の丸山の土器群が他と較べて、直感的に一つの個性を覚えさせるのは、天龍川の落ち口にあるという地理的な立地要因と、それがもたらした伝統の差によるものと思われるが、そのことは今なお分析し切れない課題の一つである。

この両遺跡の土器が示す性格の差を、生活様式のより本源的な姿を示す石器が明示している。その対象を今は石鏃と皮剝とに限定して求めよう。すなわち、下り林では確実に諸磯c式・踊場式・梨久保式などを含む上部文化層から出土した石器には、一四の石鏃が発見されたにもかかわらず、一の皮剝も発見されていない。丸山の場合には、或る程度の資料価値についての批判(14)が必要であるが、約五〇に近い皮剝が発見されており、それが一もなかった下り林とは対蹠的に比較し得る事実であろう。丸山では石鏃も相当多数発見されているが、比較的限られた時期に集中して使用される傾向のつよい皮剝にくらべれば、石鏃は石器時代全体を通じて普遍的に用いられ、丸山における発見実数が、直ちに皮剝と対蹠的に一時期の需要数を示さないと考えるのである。

以上のような下り林遺跡と丸山遺跡との遺物から見た顕著な差を述べ終るにあたって、諏訪湖面との比高が殆んど零に近く、周囲を諏訪湖・天龍川・塚間川の水に囲まれていた典型的な水辺遺跡というにふさわしい、低地性の丸山遺跡と、一方、諏訪湖面との比高一〇〇米、三方を急な山腹にとりかこまれ、尾根を通じての直接のつながりを塩嶺山塊の奥深い谷にもつ高地性の下り林遺跡の大きな生活立地の差を、もう一度強調するものである。

四　山の遺跡と川の遺跡

下り林と丸山の対蹠的な性格を、視野を拡げて諏訪湖周辺の地域に求めて見よう。

この地方で、諸磯a式土器を出す遺跡は、丸山を除いて他に二ヶ所しか発見されていない。一は先述した寄せの台遺跡であり、他の一は中洲村武居畑遺跡である。しかし、後者は調査が古く、資料に充分な疑いがあるので再調査を待って決めなければならない。寄せの台は諏訪湖に注ぐ「最大水量を誇る上川」の極く岸辺に営まれた遺跡で、土器はもとより、石器も石鏃に比べて優勢な皮剝で代表されるような丸山的性格をもっている。このように諏訪湖周辺に、低地性水辺遺跡の代名詞とした丸山的性格の遺跡が少いのは、当時、河や湖水の水辺に居住地を求めるのに不利であった諏訪湖周辺がもたらせた必然性であって、偶然でもなんでもないのである。このことは後述するように、視野を更に拡めて観察した場合、諸磯期の生活文化の一の現象をとりあげたこの稿の主題に好都合な論証を与えることにもなるのである。[15]

さて、諏訪地方全体を展望して知ったこの丸山的性格をもった遺跡の貧困さに反して、諸磯c式・踊場式・梨久保式土器などを主体として特徴づけられる下り林的性格の遺跡は、諏訪湖盆周辺の小高い丘陵の上や、八ヶ岳山麓の火山台地のあちこちに、それこそ星座を散りばめたように分布している。代表的なものを列挙しても（括弧内は湖面との比高を示す）、下島（八〇米、但し最も接近した部分における上川との比高）・下り林（一三〇米）・梨久保（一〇〇米）を筆頭に、岡谷市高尾山（八〇米）・長地村上ノ原（一六〇米）・同東山田（九〇米）・諏訪市若宮（一一〇米）・豊田村鋳場（一二〇米）などがあり、更に、中洲村武居畑（一一〇米）も実は諸磯c式・踊場式を主体とするものであるし、晴ヶ峰式土器のタイプ・サイトである晴ヶ峰遺跡（四五〇米）もそれらの系列外におくべきものではない。

このように、これら遺跡はいづれも諏訪湖面と比高が一〇〇―一五〇米、あるいはそれ以上の高距性の強い丘陵の上にある遺跡で、水の幸にめぐまれないというよりは、山の幸・野の幸に強いつながりをもつ立地条件を備えている。

言うまでもなくこうして列挙した遺跡には、諸磯a式に当る土器はそれこそ皆無の状態であり、これら遺跡全体から発見された皮剝の数は、丸山遺跡で採集された数の半数にもまだ及ばないのである。

山の幸・水の幸を求める生活様式の差である、と本文中に暗示したこの諸磯a式土器を主体とする―丸山的性格の遺跡と、諸磯c式（及びそれにつづく数形式）土器を主体とする──下り林的性格の遺跡の差をより具体的にするために、展望の視野を更に拡げて見よう。

五　大河に沿う信濃の諸磯式遺跡

昭和二十六年の秋、北信に神田五六氏を訪ねた際、貴重な資料を拝見した。そのことは氏の「縄文諸磯期における低地性遺跡と高地性遺跡」に骨子となって述べられているが、信濃川が曲流する洲のような台地の上に莫大な量を残した南大原の住民は、まぎれもなく諸磯a式土器に代表される人々であり、そこには微細な一片なりとも諸磯c式土器の混入は見られない。しかし氏が、この南大原と対蹠的に高地性遺跡として取り扱われた月夜嶽の数少い資料の中には、明かにa式に代る踊場式、あるいはそれに類似した土器が含まれていた。神田氏はその論考の中で、南大原と月夜嶽との間に一時期における季節的な移動があった旨を説かれているが、これは宮坂英弌氏の論考に大きな欠陥として見られると同様、所謂諸磯式土器（或は中期初頭縄文式土器全体を含めて）の編年学的分析の不備によるもので、惜しまれる点である。

高地性と低地性、そしてその間に見られる土器の形式差など、これらを綜合した様相の差は一の文化の型として、より大きな意味をもつものではないだろうか。

さて、北信濃のついでに、千曲川・犀川・高瀬川・姫川などにそった二三の遺跡を概観しよう。

神田氏の調査された下水内郡豊井村の南大原遺跡(16)は、前述した通り、信濃川の流れの中に育まれたといっても過言でない完全な諸磯a式の単純遺跡であり、ほぼ同数の皮剝と石鏃などの文化遺物と、いのししの焼骨片が発見されている。更にこの周辺には注意すべき二、三の遺跡が報告されている。[17] その一である上水内郡三水村芋川遺跡については特に後述しよう。野尻湖の弁天島からも三角形、その頂点につまみのある皮剝を顕著な伴出石器とする遺跡があって、藤森栄一氏の報告によると、若干の早期土器と共に晴ヶ峰式に近い一群の土器が検出されているが、図版による限り、明かに諸磯a式と認められるものも半数以上あるらしい。晴ヶ峰式の性格が不明な今日貴重なる遺跡である。

安曇の盆地、姫川沿岸では、かつて藤森栄一氏が報告された北安曇郡北城村舟山遺跡がすぐれた遺跡[18]として知られている。諸磯a式を絶対的な主体者とし、若干の諸磯b式と僅少の諸磯c式と認められる土器片が報告されている。玦状耳飾・管玉と共に、九ヶの横型皮刃の発見が特筆されよう。石鏃は僅か三にすぎない。遺跡は姫川の上流に面した孤丘の上にある。

千曲川の流域、佐久平でも沢山の諸磯a式遺跡が八幡一郎氏によって報告された。[19] 二、三の遺跡を除いては立地の説明に不備を感ずるが、ここでも諸磯式イコール諸磯a式又はb式の傾向が強く、報告書の図版の中には諸磯c式を殆んど見ない。最近東京で八幡氏にお逢いした時、このことをお聞きすると、当時の記憶にとぼしいけれども、少くとも当時調査の進んでいた千曲川沿いの遺跡では、諸磯a式土器が主体となる旨の教示を得た。皮剝が顕著な伴出石器として報告されていることは勿論である。

木曽谷でも幾つかの報告がなされているが、ここでは必ずしもa式やb式のみが主体ではなく、諸磯c式や晴ヶ峰式・踊場式を出す遺跡も少くないらしい。確認すべき遺跡の少い現状である。

他方、目を下伊那郡を中心とした南信濃に向けて見よう。宮坂氏や松島透君の調査した幾つかの遺跡には、おびただしい量の関西系の縄文式土器—北白川下層式の浸透が見られ、その代表的な一である下伊那郡旦開村網張遺跡[20]は、ほとんど北白川下層式土器の単純遺跡と認められるほどである。この遺跡で、宮坂氏が指摘された、頁岩製片刃で横型の皮剝の顕著な出土は、北信濃の諸磯a式遺跡に対比される性格であり、諏訪湖周辺の丸山遺跡などで、諸磯a式と北白川下層式が親近な関係をもって共存する事実と考え合せれば、下伊那郡に多い北白川下層式主体の遺跡も、僕の言う丸山的性格の下に説明すべきものであろう。その他同郡には天龍川に接近した段丘の上に、川路村今洞、対岸の龍江村城などの遺跡が知られている。

最近、天龍川が伊那谷へ入る上伊那郡辰野町にも、諸磯a式のみを出す大きな遺跡が発見され、辰野中学校の赤羽篤氏が調査された。遺跡はやはり丸山遺跡と呼ばれ、天龍川と横河川の合流点を見下す段丘の上にある。遺跡の規模から云っても、相当多数の石鏃と数をきそう皮剝の出土数からみても、典型的な「河の遺跡」と云うことができる。なお、北白川下層式は混入程度に伴出する。

六　漁撈の民

千曲川から信濃川へ、そして姫川を下り、奈良井川を木曽の谷へさかのぼり、天龍川を諏訪湖へと、限られたフィールドにつき、あわただしく一の主題—諸磯式遺跡をさがし廻って来た。目をそらして通りすぎた一つの重要な遺跡[21]についてはしばらくおくとして、諏訪の遺跡で教えられた僕の中期初頭縄文式文化に対する理解は、この超スピードの旅行で妙な主観的な妄想にとらわれているのではなかろうかというほどの不思議さに混乱した。

小さい国土の日本ではやはり大河と言われるこれら信濃の河川のほとりに、強く根を張った多くの諸磯式遺跡が、殆んど例外なく諸磯a式土器と皮剝の優勢という事実にメルク・マールされる斉一性は、僕をより基本的な生活文化史への問題―ある統一された生活様式への理解へと、意欲を誘うに充分な魅力をもっている。

古代と言わず、河が自然の流れに任せられていた極く近い祖先の時代に、山国信濃の清冷な河川を鮭がのぼり、でなくとも豊富な魚族に恵れて、水の幸が重要な生活資源であったということを、何一つ疑わずに今も信じている。考古学者山内清男氏はかつて、東北地方の亀ヶ岡式文化の繁栄を取りあげて、「鮭鱒文化」なる言葉を使われたと伝聞する。

このような一連の叙述から推測される結論は、今ここで改めて述べるまでもなく、宮坂英弌氏が「長野県内の縄文文化諸磯遺跡」にはっきり述べられている。

しかし、僕はもう一度目を諏訪湖周辺に向けよう。そして諸磯式文化は漁撈文化であるとすぐれた意見を発表された宮坂氏の分析し足らなかった点に触れてみたいのである。

七　狩撈の民

中部山岳地域で咲き誇った中期縄文式文化は、その立地や文化遺物の示すところでは、疑いもなく狩撈とそれを補充する程度に存在したと仮想される原始的な栽培農耕に基盤を置く文化である。

宮坂氏はその中期文化を、河の資源に限度のある山岳地域で、漁撈民である諸磯式人が狩撈という新しい生活様式の開拓によって築いた文化であると説明された。それは一の文化の型の発生を、生産様式の発展段階に求めようという、すぐれた見解であるけれども、少くともこの問題に関する限り、別な方向から説明されねばならないのである。

諏訪地方でその中期縄文式文化の源流を辿っていくと、梨久保式土器で代表される一の先駆的な文化があり、それは踊場式から諸磯ｃ式へと、土器の様相の中へ溶けこんだ発展の姿を逆に辿っていくことが出来る。すでに各所で触れて来たように、その一系列の文化は遺跡の立地の高地性と、石鏃の多い（或いは言葉を換えて皮剝の少い）という考古学的な現象で特徴づけられて、この稿の前半で強調した下り林遺跡と丸山遺跡の対立的な在り方という、極端な相違を示しているのである。さらに、その対立は或いは早期初頭、すなわち縄文式文化の発生と同時に見られるような根源的に古いものであることを暗示した。[22]

要するに下り林的な性格をもった一つの文化の型は、丸山的な漁撈の民に対する狩撈の民を措定するに、何等の躊躇も要求されない強い考古学的な事実であると確信する。

漁場として有利な、浅瀬が少く、居住地に適当な入江にも恵れず、もしあってもつねに荒れ狂う河川におびやかされねばならない諏訪湖沿岸や、漁撈をするのには余りに海（湖）に遠い細い河のみが多い諏訪湖の周辺に、漁撈の民と名づけた諸磯ａ式土器をもつ遺跡が栄えなかったのは当然で、超スピード信濃一周旅行で感じた僕の疑惑も、疑惑でなくなったわけである。

中部山岳的な中期縄文式文化を繁栄させた直接の担い手は、諸磯ｃ式—踊場式—梨久保式という一つの流れをくみ、諸磯ａ式土器で代表される漁撈民と対立的な関係に立つ中期初頭縄文式文化の狩撈の民であることを、敢て言葉を尽して強調したいと思うのである。

八　今後の問題

今まで述べて来た解釈の中には、根本的に解決されない幾つかの問題が含まれている。その意味において、この稿の目ざしたところは試論の限界を出ないものである。

さて、最初にとりあげねばならない論証の不備は、諸磯a・b・c各式をそれぞれ多量に含む、目をそらして通りすぎた二三の遺跡の存在についてである。ここ二三年来積極的に調査を続けられた北安曇郡平村上原遺跡と上水内郡三水村芋川遺跡がそれらの代表者である。両者とも前記各形式土器と共に、それぞれ等量の石鏃と皮剥とを発見している。然し、この遺跡については解決する一つの糸口がある。それはこの両遺跡が含む二つの生活様式（漁撈・狩撈）の可能性が、前者について言えば、規模の大きさから云って、後者については海抜標高の低いしかも谷の中という事実にもとづいて、非常に大きいと推測できないだろうか。こうした形で存在する諸磯c式土器を含む遺跡は、恐らく県下各地に発見されるものと確信されるが、類例を待って、また、一方そうした一遺跡における両生活様式の可能性と限界などの問題を具体的に解決したいと思う。ここで一つ触れなければならないのは、考古学的事実として現われたにすぎない対立する二つの生活様式が、完全な単一な手段（狩撈なら狩撈といったような）しかもたなかったというような形式的な判断を極度に慎みたいということである。代表的な漁撈集落の一つとしてあげた南大原では、獣骨という動かし得ない事実が報告されている。「一定の住民に支配的な生活様式は一つの文化の型を生む」。この稿で述べた諸磯式文化の対立する二つもその限界を出ようと言うのではない。

次に、以上のことと関連して同じ諸磯式土器と言われながら、この小論の中で常に避けて来た諸磯b式土器の問題である。確実に知ることができた幾つかの遺跡では、b式土器はa式土器に伴う場合が多い。しかしこれとは別にb式土器を単純に出す若干の遺跡が知られ、諏訪の細久保B遺跡の如く極端に高地性遺跡である例がある。これはb式土器が、低地性を特徴とするa式遺跡に共存する事実と明かに相反するものであり、上原・芋川遺跡で試みた妥協的な解釈は許されない。類例を得て今後検討されるべき問題である。

次に諸磯a式土器とc式土器との編年学的関係を分析する必要がある。というのは諏訪地方という一つの地域をとって、この両式土器で代表される生活立地—文化様相が対立して存在するという説明は、この両式土器が一地域で一時期に並行して存在したという誤解を生む危険をもつからである。僕はこうした誤解を支持する開拓的な証拠をもたないし、むしろa・b・c式と並ぶ時間的な序列が正しいものであると考えている。このように時間的に接近はしているが明らかに異る二つの時期の文化を対立的に比較する方法が、考古学的事実の上で正しいかどうかは、今後に残された最も重要な課題なのである。この問題の解決の如何によっては、縄文中期の狩撈文化は諸磯漁撈文化の発展したものであるという、宮坂氏のすぐれた意見は強力に支持されるだろうし、逆に、a式とc式との対立を時間的発展以外のものに重点を置いて証明しようとした僕の理解は益々混乱しなくてはならない。これについては、「自然人」であった縄文式時代人とその文化が、極めて流動性をもっていたという理論(土器などには理論を超えた現実となって表れている)に強く信頼を置いている。そしてそれを事実によって証明したいという大きな野心を抱いている。

従って、次にかかげる一つの課題はその希望に応える一つの具体的な問題の提示と考える。すなわち、諸磯a・c式前後の土器に対する精密な編年学的・形式学的研究である。特に僕等のフィールドの極く手近に栄えて、しかも本質的に解決された点の少い中期縄文式文化の研究は、土器の細密な観察によって糸口を得るだろうし、それはその文化が最も典型的に発達した一の地域に研究のフィールドをもつ研究者に与えられた大きな責任でもある。

中期初頭縄文式文化の研究は、一にかかって中期縄文式文化の本質を解明する鍵であるところに大きな意義をもつのである。

僕は、こうした今後に残された幾つかの大きな問題を、この小論の不備として憾むよりも、この小論がもつ意義として喜びたいと思うのである。（昭和二十八年三月一日）

（附記）本稿は昭和二十六・七年度の文部省科学研究費助成金による研究成果の一部をなすものである。

註

（1）戸沢充則「岡谷市下り林遺跡の早期縄文式土器」（信濃二ノ七）

同　「岡谷市下り林遺跡調査報告」（諏訪考古学八）

（2）同　「岡谷市南部遺跡群の古式土器」（諏訪考古学五）

（3）宮坂英弌「長野県内縄文文化諸磯式遺跡」（信濃二ノ一〇）

（4）神田五六「縄文諸磯期に於ける低地性遺跡と高地性遺跡」（信濃四ノ九）

（5）前掲註3の宮坂氏の報文

（6）文様の呼称については一定した規定はない。本文中では便宜的に最も語感の正しいと思われるものを用いた。

（7）宮坂昭久・戸沢充則「宮川村晴ヶ峯の土器」（諏訪考古学七）

（8）藤森栄一「信濃上諏訪町踊場の土器」（人類学雑誌四九ノ一〇）

（9）諸磯式土器を特徴づける半截竹管による種々の文様を指すのであるが、厳密には浮線文の性質から諸磯c式と晴ヶ峯式とを指す。

（10）これについては、藤森栄一氏が次の二の論考を発表されている。

「諸磯式土器における半截竹管文と浮線文の問題」（先史土器論）
「諸磯式土器の終末と厚手式土器の進展」（先史土器論所収）
（11）松沢亜生「踊場の石槍」（諏訪考古学六）
（12）宮坂光昭・戸沢充則「長地村梨久保遺跡調査報告」（諏訪考古学七）
（13）縄文式土器発生の問題は学界の中心課題の一つであるが、関東地方の研究の結果では、田戸下層式土器と押型文土器とは文化圏を異にする土器で、時間的にはほぼ並行すると考えられている。
（14）各地の調査の結果では、横型又は三角形でその長辺に対する頂点につまみのある片刃の皮剝は、諸磯式前後の土器に最も一般的に伴うとされている。丸山遺跡は石器時代全体を通じての複合遺跡であるが、皮剝に対するそうした一つの事実を条件として資料価値を判断した。
（15）本文中七に理由を述べた。
（16）神田五六「長野県下水内郡豊井村上今井南大原の前期縄文式遺跡」（信濃三ノ八）
（17）藤森栄一「北信濃縄文式文化資料」（古代文化一四ノ四）
（18）藤森栄一「玦状耳飾を出せる諸磯式遺跡」（信濃考古学会誌四・五）
（19）八幡一郎著「南佐久郡の考古学的調査」「北佐久郡の考古学的調査」
同　「信濃国佐久平の諸磯式遺跡」（先史考古学一ノ二）
（20）前掲註3の宮坂氏の報文
（21）北安曇郡平村上原遺跡を指す。（本文第八稿参照）
（22）各地において早期初頭土器以降の縄文式土器が多種多様な形式をもって錯綜しているのは、そうした事実にもとづくものであるかも知れない。但し憶測である。

〔『信濃』五巻五号、一九五三年〕

小さな主題

――中期初頭縄文式文化の一断面

(1)

考古学の正道と銘うつ日本先史考古学史の輝しい伝統が僕等の研究の方向をどんなに強く指し示しているとしても、型式論編年論の底を流れているべき数多い問題が殆んどといってもいいほど意表されないはがゆさは、特に幼い僕等にとっては一つの懐疑たらざるを得ない。そこから出発する問題解決の意欲がもしあるならば、率直に、しかも考古学そのものによって、僕等は語らなければならないであろう。そうした意味で、地域と時間を限った考古学的現象の中には、僕等が語るべき多くの主題がころがっている。日本考古学の「正しい秩序」を「新しい発展」として止揚する方向は、限られた地域と時間の中に生起した事実を問題としてとりあげた、小さな〝主題〟を、考古学の正道の中へ批判綜合していく方法をおいて他にないものと思う。又、こうした方法は現象として知られた型式を一つの文化の様式として認識する手段として、方法論的にも全く正しいと確信されている。

そうした理念の下に、僕は長野県諏訪地方の中期初頭縄文式文化に関する、一つの小さな主題をとりあげてみた。

（2）

長野県の諏訪地方における、前期末葉から中期初頭に至る土器は、関東地方の諸磯a式に当る土器型式から、五領ヶ台式に併行する土器型式に至るまで、大きく七つに分類編年される。その編年の組立ては、貝塚及びそれに準ずるような良好な包含層がないため、全く型式論的な方法によらざるを得なかったが、この七つの型式を一貫して流れる半截竹管文の様相の変遷と、それと併行的に消長する隆線文、磨消縄文（縄文一般）、三角形印刻文などの特徴によって、型式の設定には何らの不備も感じなかった。

この土器の様相の上から、大体時間的には連続すると見られる型式の中に、僕は一つの不整合を見出した。すなわち、諸磯a式からb式への移行が、幅広な平行線文と、a式の後半（矢上期）ころから見られる、やはり幅広な隆起線や縄文などを媒介として、更には土器全体からうける簡素というか、粗大という感じによって、比較的スムースに行われるのに対して、b式からc式への移行は隆起線文から結節状浮線文と名づけた細くしかも技巧的な文様への変遷、幅広な平行線文から幅の非常にせまい平行条線文への移行、それに縄文の解消など、二三の例によってもa式からb式への移行ほど順調でないことが知れる。それ以後の型式――諏訪地方で言うならc式から踊場式、梨久保式への展開は、踊場式が諸磯c式と混同されるほどの漸移性をもっているのである。

このように土器の型式の変遷の中に感知された諸磯b式土器とc式土器との間におかれる不整合面に、先づ主題の存在が暗示されたのである。

(3)

以上のような調査が進行している時に、主題の発展をうながす遺跡に出合った。直線距離にして僅かに一粁しかはなれていない、諏訪湖西岸岡谷市の下り林遺跡と丸山遺跡がそれである。前者は諏訪湖面との比高が一五〇mもある高い丘陵性の遺跡であり、後者は諏訪湖水辺の低地性遺跡という対立的な立地をもっているのみならず、両者とも早期以降、下り林では中期初頭まで、丸山では弥生式以降までの土器を含む複合遺跡である。しかしこの両遺跡の含む土器型式には、対照的に存在するものと、しないものがあり共通に含まれる型式土器においてさえ、両遺跡の個性が強くみられるのである。その対立はこの小論で取りあげた時期に特にいちじるしく、丸山では諸磯a・b式が素晴らしく発達しているのに、それ以後のc式、踊場式、梨久保式にあたるものは、数片しか発見されない。逆に下り林では、諸磯a・b式にあたるものは一片も検出されなかった。

土器の型式論・編年論的な観察で知られた諸磯b式とc式との間の不整合は、ここに遺跡対遺跡という現実的な対立となって、見出されたのである。

(4)

そこで僕の眼は諏訪郡全体に、この下り林の性格をもった遺跡と丸山の性格をもった遺跡の存在を追うようになった。

僕の予想は見事に適中して、八ヶ岳山麓の尾根や、山寄りの扇状地や丘陵に、続々と数え切れぬほどの諸磯c

式や梨久保式を主体とした遺跡が、しかも多くは単純に近い形で発見された。これに対して諸磯a・b式を出す遺跡は丸山遺跡以外には諏訪湖にそそぐ最大の河の水辺に、貧しい遺物を残す一遺跡しか見出せなかったのである。

諏訪地方で得たヒントを更に確めるために、僕は更に長野県全体に一べつを与えることにした。各地で尊敬する先生方の資料を拝見したり、教示を受け、足の至らなかった所は文献をたんねんにしらべた結果、信濃川や天竜川、その他の大河にそった地方には、質量共にすぐれた諸磯a式を主体とし、b式を伴う沢山の遺跡が報告されているのに、諸磯c式以後の土器を出す遺跡は、極めて稀に諸磯a式土器に伴うか、限られた地方の標高の高い遺跡にしか発見されていない事実を知った。

こうして遺跡における土器の在り方のみから見て来た、前期から中期へかけての一つの不整合に、若干の例外は認めるにしても、僕は自信をもつに至ったのである。

（5）

それならば、そうしたヒアタスが何を示すかが僕の課題となったのである。

遺跡の立地が極く概念的に高地性と低地性としてとらえられたことは前述したが、この時期の最も代表的な石器である石鏃と皮剝の在り方もまた、全く対照的であることがわかった。文献の引用ははぶくが、諸磯a式を多量に出す長野県下の遺跡では、一致して皮剝の多いことが報告されている。

ここでもう一度、僕自身で調査した下り林と丸山を例にひくと、前者では前期から中期初頭にかけての土器を出す上層遺物層から確実に発見された石鏃は、十数ケを数えるのに、一つの皮剝もない。所が丸山では資料価値に若干の批判が必要ではあるが、それでも五十ケ近い皮剝が検出され、その形態や特徴から諸磯式前後に伴うものは確実に全体の半数はある。この数は諏訪地方の諸磯c式から梨久保式に至る沢山の遺跡で採集された皮剝の総数にも優る現状である。

(6)

土器、そして立地、石器と考古学の上で最も普遍的に扱い得る資料が僕に与えてくれた結論は、中期初頭縄文文化期に、少くとも諏訪地方においては、河の幸に依存する人々と、山の幸に強く結びついた人々の集団があったことを示している。これらの人々が夫々狩撈文化、漁撈文化と名づけるほどの特徴を持たなかった所に、或いは同時期に対立的に存在しなかった点に日本の縄文式文化の特徴や地域的な特性が見出されるかも知れないが、逆に縄文式文化というような原始時代には、この程度の小さな問題がいくつか秘められているであろう、ということを強調したいのである。

(7)

しかし、僕の追求すべき問題はこれにとどまらない。

先学をして中部山岳的文化とうたわしめた中期縄文式文化は、実に諸磯c式からつづく狩撈の性格を帯びた流れの連続であり、諏訪地方で後晩期土器が絶えて衰微したというような現象もこのあたりに解決の糸口を得ようとも考えている。のみか、中部以西の押型文化圏と関東の撚糸文化圏の対立も、これに近い問題であるかも知れないとさえ感じている。しかし残された多くの課題は正しい考古学の秩序の下で、正しく編成されていくという手段を踏まねばならない。

諏訪地方の中期初頭縄文式文化の一断面を把えた僕の小論が、はなはだしく事実を無視したものであるなら、僕は若さに免じて、日本考古学史の輝く伝統の前に心から自己を批判したいと感じている。

このテーマを詳しく考証した原稿は、地方の某誌に投稿した。この稿では著しく資料の不備を感ずるので、いづれ、元の原稿と合せ批判を受けたいと心から希んでいる。尚この稿は投稿原稿と同じ資料を用いたが全く別な意図で書かれたものであることを特に附記したい。

又、中期初頭縄文式文化とは、諸磯式以下全体を綜括した意味でも使ったが、主としてc式以下について強調した。本文の中で区別していただければ幸甚である。

〔『ミクロリス』六号、一九五三年〕

学史勉強会「近代科学と日本考古学」

学史勉強会の最初のテーマ「日本考古学はいかにして近代科学の精神と方法をとり入れたか」についての解説は別に記されるが、こうしたテーマによって勉強を進める方法と、そういう方法をとるにいたった経過を述べ、あわせて今後の方針を示し、批判を乞いたい。

夏休み前に回を重ねた討議によって、とにかく具体的な仕事をという声が強まり、それにこたえて専門分科会を設け文献カードの整理段階にこぎつけた。しかし、分科会の間の連絡が不充分であり（連絡委員が無能力であった）、しだいに作業の進行、テーマの選び方、あるいはその方法にまで分裂をきたした。このことは、ただちにひとつの問題を全員で討議しあう学史合同勉強会の不振としてあらわれ、もっと内部的には、研究会で意図した団体研究の意義をゆがめるのみか、破滅にひとしい状態にみちびいた。そこで、夏休み前最後の合同勉強会でこの現状が反省され、文献整理的な学史か、テーマをもった問題史的な学史かを討議した。その結果、考古学の現状を分析し、これからの方向を求めるという基本的な方針にもとづき、日本考古学史の根底にふれながら随時テーマをおっていくという後者の方向が選ばれた。

こうした方向をとるとき、批判されねばならないことは、文献整理を中心とした学史上の事実の軽視、またはその仕事の不備であろう。この欠陥は、決められた方法を具体的な仕事に移していく過程のなかで克服されるであろうが、方針としては、テーマに関したそれぞれの文献に接したらそれを正確にカードへ記載していくという操作と併行して、テーマに関係する一定の年代間にある文献を最大限に蒐集し、そのなかでの重要な文献は完全にソシャクしていくという方法をもたなければならない。第一の段階として、いまのテーマにかんする限り、各分科会はテーマの要求する作業に対して、適宜に、その機能をはたすという柔軟性のあるものであってほしい。

古代あるいは古代遺物にたいする興味は、江戸時代の中頃を遡るような古い時代からもたれ、遺物が落ちていたという程度の記録なら、じつに奈良時代にまで求められる。しかし、そういう興味や記録が学問として成長するのには、明治維新をまたねばならなかった。明治以後の考古学がまちがいなく科学であり、それ以前のものが科学でないといわれる理由はどこにあるか。この疑問を通じて、学問とそれを創造する人間の自覚の仕方との関係を、もっとも素朴な形で教えられるであろう。近代科学や近代思想は、世界史的にみれば、宗教改革やフランス革命、それに資本主義の発展にともなうブルジョワジーの成育とともに、また封建社会を破ろうという動きのなかに芽生えてきたものである。西欧の考古学史と肩を並べることができるほど古い時代から、日本の考古学も芽生えをみせながら、それが科学として成長しなかったのは、徳川封建制下の学者の自覚の問題だけでなく、考古学に限らず、すべての近代科学の発展を妨げるなにかが江戸時代の社会にはあったのだ。近代史の本質にふれながら、明治以前の考古学の姿をみるとき、学問が成長するためにその社会的基盤がいかに大きな影響を与えるかを知らねばならない。そうした前史を経て日本の諸々の科学は明治時代の曙とともに、本当に科学として大飛躍をとげるわけであるが、それはあくまでヨーロッパで一応完成した近代科学の精神と方法をそのままの形でとり入れた。ここでまず近代科学の精神と方法というものをはっきりした概念として学ぶ必要がある。日本考古学に直接それをもたらせたのは、おそらく東京大学で主として進化論を講義したモールスであったろう。彼の講義を直接うけなかった坪井正五郎等が、それをどのように把握していたかという意味で、大森貝塚の発掘というまさに記念されるべき学史のトピック以前に、彼の著作は最初から注意されるべきであろう。こうした積極的な西欧科学のうけいれと同時に、江戸時代以来命脈を保った伝統的な考古学も必ず存在するはずである。維新をエポックとしての新しい科学は伝統的なものとの関係という点で全く急激であり、新しいもののみに依存した学風が、以後の学問の性格や学問的思考の方向に大きな制約を与えることになったといわれる。日本の考古学に、もし理論的な反省が要求され、すでに古い近代性がいまだ抜けきれていないとしたら、その理由は、それが革命的変化をとげた明治時代に、発展の殆んど唯一の原動力となった西欧近代科学をうけ入れるにあたって、方法論的認識の上に、すなわち科学精神の上に立って行われなかったのではないだろうか。ここに第一のテーマをとりあげる最も重要な点がある。

〔『あゆみ』一、一九五四年〕

〝団体研究〟ということ

編集部

今まで僕達の前に、研究と呼ばれるものには個人研究、協同研究そして綜合研究とがあった。これに加えて最近になって団体研究と呼ばれる研究が大きくクローズアップされて来た。この団体研究というものを聞いたり、そして眼の当りに見て、そのすぐれた成果に驚かされた。こうした研究が自分達でも出来たなら素晴らしいと思って、「学史勉強会」と名付けてやって見たが、その結果は果してよいものであったとはいえない。何かゆきづまりがきているようである。それと共に僕達は団体研究ということについては簡単に考え、軽い気持で行動したのではないかと考えさせられたのです。

この点からここでは団体研究というものについて、その内容を紹介したい。それに当って、先ず諸君達に次の本を是非読まれることを奨める。

井尻正二編　ともに学ぶよろこび　東大出版会
井尻正二著　科学論　理論社
美備郷土文化研究会　月ノ輪教室　理論社

石母田正　歴史と民族の発見（続共に）　東大出版会

さて、団体研究は、その最初は地学を志す若い人達の間から起ったものである。きざしは戦時中にあったとはいえ、一つの研究として表われて来たのは戦後のことである。あの混乱の中に地学する人々に守られ、発展させられ今日あるような素晴らしい体系と成果を示すようになった。それは単に地学する人々の間のみにとどまらず、全科学する人々の間にも取り上げられていった。そしてそれぞれの立場においてやはり立派な成果を上げており、今日では、これこそ最上の研究活動であるとまでなっている。

　ではその団体研究の内容はどんなものか、団体研究活動は、研究活動、理論の勉強、普及活動、そして日常生活の四つの部門から成立している。その個々のものについて見てみると。

　研究活動、団体研究の主体をなす活動であるが、これだけが独立してあるものではない。この研究活動の組織を井尻氏は次のように説明している。

　1．研究に参加する研究者が団体研究のテーマ――研究の意義、研究の目的、研究の立場など――を十分に理解し、はっきりとその目標を定める。

　我々はあらゆる条件を考えて、研究テーマを具体的なものに焦点をしぼる必要がある。さもないと研究が進んで行くうちに、いつしか研究目標が研究者ごとにずれてしまうことが多い。

　2．研究の方法や手段の大綱を統一しておくこと。

　各人各様では出て来た結果は一つにまとまらず、対象の統一的認識は得られないし、その場合は協同研究である。然し、個人テーマをセーブし、研究テーマも一つにしぼり、方法、手段を統一して仕事にかかるが、団体研究の中において、自分の得意とする側面をつっこんで研究することは少しも妨げない。

団体研究は、多勢が一つの目標に向って、一つの組織に結集するのであるから研究者の個人差――テーマのつかみ方、方法や手段・技能等――がはっきりと表われてくる。これに目をつぶったり、おしつぶしたり、妥協させたりした場合は団体研究とはいえない。団体研究に於ける個人差は、一つの組織体に内存する自己矛盾であって、これが団体研究の発展のエネルギーとなり、独創のもとの「芽」となる。問題はこの矛盾を萎縮させずに、どのように発展させ、一つの組織体に統一して行くかにかかっている。

3．研究者が分担した問題の要点は、単に報告を聞くだけではなく、全部の研究者が必ずものに即して、観察し合い、考察し合い、かつ討論し合うことが大切である。

多くの人による結果は客観的になる許りでなく、新らしい事実を発見する機会を増し、問題の解決をたやすくする許りでなく、新らしい問題が出て来て、研究が発展して行く。

4．団体研究の途中で、新らしく発見した事実や、新らしく発想したテーマは、どんなものでも必ずこれを討議し、団体研究の趣旨にあったものならば、全員それに取りくむような精神と心がけが必要である。ここで個人研究の偶然性が淘汰され、団体研究の必然性に転化して行く。

5．リーダはテーマの発想者がこれに当る。そして研究を進めて行く過程で合議し、納得の行く真のリーダを決める。

リーダはテーマの統制や、おしつけを行い、指導のひきまわしを行うことは絶対さけねばならない。

6．団体研究に一番大切なことは、研究者の水準がそろっていることである。研究者の水準とは経験や、力量や、技能についてもいえるが、特に重要なことは、研究者の世界観（哲学・思想）と科学思想（理論・方法論）が一致していることである。

理論の勉強、ここでいう理論は広義のもので、方法論とか認識論をいうので、即ち研究法ともいえる。更にこれに加えて自分達の態度ということについても考えて見たい。

団体研究活動に入った人は、一様に能力を実践の力以上に理論の力の足りないことに反省している。そして中にはその役立ち、或は勉強さえも知らないことに気づいている。それだけに如何に理論が重要なものであるかということも深く認識されている。そうした彼等は、理論は第一に理論が行動の指針となるものだ。創造的な行動で実践的な新らしい現実を作るものである。だから理論は意識的に導入しなければならないのだ。第二に理論は実践（研究活動、普及活動）の上に打立てられるものであり、其故に理論の勉強は独立するものでなく、実践と共に併行して行うべきだ。そうすることによって現実の対象にふれ、テーマが支えられ、問題が発展され、更に理論がきたえられテストされるという。又理論の役立ち、効果については、イ．実践に対する確信を与える。ロ．遠くて広い見通しを与える。ハ．創造力を与える。ニ．正しい判断力を与える。ホ．抽象する力を与える。ヘ．綜合する力を与える。ト．本質をえぐり出す力を与える。チ．現実的につかまえる力を与える。等のことがあげられている。

このように理論は大切なものであり、必要とされるものである。研究活動や普及活動そして理論の勉強を通じて最も問題とされることは、科学に対する自分である。その態度は如何にあるべきだろうか。

今科学運動には二つの流れがある。一つは今まで科学運動と呼ばれて来たもので、あくまでもアカデミックであり、クラシックである。自分は自分のために、学界のために真理を探究しているのだといい、一つの殻の中に閉じこもってしまうものである。もう一つは新らしい科学運動で、そのモットーは「国民のための科学」ということである。自分は科学をすることによって得た知識と技術をもって、ガイドとなり、それによって科学を皆のものとするのである。

自分はどちらの流れを行くべきかと考えた時、やはり後者をとるべきだと思う。それこそ真の科学を研究することでもある。団体研究はそうした「国民のための科学」ということを認識し身につけた人達によってこそ、初めてその研究活動が成立するのである。

普及活動、国民のための科学をモットーにした時、その運動の大きな役割りを示すものが普及活動である。現実の生活の場にとびこんで、僕達の知識と技術によって科学を皆のものにする。普及活動には講演会、懇親会、展示会、幻灯会、ビラ等があるが、先ず何でもよいからやって見るということが大切である。何故研究活動と共に普及活動を行わねばならないか。それは、普及活動は研究活動を発展させる基盤となるからである。そしてまず普及活動を行うことによって、1．如何に自分達が現実の世界から離れた浮き上ったものであるかということが体験させられ、ここに僕達の人間性の改革が必要とされる。2．相手に分らせようという努力によって、自分の実力の程が非常にみじめに知らされる。だからといって投げ出してしまってはいけない。自分の僅かな力にもその学問に対する自信を持って、それに応じて特徴を生かして、相手の身になって、相手の人達と共に誠意をもって行うべきである。それには、生きた言葉を使うということが大事である。3．多くの人達の質疑に答えることによって、自分が如何に不勉強であり、いいかげんなものであるかということを自己認識させられる。又その質疑の内容が広い範囲にわたるから、それを正しい方向に導くように答えるには、正しい方法論や認識論の体得が必要とされてくる。ここに実践的理論の重要性を体験する。4．人間性の面については、自分がみんなに「教えよう」とか「学ぼう」というのではなくて、生活と行動が大衆そのものになりきらなければならないのである。

とにかくこれにより自分の小さな学問もこんなに役立ち、喜こばれるのかという事実に、いいきれない力強さを感じるのである。

日常生活、とかく僕等は日常生活と研究活動とを別個に扱いがちである。否、なかには現実の生活からの逃避の場として研究をしているようでもあるが、それはいけない。僕達はどちらかといえばとても日常生活に対してうといし、鈍感なのである。現実に人間としてこの社会に生きている以上、やはり日常の問題にも、プレ縄文の新らしい遺跡が発見されたというニュースによせる関心より以上の関心を、そしてより密接にいだくべきではないでしょうか。そうして、全員の問題としてとり上げた運動には進んで参加すべきであると思う。科学することは、一面、闘いの武器としての科学を創造し、普及活動を通じてその成果を国民にかえして行くという面のあることも注意しなければならない。

僕達はまず科学に対する正しい認識を持ち、自分の態度をはっきりさせた上で、やれば出来るという気持を忘れずに、今僕達が取上げている団体研究「学史勉強会」をよりよきものへと発展させようではないか。（文責TON）

〔『ミクロリス』一二号、一九五五年〕

日本旧石器時代展

――実施の経過と展示内容の報告

日本旧石器時代展実行委員会
ミクロリス編集部　編

Ⅰ　大学祭参加の態度

去年の大学祭に参加した「登呂展」に対して、幸いにも僕等は多くの人々の讃辞と、そして種々な角度からの批判と共に、来年の展示会にも今年以上の期待を寄せている、という強い激励を受けた。こうしたことがないにしても、考古学を知らないたくさんの人々や子供達が、展示資料を通じて、目を輝かせながら「登呂ムラ」の生活に触れている姿を思いだすと、研究会活動の最大のポイントが、今年も大学祭にあっていいのだ、という意欲に満たされて来た。

夏休み直後の研究会総会では、早くも大学祭参加の態度が決定され、具体的なテーマは討論されずに終ったが、大学祭展示会に臨む研究会々員の意欲が確認され合った。

一〇月に入ってすぐ、展示会のテーマを決定する臨時総会が開かれた。日本旧石器時代展はこの時から、具体的に発展しはじめた。

Ⅱ　旧石器時代展の目的

総会の席上では展示会に関する三つのテーマが提出された。

Ａ　食物の歴史展

Ｂ　雨滝遺跡を中心とした縄文文化末期の生活の綜合的な復原

Ｃ　縄文以前の石器文化について

Ａ案は後藤守一教授が最近刊行された同名の著作を基にして、日本の生産経済の発展と人間の食生活の歴史を、関連的に考古学的資料によって明らかにしようとするものである。

Ｂ案は昭和二八年に明治大学考古学研究室で発掘調査した、岩手県の雨滝遺跡の豊富な遺物によって、縄文文化という日本独自の石器文化の、わけても亀ヶ岡式文化と呼ばれる停滞的な一時期の生活文化の様相を、一遺跡の事実によって完全に復原しようというものであった。これは昨年行った「登呂展」と同じ目的をもつもので、特に農耕文化直前の様相を明らかにするという意図をもっていた。

この二つの案に対して、Ｃ案は計画の範囲では最も実現が困難であり、また一貫した問題性をもっていなかった。それは、〝日本で今までに発見されている、縄文以前の石器を一堂に会して、みんなで勉強する機会を作り出そう〟という以上の大きな問題は持っていなかったからである。テーマが提示された時の趣旨と内容は次のようであった。

岩宿の発見以来、十年余を経た今日、学界に於ける無土器文化の研究は、すでに一つの主流をなしているの感がある。僅か十年の研究史とはいえ、最初からきちんとした方法論の上に立って、問題的に探究されたので、この間の成果は非常にめざましいものがあった。研究の速度は必ずしも学史の長さと比例していないのである。しかも北海道における発見を最たるものとする最近の状勢は、今までの研究を更に深め飛躍させる可能性を含んでいる。エポックを画するべき時期にあると言っても過言でない。こうした時に今までの成果を綜括的に理解したいというのは、まず僕等自身の大きな希望であった。その希望が学界を含めたより多くの人々の希望であることを僕等は確信していた。決してうぬぼれではないと思っている。それについてはテーマ決定の討論で出された次の二つの発言を関連させて考えれば明らかである。すなわちU君は「僕なんかが地方へ行くと、貴方は研究の盛んな学校に居るのだからといって、黒耀石の破片や変った石器を見せられる。しかし実際にはなかなかそれが縄文以前の石器かどうか判定することができない」といって是非無土器文化のことを専門でないにしても一通りは勉強したいといった。またT君は中学校で日本史を教えている友人との会話のことを話した。T君はその友人に「日本史をどこから教えるか」と質問した。友人は「縄文文化からだ」と答えた。T君は「それは間違いだ。日本にはもっと古い歴史があるのだ」とひやかし半分で言った。すると友人は「君たちは研究者として間違った歴史を教えている現状に責任をもたないのか」と真剣に反問して来た。

こうした発言はみんなから聞くことができた。たとえ実行には困難が伴うにしても、予想される困難をうち破って、無土器文化をみんなで理解し、研究に協力する力を、自らのうちにも、真実を知りたい研究者以外の人にも養う素地を作ろうと、この展示会のテーマは研究会全体の総意の下に決定された。

Ⅲ　予想された困難と計画の実行

説明の方法や展示の仕方はまず問題外としても、一番大変な仕事は石器の実物を集めることであった。第一に無土器文化の石器はその殆んど大部分が未発表のものばかりである。少し記憶をたどっただけでも未発表資料の利用に関する学界のトラブルは決して稀でない。まして研究が進みはじめたばかりの無土器文化の資料については、借りる方も貸す方も細心の注意が必要とされた。この資料の取り扱い方について、研究会の仕事を指導する立場にある考古学研究室から、強硬な注意があった。借用期間中の撮影、スケッチの禁止、をはじめとする細かい条件がつけられた。しかしなんといっても、こうした第一の困難を乗り越えたのは、研究会責任者が「腹を切っても」という、意欲的な責任感であった。事実、資料は何一つ事故なくすますことができた。

しかしもっと大きな困難は、資料自体よりも、研究者相互の態度や学界の現状の中に予想された。今度の場合、極めて好意的な協力が各地の研究者から寄せられたが、しかし不幸にして、今後に問題を残すような二三の事実に触れなければならなかった。若さですべてを押し切ろうとした僕等の強引さは当然反省すべきであろう。けれど学界の内部の事情を超えてもなお、真実を知りたいという多くの人々の気持ちを無視することは、なおさら不可能なことである。研究者は互の立場や仕事を認め合うこと。その上で積極的に協力し合うこと。このことが無土器文化の研究をスムーズに進行させ、学ぶこと以上の「困難」がなく、みんなが理解を深めることのできる方法ではないかと、この展示会を通じて僕等は率直に考えた。

Ⅳ　展示会の焦点

一つの学問的な成果が、広く社会一般に認められることの意義は、ここで言うまでもなく重要なことである。そうした意味における今度の展示会の目的は、〝日本にも旧石器時代と言われるような古い石器時代があって、その研究が非常に科学的な方法で行われている〟ということを啓蒙すれば充分だと思われる。その内容に深く立ち入って理解させるには、辛棒強い普及活動が必要だろうし、研究がより充実するのを待たねばならない。そういう意味でこの展示会は、一つの学問における非常に小さな試みであった。また考古学を学んでいる人々に対しては、一〇〇〇点に近い石器を並べるだけで、充分、現段階における無土器文化研究の成果を理解できるものと信じた。もちろんこの展示会で僕等になし得ることは、それ以上にはなかったのである。それ以上になし得たことがもしあったとすれば、それはすべて今後に残された問題の提起にすぎなかった。以下展示した解説文のすべてである。

Ⅴ　展示会の内容

◇**はじめに**―日本の歴史は数万年も、いやそれ以上に古くなった！　と突然言われても、その意味をとっさに理解できる人は少ないと思います。それなら、今まで教えられて来た日本史の一頁を思い出してみよう。そこにはきっと「今から数千年前、日本には縄文式土器を作った新石器時代の文化が栄えていて…」というような書き出しではじまる、日本最古の歴史が書いてあるにちがいありません。考古学を実際に勉強していた私たちも、数年前まではそれでいいと考えていました。しかし今では、縄文時代より十倍も二十倍も古い時代に、私たちの国に生活していた人々が、獣を捕えたり、毛皮を剥いだりするのに使った石器が、全国のいたるところで発見されるようになったのです。

この部屋に並べてある数々の石器や資料は、それぞれの研究者が研究中の貴重な材料を、心からの理解をもって出品願ったものばかりです。私たちはこの得難い機会に、日本の最古の歴史とはこういうものだということを、事実のままで理解し、合せて、全国の研究者に心からの声援を送りたいと思うのです。

◇旧石器時代とはどんな時代なのだろう――人間の歴史のことを少しでも注意して調べた人なら、大昔の人間たちは石で作った道具しか持っていなかったこと、そしてその時代のことを石器時代と言い、それには更に、旧石器時代と新石器時代の区別のあることなどを知っている。それでは一体、石器時代のうちでも非常に古い旧石器時代とは、どれほど大昔のことだろう。そしてその時代の様子はどうなのだろうか。

◇生活の復原――旧石器時代の研究は日本でも着実にその成果が積まれている。しかしまだ研究の歴史が浅く、文化の全体を明らかにすることはできない。そこで私達は、すでに百年余の学史を持つヨーロッパの旧石器文化をまず理解し、そうした全体を通じての理解の上で日本の旧石器時代を勉強しようと思う。

復原というからには決して単なる想像ではない。ここに描かれている十何枚かの旧石器時代人の生活の図は、アンリ・ブリュイというフランスの世界的な考古学者が、研究結果と資料に基いて忠実に復原したものである。私達はこの生々とした絵の中から、今とは非常に違った大昔の人々の暮しを、しっかり頭の中に印象づけることができる。そして千年一日のような、苦しいのろい発展の後に、現代のような社会を作りあげるに至った最大の動機はなんであったかを、旧石器時代人のたくましい生活の中から、探し出せないだろうか。

◇**自然環境**—人類史の上でいう旧石器時代は、地質学的には洪積世と呼ばれる。この地質時代の最大の事件は、大陸の大部分を四回もの氷河が覆ったことである。今では数千米の高山か極地にしか見られない、あの巨大な氷河、そして極寒の気候。人類の誕生が今から五十万年前としても、生まれて間もない彼等は、こんな苛酷な自然の営みの中を生き抜かねばならなかった。しかし生きようという意欲とそのための労働が、次第に人類を生長させていった。

◇**旧石器時代の変遷**—旧石器時代のごく初期には、食物獲得は果実、球根、昆虫の採集が多く、狩猟は余り発達していなかった。石器の形は単調で機能に依る分化も明らかでない。人々は二十人位の群をなして住んでおり、みだりに他に移ることはなく、河岸の丘などに居をかまえていた。

やがて中期になると、狩猟は一番大切な労働になる。作業は共同で行われ、獲物もぐんと多くなった。群の数も増え、協力して洞窟から野獣を追い出して自分たちの住居とし、生活の安定は、人間の労働を助ける石器の工夫を容易にし、はじめて機能に依る分化もみられる。家族の団結や宗教生活の芽生えを意味する埋葬のはじまるのもこの頃の事だと考えられる。

後期になっての大きな飛躍は、弓矢、投槍の発明である。狩猟がそのためにより高級、組織的になったことは、彼等が残した絵画に依っても知ることができる。群の成員も飛躍的な発達を遂げ小さな村落さえもあったようである。それと共に石器の材料や、装飾品などの交換もはじまったと考えられることも多い。世界美術史の第一頁を飾るあの驚異的な壁画もこのころの人々が残したものに他ならない。

◇**道具**—この時代に使われた道具は、石器が一番重要な役割を果していたことはもちろんである。そして骨や木材も多く使われたにちがいない。

一見、簡単で特別な加工もない石器にも、その製作法や形態に旧石器らしい工夫の痕がみられる。

人間は道具を作る動物である。彼等は道具を作ることに依って働くことをはじめ、働くことによって前肢は人間の手になった。猿から人への橋渡しは、まぎれもなく道具である。

◇**旧石器時代の芸術**—洞窟の壁画やヴィーナスと愛称される彫像など、旧石器時代の後半の人々は素晴らしい芸術作品を残した。スペインのアルタミラ洞窟の野牛の絵は、その写実の正確さと、表現の生々としたことで、最高級の作品にあげられる。こうした写実のうまさは、彼等が日夜動物の行動を細かく見ていたからに他ならない。壁画の中には骨と筋肉の解剖図のようなものがあって、生活に密着した彼等の芸術の偉大さの一面を伝えている。

◇残された多くの問題はあるが、まがりなりにも、私達は旧石器文化を、日本以外の地域の姿を通して知ることができた。日本の研究の現状で、これだけの生活史を復原することはむずかしい。この展示会でも日本に関する限り、石器によって、旧石器時代の「物指し」を見るにすぎないとも言える。私達は希望する。この生きた歴史の印象が、日本の旧石器を見る目に通うことを。

◇**日本旧石器時代の研究史**—日本にも旧石器時代の人類が住んでいたにちがいないと考えて、戦前にも意見を発表した学者は、決して少なくない。なかでも直良信夫氏に依る明石原人の発見や、N・G・マンロー氏や大山柏氏の日本旧石器文化存否の論議は、学史にも残る重要な業績であった。

しかし、疑う余地もなく石器に基づいた人間の歴史の立場から、日本旧石器時代の研究が考古学的な実績をあげはじめたのは、相沢忠洋氏に依る岩宿遺跡の発見(昭和二二年)と、それを確証した杉原荘介氏の調査を契機とせねばならない。事実、それ以来数年の間に、北は北海道から南は九州まで、全国で発見された、土器を伴わない石器時代(無土器文化時代)の遺跡は、百ケ所に近い数である。

特に北海道における最近の調査では、石器の編年的つながりと、氷河期との関係が次第に明らかにされ、日本の旧石器時代は、世界の他の地域と同じ発展の段階をもっていることが暗示された。

◇日本旧石器時代の編年—昭和二九年に岩宿遺跡発見以来の、研究の成果をまとめた、二つの重要な論文が発表された。杉原荘介氏と芹沢長介氏の研究である。この両者とも、石器を形態によって分類し、旧石器時代の正しい編年を作り、それを骨組みにして、日本旧石器文化の肉付けをして行こう、という根本的な研究の方法は同じである。私達もこれにならって、まず発展の段階を、ここに並んだ多数の石器にみようと思う。なお編年は全く芹沢長介氏のものによった。

Ⅰ　ハンド・アクス（握斧＝hand-axe）を代表的な石器とする時期。

岩宿遺跡の石器の出る地層の一番下から発見されていることや、ヨーロッパの研究結果ではこの石器は前期旧石器時代に盛んに作られることなどから、今の所日本では最古の石器とみられている。

主な遺跡：岩宿（北関東）、権現山（北関東）、湧別川流域（北海道）、和田峠付近（長野県）。

伴出した石器：岩宿遺跡からは余り形の整っていないサイド・スクレーパー（横型の削道具＝side-scraper）、エンド・スクレーパー（縦型の削道具＝end-scraper）などが握斧と一緒に発掘された。

研究の課題：ヨーロッパやその他世界の各地では、岩宿よりもっと古い型式の石器が多く知られている。現に日本でもそれに近いものが、そろそろ発見されそうな形勢にある。そうなれば日本の歴史は一体どこまで古くなるだろうか。

Ⅱ　ブレイド又はフレイク・ブレイド（刃器＝blade）を代表的な石器とする時期。

石器の製作の上からも、又、石器の性格の上から見ても、前のハンド・アクスと、このブレイドとは大きなちがいがある。ヨーロッパではブレイドの多くなる時期を境として、後期旧石器時代がはじまる。日本でもこの時期には石器の種類が急に増す。

主な遺跡：茶臼山（長野県）、桝形（群馬県）、樽岸（北海道）、湧別川流域（北海道）、その他、長野県の信濃川の流域、野尻湖底や福島県や南関東などで発見例がある。

伴出した石器：キールド・スクレーパー（舟底型石器＝keeled-scraper）、グレイバー（彫刻用石器＝graver）、エンド・スクレーパー、ドリル（孔あけ用石器＝drill）などが主なものである。

研究の課題：道具が進歩することは、文化が進歩したことにつながる。その原因となったものはなにか。また、この時期は更にいくつかに細分されるらしい。そして彫刻刀があるからにはヨーロッパのような芸術品はないか。

Ⅲ　ナイフ・ブレイド（小刀＝knife-blade）を代表的な石器とする時期。

石器の名前にも「ブレイド」とつくように、前のブレイドを主とする時期とはあまりかけはなれていない。ことによったら、この両方の時期は、全部といわぬまでも、一部は重なっているかもしれない。

主な遺跡：茂呂（東京）、茶臼山（長野県）、杉久保（長野県）、殿ケ谷戸（東京）、岩宿上層（群馬県）等。

伴出した石器：茂呂ではこのナイフ・ブレイド以外の石器は何も出ていない。茶臼山や杉久保は前の項で説明したように多数のブレイドとそれに伴う特色ある石器が出ている。

研究の課題：ナイフ・ブレイドには明らかな形態の特徴がいくつかある。ヨーロッパではそれを時間の変化で把えることが出来た。日本の場合も同じことがいえるかどうか。また、ブレイドの時期との関係を、より明らかにする必要がある。

Ⅳ　ポイント（槍先＝point）を代表的な石器とする時期。

「石槍のある所は、必ず無土器時代の遺跡である」というスローガンのもとに、ここ数年の間に数え切れぬほどの遺跡が発見された。この石器を含む地層の関係や槍のもつ歴史的な意味からも、旧石器時代でも非常に進んだ段階であることが知られる。

主な遺跡：三屋（群馬県）、武井（同）、八島（長野県）、馬場平（同）、中ッ原（同）、踊場（同）、上ノ平（同）などは非常に多数の石器を出す遺跡である。

伴出した石器：ブレイドの時期の石器の多くが多少変形して、ひきつがれる。石器は一般に小形化する傾向にある。

研究の課題：投槍あるいは弓矢の発明は、この時代においては驚くべき進歩であったにちがいない。事実はどうだったろう。ポイントを含む時期はまたいくつかの細分が可能である。現在、片面の平らなものと、両面がふくらんだものとの新旧が考えられている。

V　マイクロリス（細石器＝microlith）の時期。

旧石器時代から新石器時代に移る過程に、中石器時代のおかれるのが普通である。その時代を代表するのが細石器である。

主な遺跡：矢出川（長野県）、曽根（同）、遠軽地方（北海道）、瀬戸内地方（香川県）。

研究の課題：細石器には大きく分けて二つのグループがある。一つは非常に図形的な形のもの＝geometric microlith、他の一つは、小さなブレイド＝small bladeである。矢出川、遠軽などは後者を、瀬戸内は前者を、又曽根は両者を出す。いずれも長さ一糎に満たない小さなもので、そのいくつかを組合せて使う。

この時期の後、日本でも縄文文化が来ると考えられている。だから、細石器の時期の研究は縄文文化のはじめと関連して非常に重要である。一口に縄文文化を新石器文化などというが、はたしてそう言い切れるものかどうか。この問題の鍵の一つは縄文文化の始源、すなわち、細石器の文化との関連にある。

以上の説明文でもわかるように、展示室の壁を左右に使いわけて、入口から向って右側には、中垣君が苦心して模写した、ヨーロッパの旧石器文化の様子を生々と描いた。大幅な絵が八枚と、壁画や氷河の模写や写真が、〝絵の展覧会のように〟きれいに並べられた。この試みは、旧石器時代というものを直接的に印象づけるのに相当成功した。

左の壁は日本の旧石器時代に関する説明文と、その下にこの展示会で一番重要な石器が、ぎっしりとケースに入れられて並べられた。

説明文は研究会の会員が分担して勉強した結果である。それを出来るだけ簡潔にして展示し、足らない部分は全員で説明に当り、中国の教育掛図や日本の小中学校の教科書も周到に用意して、観覧者の理解を深めることができた。そして最後に、日本の旧石器文化の研究と展示会の目的について、次のように僕等なりの結論を与えた。

◇むすび――この展示会に、絶大な協力を惜しまなかった、多くの研究者の資料を一堂に勉強して、私たちはいま、疑うべきもない日本旧石器時代の存在を知った。そして今まで教わった日本歴史の一頁に、次のように書き加える必要を感ずるであろう。

「日本の国に、ヒトが住みはじめたのは、今を去る数十万年前の頃であったと思われる。そのころ、日本列島は大陸と地続きであり、今では全くみられない種々の動物（例えばマンモスやその他の象・野牛など）が、各地に棲息していた。ヒトはまだ、土器や磨製石器を知らず、それらの動物や植物を、原始的な石の道具や木の棒で、捕獲・

採集していたのである。これらのヒトが、果してわれわれの直接の祖先であったかどうかはわからないが、この人々の文化を、日本における旧石器文化と呼ぶのである。この文化はその後、幾度かの発展段階を経過し、今から七・八千年前に海面の上昇によって日本が孤島化し、やがて土器をもつ文化が渡来して来たことによって、終末を告げる。いくつかの系統をもつ土器文化はたがいに接触し合い、日本独特の縄文文化を作りあげた。……」

僅か数行にみたない日本歴史のあけぼのにも、数々の問題が含まれている。私たちは日本旧石器時代の研究が、益々深められていくのを、今は期待しよう。

民族の歴史は、地位も立場も越えた、すべての人々の協力によって、正しく理解されていかなければならない。研究者の意識は、国民一人一人の要求によって高められ、歴史に対するみんなの認識は、研究者の誠実な態度によって深められる。この日本旧石器時代展に対する私たちの意欲は、常にその点で燃えた。中央の学者も、地方の研究者も、そしてそれを見守るみんなが一体になって、日本旧石器時代の探求に向う時、ヨーロッパ百年の学史に優る成果を、私たち日本人の歴史の一頁に結実させることができるのである。

VI　残された二三の問題

インターナショナルな概念で、旧石器時代といわれるものが、日本では無土器時代という名で、研究者の間で呼ばれている（勿論中には中石器時代と呼ばれるものも含んでいるが）。歴史の時代区分の問題や、日本における縄文時代及びそれ以前の時代の研究史を、深く調べてみると、少くとも現段階では無土器時代と言うのは、最も事実に忠実な呼び方である。それにも拘らず僕等はこの展示会を日本旧石器時代展とした。こうした大胆なことが学界という限られた論議の場だけのことなら問題なかったが、啓蒙という意味をもった展示会でなされたことに大きな問題がある。しかし反面、旧石器時代という用語は、だれの頭の中にもしみこんでいく合理性と一般性をもっている。この言葉の利用に順序を誤った責任は僕等が負わなければならないが、学界ではこうした学術用語の再吟味を慎重にすべき時期が来ているのではないだろうか。旧石器時代に代る、普遍性と厳密性をもった用語が創り出されるのを期待したいと思う。

第一一項でT君と友人の会話のことを書いた。非常に素朴な認識の仕方ではあったが、日本史の教科書の一頁に、当然無土器文化の研究の新しい成果が書き加えられるべきだと、計画の当初から考えていた。座談会の席上でも明らかにされたように、歴史の一頁が書き加えられるためには、考古学者があるいは学界全体の責任として、積極的に働きかける道しか残されて居らず、またそうすることがいかに教育界から望まれているかを知った。教科書は編纂者が学者の研究を勉強して書くものではないむしろ学者が教育という問題に広く視野を開いて進んで筆を執るべきである。実は教育という事が政治とか社会全体との関係でもっと重要な問題に直面していることを、今度の展示会と座談会によって具体的に認識を増す契機を得た。事実を事実として教科書に加える過程は、考古学者自身に許された道である。それよりも真実を歪めようとする権力に僕等は立ち向わなければならない。

とにかく展示会は会期中延五千人を越す参加者を得て大成功に終った。しかしすべてはこれから始まるのである。無土器文化の研究を正しく推進させる強力な支持者になれるかどうか。研究の成果を通じて、真実を国民に伝える媒体に僕等がなれるかどうか。そして真実のためにいつでも勇敢な精神を保ちつづけるかどうか。展示会の評価がもし行われるならば、そうしたいくつかの僕等に課せられた今後の態度に帰せられる。（記述：戸沢充則）

〔『ミクロリス』一三号、一九五六年〕

II

1965

|

1978

先土器時代における石器群研究の方法

——考古学的な資料を、歴史学的な認識の素材とするまでの、整理と理解の過程に関する方法論への試みとして。

一　先土器時代文化研究の現状

昭和二四年の群馬県岩宿遺跡の発掘調査をきっかけとしてはじめられた日本の先土器時代の研究は、すでに十数年の研究史をもつことになった。その歩みはおおまかに四つほどの段階を経て現在にいたっている。

（一）関東地方と中部地方とで多数の石器が発見され、それらの石器がいずれも土器を伴わず、しかもローム層中に包含層をもつことが確認された。とくにこの段階に、長野県では、それまでにない多量の石器群を出土して一躍注目をあびた茶臼山遺跡、尖頭器が先土器時代の石器であると認められて、全国的にこの時代の遺跡の発見を促進する契機をつくった北踊場・上ノ平・馬場平遺跡、後に杉久保型ナイフ形石器とよばれて、先土器時代文化の地域差を具体的に示す最初の資料となった杉久保遺跡、等々が調査されて、先土器時代研究の学史の上で、極めて重要な役割を果した。

（二）昭和二八年に発表された杉原荘介博士の論文（「日本における石器文化の階梯について」考古学雑誌三九ノ二）と、

翌二九年に発表された芹沢長介氏の論文（「関東及中部地方に於ける無土器文化の終末と縄文文化の発生とに関する予察」駿台史学四）とに示されたように、先土器時代文化に対する最初の体系化ともいえる編年が行われた。とくに関東・中部両地方で、それまでに発見されていた多くの資料を用いた芹沢氏の編年は、最も特徴的な石器を摘出して、いわば、それらを「標準化石」として、握斧（敲打器）→刃器→ナイフ形石器→切出形ナイフ形石器→尖頭器→細石器という先土器時代の石器の変遷を整理したものであった。このような編年は、当時ようやく先土器時代遺跡の発見が活発となっていた関東・中部地方以外の各地にも適用され、全国的な規模で先土器時代の石器群を理解するのを助けた。しかし、同時に、二、三の矛盾も指摘されるようになっていたのである。

（三）昭和三〇年ころを境として、先土器時代の研究は一つの転機に立ったといえる。一方では、遺跡や遺物の発見と調査は、すでに日本全国どこでもめずらしいことではなくなったし、それに相応するように、先土器時代に対する総括的な著述もあいついでなされた（杉原荘介「縄文文化以前の石器文化」日本考古学講座三、昭三一、芹沢長介「無土器文化」考古学ノート一、昭三二等）。そして、一方では、先土器時代の細別が、時間的な問題として、また、地域性の問題として、積極的に追求される傾向が生じてきた。しかし、そのような問題の理解は、「標準化石」の羅列ではもはや解決できない時点での問題である。研究史のこの第三の段階は、先土器時代研究の今後の方向が正しい見通しを与えられるために、研究の方法が真剣に考えられなければならない段階であったといえるのである。

（四）昭和三三年の秋、長野県下で神子柴遺跡が発見された。ここから発掘された大形の尖頭器と大形の局部磨製石器からなる一群の石器は、それまでの学界の常識を超えたものであった。それと前後して調査された新潟県本ノ木遺跡では、尖頭器が縄文時代にも存在するかどうかで論争が行われ、北海道立川遺跡では有茎尖頭器が縄文時代直前に位置する石器として明らかにされた、等々と、二、三の例をあげてみても、かつて行われた編年の体系からはみ出すような資料が続出した。それればかりでなく、ナイフ形石器の観察を中心として、先土器時代文化の編年を根本的に再編成しようという議論なども、まだ仮説の段階とはいえ、従来の研究に対する一つの反省のあらわれとして評価することができる。要するに、研究史の第四の段階、すなわち現状は、第三の段階でその必要が感ぜられた方法論的な反省が、ようやく具体的な研究として成果をもちはじめた時期であるともいえるし、また、先土器時代文化の新しい組織的な体系化のための長い道程の出発点ともいえるのである。

＊この試論は、昭和三三年に脱稿した未発表の論文に手を加えたものである。昭和二七年に諏訪市茶臼山遺跡で、長野県下ではもとより、関東地方以外の地域における最初の先土器時代遺跡の調査を、藤森栄一先生や松沢亜生君と一緒に行って以来、常に莫大な量の石器群を包蔵する長野県下の遺跡にとりくんできた筆者は、関東地方の零細な資料（当時はそれ故に混在のない単純な石器群として評価されていた）をもとにしての研究のあり方に、少なからぬ疑問を感じていた。たとえば、ナイフ形石器を顕著な石器としてもつ刃器文化の、典型的な組成を示す茶臼山石器文化が、東京都茂呂遺跡と比較されて、ナイフ形石器を主体とする石器文化（茂呂のような）と、刃器、または刃器状剝片を主体とする石器文化という、二つの石器文化の混在する姿であると指摘されたことさえある。石器を人間の生活に直接かかわりのある歴史的な存在として理解するか、または自然科学的な「標準化石」として重要視するのか、いまになってみれば問うに足らぬ疑問について、真剣になって考え、議論しあっていたうちに、この試論は生まれたものである。それにしても学生時代の青くさい議論の相手になって、終始かわらぬご指導をいただいた、いまはなき後藤守一博士と、いまなお、ご鞭撻をいただいている杉原荘介博士とに、想いをただして感謝申しあげたい。

科学の方法は、実験によって確認され、より高次なものへと止揚されていかねばならない。筆者も以来、いくつかの考古学上の仕事の上で自らの方法の実践を試みたが、まだ徹底できない。一方、研究史の概観からも理解できるように、先土器時代の研究が、現在なお、これから進むべき方向への出発点にあるとすれば、あえてこの試論を発表しようとする筆者の試みも無駄なことではないと信じる。

二　先土器時代における石器群研究の意義

先土器時代文化（Pre-ceramic age Culture）は、土器の未発明の時代の文化に対して与えられた名称である。その用語が生み出された中近東の考古学では、初期農耕文化に属する文化層を重層的に含む遺跡の下部で発見される、まだ充分に持ちはこびにたえる土製容器（土器）を発明していない新石器時代の文化に対して、先土器の新石器文化というような使い方が普通に行われる。

日本では、この先土器時代という用語以前に、そして、いまもなお、無土器時代という言葉が使われてきた。しかし、ないものがその時代の文化の特質になるという不合理さや、時代区分の名称としては先・後というような、多少でも歴史的な意味の含まれた用語の方が適切であるということから、現在われわれはもっぱら先土器時代という名称を用いることにしている。*

＊無土器文化という用語は、本来アメリカの考古学の中で生まれたもので、その意味は新大陸で全体的にトウモロコシの栽培による農耕文化の段階に達しながら、長いこと土器を製作しなかった古いアメリカ原住民の特殊な文化を指す用語である。

一方、世界史的な時代区分として、旧石器時代・中石器時代という用語が知られている。日本でこの最もポピュラーな用語をあえて用いない理由は、かつて芹沢氏が指摘したように、「縄文文化の直前におかれるべき文化は細石器を特徴とするので、（中略）当然中石器文化に相当するはずである。それ以前のポイントはどちらに属するのか。この境界がかなりはっきりしてこなければ、中石器・旧石器という名前は借用できない。（中略）縄文文化を新石器と呼んでよいかどうかも、これからの慎重な討議にまたねばならない。」「無土器文化雑感」（ミクロリス一三、昭三一）からである。その後、急速に問題が解決されたとも思われないし、むしろより複雑な問題が提起されている現在、専門研究者の著述の中に、旧石器・中石器という用語が散乱するのはどうしたわけだろうか。ちなみに、最近のヨーロッパの学界でも、特に中石器時代の性格について、そのあいまいさが指摘されるようになってきている。

無土器文化という名前ほどでないにしても、先土器時代文化も、また、ないものがその文化の特徴を示している。それならば、その先土器時代文化の主体であり、内容を示すものは、実際には何であろうか。いうまでもなく、それは主として打製の技術だけによってつくられた石器である。現在までに発見された日本の先土器時代の遺跡の多くは、ほとんど石器以外の何ものも遺物として産出していないし、また、今後もそうした望みはそれほど期待できない。そうした条件を別としても、これまでの先土器時代の研究が、石器を中心としておこなわれてきたことは全く正しい行き方であった。

人類の歴史を通じて長い間、石でつくった道具は、彼等の生活を支えた最上の生産用具であった。このことは、だれ一人として知らないもののない歴史的真実の一つである。考古学が人間の歴史の最古の姿に迫るべきただ一つの「歴史学」である以上*、先土器時代の研究が今後も石器を中心としてなされるべきことは、当然正しい研究の方向として守られるであろう。この小論の標題を「石器群」研究の方法としたのも、このような考えにもとづくものである。

*考古学が、文献が存在する以前の歴史を探究する唯一の学問であると意識されたのは、二十世紀に入ってからのことであるとされている。後藤守一博士はこの事情と意味とを、「二十世紀の空気を吸っている以上、遺跡・遺物という生のないものに息吹きをくれ、古代人がそこに現われ、生活している姿が再現されねばならないと考えるようになるのが当然のことだと思う。（中略）そうなると、考古学研究は歴史研究であり、史学である。殊に文献史学が立ち入ることのできない時代になると、われわれの考古学研究のみが専ら立働かざるを得ない。（中略）つまり、考古学者は歴史学者であるべきである。」（「考古学とはどんな学問か」日本考古学講座一、昭三〇）と述べた。

また、「原史学序論」（初版、昭和一八年）で、考古学的方法による歴史学確立の道、すなわち「原史学」の成立を説いた杉原荘介博士も、「われわれの望むところは、みずからの方法をもって、考古学の資料を活用し、当時の人間の生活一般を復原しようということである。文字の存在する時代にせよ、しないにせよ、既定の史実を傍証するのではなく、より過去の人間に対する認識を深めていこうとする考古学、これを理解の考古学と呼ぼうと思う。」（「生活の復原」日本考古学講座一、昭三〇）と改めて歴史学的考古学への方向を示された。

この二つの意見は、現在の考古学にとって一つの方向を示す正しい理念というべきであろう。しかし、「生活様式としての文化」（後藤博士）、「人間の生活一般」（杉原博士）という、極めて一般的な概念でしかとらえられないものが、考古学の求める究極のものであろうか。杉原博士が「考証の考古学」をして止揚せしめた「理解の考古学」が、真に「創造の考古学」であるためには、進んで歴史を動かす主体者の具体的な姿を求めなくてはならないであろう。その意味で和島誠一氏が「戦後十年、日本の考古学は大した変貌をとげていないともいえる。二十年前のねず氏の指摘が、現在そのまま通用する面を残している。」として引用したねずまさし氏の意見とは、「考古学がもってその研究対象とする資料は、いずれも孤立した人間によってではなく、何らかの組立をもった社会によって生産され、交換され、使用されたものにほかならない。それ故に、遺物遺跡は不完全ながらも、必ずやその時代の生産諸関係および社会組織を示すに相違ない。頼るべき文献としては何もない原始社会の全社会機構を、発掘・拾集という限られた方法によってのみ得られる遺物遺跡にもとづいて再現すること、これが正に考古学の中枢的な任務でなければならない。」（「原始日本の経済と社会」歴史学研究四ノ五、六、昭一九）というものであった。これについて和島氏が、「その見通しは正しいとしても、考古学的資料だけで複雑な社会構成を論証しようとする態度は性急であった。」（「日本考古学の発達の諸段階」日本考古学講座二、昭三〇）と評しているように、現状で直接立ち向うことは困難であろう。しかし、一遺跡の遺物全体、先土器時代文化の場合であれば、石器群全体に反映されたものが、「何らかの組立をもった人間社会」、すなわち共同体の問題としてとらえられるとき、そこにはじめて考古学的資料のもつ、歴史的内容が与えられるという理念は、現段階で考古学がもち得る、かなり具体的な目標といわれるべきであろう。

先土器時代文化の石器群を研究する正しい観点は、石器群のもつ歴史的な意義の解明を志向するという態度のもとにこそ養われるであろう。

三　先土器時代文化研究の基本的な概念としてのインダストリー

インダストリーの成立

先土器時代の研究が現状で一番必要な方法とはなんであるかという点について、いままで二つの面からごく予備的な考察をおこなった。その要点は次のようであった。

（一）現在までの研究の歩みは、石器の型式論的な研究を中心とした、先土器時代の編年を組立てることに主要な目標がおかれていた。その成果は、敲打器文化から細石器文化にいたる主体的な石器の発展の階程を示す大別を明らかにした。そしておのおのの大別の中にある石器群の差を、細別の形でさらに分類しようという動きと、それにもとづいて先土器時代の編年と分布のあり方とを再検討しようという動きが認められる。研究史の概観は、そのような動向に、一つの方法論的な基礎を与える必要があることを教えている。

（二）いま、われわれがもつべき研究の態度は、一つの遺物の背後に人間の意志を、そして一群の石器のうちに歴史の主体者としての人間の具体的な姿を反映させるという見通しの上に立って、研究のための正しい方法を確立することである。

以上この二つの前提を先土器時代の実際的な研究で生かすために、「インダストリー」*という形でとらえられるものを、先土器時代研究の基本的な概念として、理解の出発点におこうと考えるのである。

＊インダストリー（Industry）という用語は、工業とか生産という字義をはなれて、現在考古学では主として旧石器時代（あるいは先土器時代）研究上の特殊な専門用語として使われる。一九世紀以来、ヨーロッパの旧石器文化の研究では、その長い研究史の中で、研究の発達と理解の各々の段階とに対応するような、様々な使い方・解釈がおこなわれてきた。しかし、それ

らは多くの場合、厳正な概念規定をした上で用いられたものではなかった。それに対して、一九三〇年代以後に書かれた旧石器文化の概説書のほとんどの著者は、多少にかかわらず、インダストリーに対する概念規定を行っている。それらの中から二、三の意見を引用してみたいと思う。

バーキット（M. C. Burkitt）—発見される遺物がすべて同時期のものであるとき、その一つの遺跡で与えられる人工品の組み合せ（assemblage—組成）は、その遺跡のインダストリーとして説明される。もし、一つの遺跡が連続的に居住されたとすると、異なった時期のそれぞれに属するいくつかの遺物の組成があることは当然である。そのときには異なったいくつかのインダストリーが発見されたといわれる。（The Old Stone Age, 1955）

リーキー（L. S. B. Leakey）—多くの場合には、一つの遺跡からいろいろな異なった種類の石器が一緒に発見される。それらは、すべてそこに住んでいた一家族、または集団によって同時に使用されたものである。ときには石以外の材料でつくられたものを共伴することもある。このように共存し、互いに関連をもつ一群の道具は一つのインダストリーというい方で表現される。例えば、洞窟や岩陰遺跡の同一層位から発見されるすべての資料は、その層位におけるインダストリーといわれる。（Adam's Ancestors, 1953）

ブリュイ（H. Bruil）—インダストリーはある一定の一時期において、先史時代人によって用いられた一群の石器の装備（outfit）に対して与えられる名称である。（註、outfit を装備、または一式の用具と訳して石器の組成という意味にしてよいかどうかはよくわからない。ブリュイが同じ著書の中で、実際には、Bifaced Industry や Flake Industry 等々の使い方をしている点を記憶せねばならない。しかし、少くとも、一遺跡、一層位に限定した前二者の概念よりは、はるかに大きなものを含む概念であることはわかる。）

さて、われわれがここで用いようとするインダストリーは、これら西欧の学者の概念規定を基礎としながらも、一層厳密な規定を行って、現在および今後の先土器時代文化研究に最も必要な、方法論的な基礎概念にまで高めようと思うのである。

そのためには、まず、西欧の学界におけるインダストリーの概念を、日本の考古学研究、とくに先土器時代研究の現状の問題点と対比して、充分な検討を加えなければならない。その点に関して、後藤博士はバーキットの

Artifact・Industry・Cultureという考古学的資料を分類し、理解していく方法論的な三段階の認識の過程を、「私はこれを文化に対する正しい解釈だと思っているが、しかし、これは第三期的な考え方であると批評したい。」なぜならば、「このバーキットの考えをうかつに受けると、遺物や遺跡が人間の残したものであることを忘れて、その生のない遺物・遺跡の究明でことおわると考えがちになりやすい」(「考古学とはどんな学問か」日本考古学講座一、昭三〇)からであると批判した。

これに対して、杉原博士の見解は、バーキットやブリュイに対する批判であるとともに、後藤博士の見解に対する石器研究者の意見とも受けとり得るものである。すなわち、杉原博士は、「私はある石器形態の組成ということは、結局は考古学者の前に提示された生活の全体であり、それが特色をもっているものならば、これをことさらにインダストリーといわないで文化と称してもよいと思う。」(「縄文文化以前の石器文化」日本考古学講座三、昭三一)とインダストリーを理解しているのである。

後藤博士の批判するように、たしかにバーキットのいうCultureは、文化の概念としては一面的であり、自然科学的な分類の手段であり、それ故に第三期的だといえる。しかし、バーキットがここに用いたCultureはIndustryが「工業」でないように、必ずしも「文化」と訳す必要はないように思う。したがって、いま、われわれは、あくまで方法論的概念としてのインダストリーの理解を、先に引用した杉原博士の意見から出発させたいと考える。

石器以外に何ら具体的な生活のための道具を残さなかった先土器時代において、また、その石器こそが当時の人間の生活を決定づけたこの時代に「石器形態の組成ということは、結局、考古学者の前に提示された生活の全体である」という前提は、不幸にして、多かれ少なかれ、考古学の研究がもつ宿命的な制約である。一遺跡の石器の組成は、そのために、まず、最も完全な形で集成されなければならない。そして集成された石器群にもとづいて、その石器群が果す役割と、それが反映する生活の姿は、徹底的に究明される必要があろう。しかし、そうして得られた「生活の姿」「生活の全体」は、時間的に、また、場所的に一点に限定された、静的にとらえられたある時代の「生活の絵画」にすぎない。バーキット・リーキー・ブリュイが規定し、杉原博士が批判して「文化」の概念におきかえようと主張したインダストリーとは、そのようなものではなかったであろうか。

一遺跡の考古学的な事実が、真に原始時代の歴史の中に生かされる素材として理解されるためには、それが時間的にもつながりをもち、空間的にもひろがりをもった動きのある姿におきかえられることが必要である。石器の形態的な組成はそうした動きにとぼしい普遍性に貫ぬかれるという性格をもっている。それに対して、一遺跡の石器群について、ひろがりとつながりとを与えるべき方法論的な根拠は、いうまでもなく、石器に対する型式論的研究である。

石器の形態（form）の組成で示される一般普遍的な性格、石器の形式（type）の特徴で示される特殊性、この二つの要素の統一されたものとして、われわれはインダストリーを先土器時代研究の基本的な概念として措定したいと思うのである。

*インダストリーを、日本の考古学が従来行ってきた方法論的な概念と比較して、それがもつ概念に最も近い意味の、日本語による用語を用意すべきだということは、杉原博士を通じて日頃注意を受けた。そこで日本考古学が各分野の研究で用いてきた中心概念を一応検討しておこう。

(1) 縄文文化における型式の概念—山内清男博士を中心としてはじめられた縄文式土器の編年的研究は、縄文時代研究の主流を形づくって今日に至った。その基本的な方法は、「一つの地方に於ける土器の変遷の段階を細かく分け、これを型式と称する。これらの型式を年代順に編成する。このような型式別、年代別編成を各地方で作り、これを比較して、各段階における地方間の連絡の有無、その程度等を調査する。」（山内清男「日本考古学の秩序」ミネルヴァ一ノ四昭一一）というものであった。そして「縄文土器の動態は、かくの如くして―土器型式の細別、その年代、地方による編成、それに準拠した土器自身の変遷史、これによって配列されたあらゆる文化細目の年代的及び分布的編成、その吟味、（中略）等の順序と方向とによって解明に赴くであろう。」（山内清男「日本遠古の文化」ドルメン、昭七）と、その意義と発展の方向とを説明している。しかし、その中に述べられた「型式」は、あくまで、縄文時代の編年的研究の範疇における「土器型式」を一歩も出るものではなかった。編年された土器型式を軸として配列されるべきあらゆる文化細目―石器・骨角器・住居等々の吟味から得られるはずの文化の動態を知る手がかりとして、土器型式を止揚したさらに高次な方法論的な概念の必要を、縄文文化の研究に望むのは、いまや時機尚早ではない。最近若い研究者の間で行われている型式概念の検討は、そうした要求に応える試みであろう。いずれにしても、インダストリーに比較すべき縄文文化研究の中心概念は、従来のままの型式ではあり得ない。

(2) 弥生文化における様式の概念―弥生文化における様式論の展開は、それ以前の資料主義的な考古学に対する反省であったと同時に、縄文式土器研究における型式への批判でもあった。小林行雄博士は、様式概念の成立を「個々の遺物を生産せる人間活動の根本的因素に原因をもち、関係をもち、それとともに発展して、人間の形成世界の全存在のうちにその特徴を示す様式概念に基づいて選択をなすことが、考古学の科学性を保証する一の方法である。」（「先史考古学に於ける様式問題」考古学四ノ八、昭八）と説いている。そして、その土器論の中で、具体的に示された「様式」とは、一つの斉一性（型式的な特徴）に貫ぬかれる貯蔵・煮沸・供献という各基本形態の組成であった。弥生文化における弥生式土器、先土器時代における石器という研究対象の対比が許されるならば（弥生文化の本質を問題とするとき、その対比は全く無意味であるが）、「様式」は、表現の上ではインダストリーの概念にかなり近いものになる。

(3) 型式・形態の統一概念としての様相―杉原博士は「原史学序論」の中で、様相概念の成立を次のように論じた。「考古学においては、その学の性質として、また、研究過程として、まず型式と形態とを別々に把握していくことは已むを得ぬ事情にあるのであり、而もこれが考古学の方法としては、今のところ、最高の手段と考えられるものである。ここにおいて、別々に把握されたる型式概念と形態概念とは、それは当然相関連すべきものとして、改めてその関係が考えられなければならないのである。この型式と形態との関係を論ぜんとするのが、様相論なのである」（「原史学序論」昭一八）。ここに与えられた様相の概念はまさに、インダストリーを先土器時代研究の基本概念として措定する理論的な根拠を用意するものであった。

(4) インダストリーの訳語その他について―以上の検討を通じて、インダストリーという概念のもつ内容を大づかみに他と比較することができた。しかし、概念的に把握されたものは、考古学においてあくまで理念的なものである。その意味でインダストリーの理解は実際の資料を通して実践されなければならない。最近われわれの間ではインダストリーに当るものを、「石器文化」という言葉で表現しているが、それも実際の研究の体験の中から便宜的に用いたものである。また、インダストリー（石器文化）は、現在は石器を中心として把握されているが、当然存在が予想される骨角器や石器以外のあらゆる遺物・遺構、さらには生活と密接な関係にある自然遺物でさえも、研究の過程でその概念の中に含めて処理することは可能である。そうした資料は、むしろインダストリーの内容を一層豊かにするものであろう。

インダストリー研究の方法

先土器時代文化の研究と認識のための基本的な概念として、ここに規定したインダストリーは、一遺跡あるいは一つの文化層から発見された石器群（および他のすべての遺物・遺構）を、型式論的方法と形態論的な方法で処理して得られる先土器時代文化研究の最小の単位であった。したがって、インダストリーの摘出は、発掘から石器群の分類と記述にいたる方法論的には最も基礎的で低位の段階の研究をもってはじめられる。しかし、それ故に、その段階での研究は、実証科学としての考古学の科学性を保つために、最も客観的、かつ実証的でなくてはならない。それに必要な具体的な研究は、次の四つである。

層位論的研究―インダストリーが一遺跡で同時期に使用された遺物によって認識されるからには、その同時性が、また、ある場合には二つ以上のインダストリーの時間的な相対関係が確かめられなければならない。地学的な観察を加えたあるインダストリーの層準の決定も必要である。発掘を最大の武器とする考古学にとって、層位論的研究の方法がいかに大切かは改めていうまでもないことである。

＊層位とは若干異るが、遺跡における遺物のあり方も、この研究の中にふくまれてもよい。例えば、ある種の剝片が、特定の場所で、特殊な出土状態を示して発見されたようなとき、その剝片のもつ性格が推測されるというようなこともあろう。石器

の機能や用途の問題と合せて、遺跡における遺物のあり方は今後積極的に検討されるべきである。

形態論的研究――いままでの先土器時代における石器群の研究では、石器の形態の観察が型式の認定に先行して行われてきた。しかし、尖頭器を代表的な石器とする遺跡、あるいは文化というような場合は、尖頭器という形態の石器そのものが、ある文化や遺跡の性格を現す型式論的に特徴のあるものとしてとらえられたのである。すなわち、石器における形態と型式とを分離して理解することが不充分であった。*

たしかに、石器の形態は一面に型式として認識されるべき性質をもっているが、インダストリーの研究のための形態論は、石器の機能や用途を究明することに重点がおかれなくてはならない。われわれがある遺跡の石器群を扱うとき、石器の形態を形状によってできるだけ正確に細分する**一方では、例えば、同じ尖頭器といわれる石器でも、果してどれが真に「槍先形の尖頭器」であり、どの石器がそのインダストリーにおける生活を決定づける主要な生産用具であるかを理解するようにしなければならない。そのためには、見かけの形状だけでなく、石器に残る使用痕を、ある場合には、顕微鏡的な細かさで観察し、集成したり、ある形態の石器の正確な数量的な比率**を調査しなければならないだろう。しかし、こうした石器に対する機能論的な理解は、考古学における最大のアルバイトの一つである。彫器だから彫刻をする石器だろうとか、未開民族の土俗例から安易な類推を行う態度は、典型にとらわれて本質を失う危惧を秘めている。また、たとえ、機能の類推ができたとしても、それがどんな手段で、どんな対象に働きかけた石器であるという、それこそその石器がもつ歴史的、本質的な性格はなに一つとして解決されていないのである。***充分に観察された石器形態およびその組成を、完全に集成したインダストリーの集積は、やがて問題を解決の方向に導くであろう。

＊発見される石器の数量がまだ極めて貧弱であった研究史の初期の段階では、止むを得なかったことであるが、そのような条

件のもとでは、石器の形態が同時に型式的な特徴をもつものとして処理できる、いわゆる先土器時代の編年における大別を、成果として残したのである。
＊＊すでに何個所かで触れたが、石器形態を分類した結果は、その数量比とともに、そのインダストリーにおける「組成(Assemblage)」と一般にいわれているものである。
＊＊＊滝沢浩「ナイフ形石器の機能について」（下総考古学一、昭三九）は、石器の機能について具体的に触れた数少ない論文の一つである。その点は正しく評価されなければならないが、関連する論文の中で、ナイフ形石器が投射用の石器であることを理由の一つに、槍先形の尖頭器の存在を特殊なものとみなし、また、細石器文化の存在を認めないというような見解は、石器の機能を用途の検討を飛びこして、文化と結びつけようという理論の飛躍がある。学問的成果の体系化には、息の長い努力が必要であることを知らねばならないだろう。

型式論的研究—ある形態のもとに分類された石器でも、その中にはいろいろな特徴をもったものを見出すことができる。形状のくせや素材あるいは原料のちがい、さらには製作技法のちがいなどが区別される。そうした差が遺跡ごとのちがいであることもあろう。また、時間的な差、地域的な差であることも多い。形態別に分類された石器群を、様々な特徴のちがいを手がかりとして、時間的なつながりと空間的なひろがりをもつ視野の中で理解するのが、インダストリーの研究における型式論的研究の眼目である。インダストリーの正確な摘出の過程で、右のような比較にたえる石器群の特徴を正しく観察することは、それ故に、インダストリー研究の重要な要素を構成する。

以上が型式論的研究がもつ基本的な一面とすれば、他の一つの面は、ある石器の変化が単なる型式上の変化か、あるいは形態上の変化——すなわち、その石器にとって本質的な変化であるかどうかを決定するのも、この型式論的研究の重要な役割である。例えば、中部地方以西の地域、とくに九州地方において、ナイフ形石器は型式論的にとらえられる変遷をたどりながら、やがて細石器文化の中に台形石器というような形で解消されて行く可能性がある。そしてナイフ形石器自体も、幾何学的な形をした細石器といわれるようなものに近い性格をもつようになるという仮説がある。この仮説がなり立つためには、ある段階でナイフ形石器といわれたものが、細石器としての重要な性格である「組み合せ道具」にかかわったということが説明されなければならない。そうした変化がとらえられたとき、ナイフ形石器は型式論的な変化をこえて、形態論的な変化を示したと理解されるだろう。

もう一つの例をあげよう。ある一つのインダストリーの中で、ある二つ以上の石器が型式の違いか、形態の差かを知ることも極めて大切なことである。すなわち、同じ遺跡から発見された片面調整の尖頭器と両面調整の尖頭器が、型式の差として区別された場合と、形態の差として一つの組成をなすものと処理された場合には、そのインダストリーの性格に大きなちがいを生ずることになる。このように型式論的研究の一面に、石器の形態論的な問題にかかわる観点があることは、方法上の欠陥とするよりも、人間の関与した考古学的な資料のもつ性格からくるものと理解すべきであろう。

技術論的研究―かつてヨーロッパ学界を騒がせた原石器（Eolith 曙石器）問題は、人為的な加工と自然の作用とによる打裂の相違を論議することによって、石器による技術論的研究を発展させた。原石器問題が下火になったいまでは、その研究は石器の製作技術を理解するために、旧石器文化研究の一つの重要なテーマとなった。そして具体的には、押圧剝離がいつ石器の製作にとり入れられたかとか、ルバロア文化を特徴づける技術上の特徴が「ルバロア技法」であるというような説明や、石器の記述に関するものが中心であった。このような応用は、その研究がもつ型式論的な一面として大きな役割がある。日本の先土器時代の研究でも、事実、石器の編年的研究の上に有力な方法としてとり入れられている。* そして形状の上だけでは型式的な特徴がつかみにくいとされている石器が、その特徴を最もよく示すのは、その製作技術の上にあらわれた特徴であるといえるかもしれない。槍先形の尖頭器の細分について、片面調整→半両面調整→両面調整というような性格が分類の基準となったのは、加工された石器の形状の特徴であると同時に、加工の技術の問題でもあったことは明らかである。

しかし、石器の技術論的研究はそのような面だけが強調されるべきではない。インダストリー研究のそれぞれの方法がもつ他の一面、すなわち形態のもつ意義に対する理解のための最も有力な手段を、この技術論的研究は約束しているのである。** 個々の石器はいずれも一つの目的をもって作られたものである。一つの原石から石器を完成していく過程には、当然、石器を作った人間の意志が働いている。遺跡を発掘すると、必らずいくつかの石器とともに、それらをつくり出す過程に無駄となった剝片や砕片、原料となる石核や素材としての剝片などを、石器の何倍もの数量で与えられる。これらの資料から石器製作工程を復原していくことは、とりもなおさず完成された石器に反映された石器時代人の意志、いいかえれば石器のもつ目的、すなわち、機能の解明に近づくことができるはずである。いずれにしても、インダストリーの把握のための技術論的研究の演ずる役割は、一方では、型式論的研究の、また、他方では、形態論的研究の基礎として限りなく大きいのである。

＊北海道で明らかにされた湧別技法や、瀬戸内地方で特徴的な瀬戸内技法などは、こうした一面の顕著な成果の例といえよう。

＊＊このような意図をもった研究では、松沢亜生「石器研究におけるテクノロジーの一方向」（考古学手帖六・八）などが注目される。松沢君の研究は、まだ全貌を示す成果としてあらわれていないが、その方法は驚くべき正確さと精密さをもっている。今後の研究の進展に期待したい。

四　石器群研究の方法論的展開

インダストリーは先土器時代研究の基本的概念として、また、石器群研究の最小単位として、あくまで先土器時代の複雑な問題を解決するための最初の手がかりであるにすぎない。ここで、インダストリーの把握の後に予想される研究の方向と認識の展開に対する見通しとを、簡単に説明しておきたいと思う。*

＊完全な形で把握されたインダストリーは、完全な形で記述された遺跡の発掘報告書として示されるであろう。あえてその完全さを問題としないまでも、日本の先土器時代の研究では、発掘調査された遺跡の報告書があまりにも少ない。「インダストリー把握の後に予想される……」と表現したのも、現状では研究の最も基礎的なインダストリーの正確な把握とその記述、すなわち、報告書の集積こそ必要であると考えたからである。

カルチュア（Culture）の成立

バーキットにならって、インダストリーより高次な概念として、カルチュアの存在を予想し、その成立を方法論的に理解づけようと思う。

バーキットはカルチュアについて、「一般的にいって、広範な地球にひろがる同一時期のインダストリーというものは、たとえ、それが同じ人種によって残されたものであったとしても、絶対に同じだということはありえない。しかし、多くの石器のうちには、タイプの上で共通性をもつものもあるだろうし、その間には明らかな関連性があることもあろう。そのようなとき、カルチュアというものは、同じ系統に属する人々によって作られた、いくつかのインダストリーの組合せとして説明される。」（Old Stone Age）と述べている。

これに対して、リーキーは、「発見された多くのインダストリーが非常に類似しているとき、それが、たとえ、数百哩離れているとしても、われわれはそれらに対して、同じカルチュアに属しているものであると説明を与える。」とバーキットと同じ考えを示したうえ、「しかし、ときには大体の同一性をもちながら、時間的に異なった一連のインダストリーをもつこともあり得る。このような場合には、カルチュアをステイジ（Stage）と呼ばれるようなものにわける必要がある。」（Adam's Aucestors）と説明した。この説明には言葉にあらわれない一つの意義がある。すなわち、後段の説明を、バーキットおよびリーキー自身の前段の説明の批判として受けとるならば、ヨーロッパの旧石器と個々に全く同じタイプの石器が発見されている日本の先土器時代の文化を、ヨーロッパの特定の文化として論ずる必要が全くないという暗示を含んでいる。それは現実に不可能なことであるばかりでなく、本当の歴史の意味を見失う間違った方法である。*

そこで、われわれは日本の先土器時代の現実を誤りなく見究めるために、インダストリーからカルチュアにいたるさらに中間的な概念をおいて、その統一された形においてはじめて、カルチュアのもつ意義を正しく理解せねばならない。

＊岩宿遺跡発見以前の研究史をひもといてみると、そこにはヨーロッパの典型にとらわれて、日本の現実的な資料を見あやまったいくつかの実例がある。最近の研究でもそうした危惧を含んだものが決して少なくないことは、しばしば体験することである。

インダストリーの空間的ひろがり

一つのインダストリーにおける許される限りの石器の観察は、次に二つ以上のインダストリーの比較を可能とするであろう。相似た石器形態の組成、相似た石器の型式の特徴をもった二つ以上のインダストリーが存在するとき（層位論的に同時性の確められたものは最も好都合であろう）、それらを、一つの分布としてとらえることができる。*

それは、任意に摘出された一つの特徴的な石器が共通して存在するという理由だけから認定されるようなものでなく、望ましくは、完全な形で把握されたインダストリーの比較の上にだけ許されるべきである。しかし、もとより完全に同じインダストリーというものは認定できないし、おそらくあらゆる点で類似したというインダストリーも存在するかどうかは疑わしい。そのようなときは個々のインダストリーにおける形態論的研究を通じて決定された主体的な石器についての、型式論的比較がその類似をやや明確に示すであろう。現象的には特徴的な石器の分布としてまずとらえられる。**

このようなインダストリーの分布には、時間的な限定が必要である。おのおのインダストリーにおける対応する石器の型式的な差が時間的変化より小さい場合、同一の分布圏に属するインダストリーの摘出は可能である。したがって、この空間的なひろがりを一つの単位として理解するためには、次ぎに述べる時間的なつながりと関連して理解されなければならない。

＊こうしたインダストリーの分布をフェイズ（Phase）という名で概念的にとらえてもよい。
＊＊ナイフ形石器における杉久保型・茂呂型などの分布は、最初はそうした形でとらえられた一例であろう。しかし、そのとらえ方に、いまでは問題があることはもちろんである。

インダストリーの時間的つながり

いくつかのインダストリーの比較は、その間に時間的な差を見出すことが可能な場合がある。層位的な重なりをもつ場合、理化学的に年代測定された資料や、さらに石器群に対する型式論的研究によって時間的前後は決定されよう。

そうして求められたインダストリー間の差が、石器の形態的変化をこえない範囲で、*また、一つの認定された分布圏内で、空間的な差より大きい場合**、そこにいくつかのステイジという概念でとらえられる差を見出すことができる。インダストリーの分布（フェイズ）が時間的な限定を必要とするのに対して、一つのステイジは一つの空間的な限定を必要とする。いいかえると、二つ以上のインダストリー群が、ある一定の地域内（おのおの属するフェイズに限定される）で時間的な差をもって存在すると認められたとき、その各群をステイジの差としてとらえるのである***。

＊敲打器（文化の敲打器）と尖頭器（文化の尖頭器）の差というような本質的な差ではないということである。

＊＊東京都茂呂遺跡のナイフ形石器と長野県茶臼山遺跡のナイフ形石器はわずかにちがいはあるが、それはむしろ空間的な差（地方色）くらいは考えられている。それに対して、茶臼山遺跡と至近距離で発見された手長丘遺跡のナイフ形石器は、茂呂と茶臼山の間の類似性とはかなり異なったより大きな型式的な差があって、茶臼山以降のナイフ形石器と理解されている。そのような関係をいう。なお、茂呂型、杉久保型ナイフ形石器の差は、フェイズの差として、全く意味のちがう差であることは、先述した通りである。

＊＊＊現在の先土器時代文化の編年で、いわば細別といわれるものは、結果としてこのステイジに近いものである。なお、いま、われわれはこれに「段階」という日本語を用いている。

カルチュアの理解

フェイズとステイジといわれるものは、先述したように、インダストリーの方法論的発展としてとらえるべきカルチュアの成立のために用意された認識の過程にある方法論的な手段である。そして、それらは実際には、カルチュアの経と緯との関係をなすものである。すなわち、フェイズは時間的に限定された一つの空間的なひろがりを与え、ステイジは空間的に限定された一つの時間的なつながりを与える。

それ故に、カルチュアとは、空間的な一定のひろがりと、時間的なある一連のつながりとをもった一群のインダストリーとして理解されるのである。*

このようにして把握されたカルチュアの性格を、先土器時代研究の基本的概念として措定したインダストリーのもつ基礎的な条件（方法）にまでさかのぼって考えてみるとき、ここに到達したカルチュアの概念は、特殊性と普遍性とを両面にそなえ、地域的、時間的に動きのある、したがって考古学的に許される限りの科学性と正当性とをもった歴史的な内容をそなえたものと信ずるのである。

＊現在の編年的研究における大別は、結果として、このカルチュアに近いものである。われわれは、いま、仮に文化と訳して、敲打器文化―刃器文化―尖頭器文化―細石器文化などと呼んでいるが、正しくは、中部日本型尖頭器文化とか、瀬戸内型刃器文化といったように、現状では、地域的に限られた「文化」であるにすぎない。なぜならば、例えば、尖頭器をもつカルチュアが汎日本的には共通する一つの文化の階程をなしているかどうかは証明されていないし、北海道の先土器時代文化は、ごく一部のものを除いて全く本州とは別の伝統の下に発達したという可能性も強い。こうした問題が充分に解決されなければ、日本先土器時代文化全般に普遍するような、カルチュアのさらに高次な概念で包括される文化の階程は成立しないだろう。

なお、カルチュアの一つの摘出例として、中部日本を中心とした尖頭器文化がある。群馬県武井Ⅱ・長野県八島・男女倉などのインダストリーで代表される未発達な半両面調整の尖頭器を特徴とする段階と、群馬県元宿・長野県上ノ平・踊場・馬場平・古屋敷などで代表される発達した両面調整の尖頭器を特徴とする段階という、おおまかに二つの発展的段階をもったものである。それ自体すでに多少の未解決の問題が生じているが、このような例で理解されるものがカルチュアに相当する。参考までに例示した。

五　今後の課題

考古学の方法は、言葉で表現し、文章として叙述してしまえば、実際には多くの研究者が経験的に行っていることのくり返しにすぎないという種類のものが多い。先土器時代文化の研究に関するこの試論も、その一つの例であるといえるかもしれない。しかし、経験的に、そして無意識のうちに続けられている研究の積み重ねは、決して考古学を正常な方向には導かないであろう。

縄文文化の研究の上で、山内清男博士が縄文式土器の編年的研究の正しい基礎を示し、その編成された軸にそって縄文文化の動態を知るためにこそ編年的研究の意義があるとして、科学的、組織的な縄文式土器の研究を考古学の正道と唱えたのは昭和初年のことであった。以来三〇年、縄文式土器の編年的研究は、日本考古学の精緻さを誇る例とさえされてきた。縄文文化の研究者の多くは、その誇りある研究を経験的に学び、無意識のうちにその巨大な体系の中で技術と頭脳とをとぎすますことに満足してきた。果して、何人の研究者が、山内博士の築いた方法と体系とを基礎にして、縄文文化の真に歴史的な体系化のために苦悩したであろうか。

考古学的な成果に一つの体系を与え、それを骨組みとして歴史的な叙述を行うためには長い年月が必要である。そうした目標に向って性急であってはならない。考古学的な手段、方法論的な中間項を抜きにして、結果を急いだ学説や歴史叙述の「週刊誌の記事」のようなはかなさを、われわれはいくつか例にあげることができる。研究者としてわれわれがなし得ることは、いま、行っている考古学上の仕事が、いかに次元の低い段階での、そして独創的な学説や理論にとぼしい研究であっても、その基礎的な作業が発展して行く方向に見通しをもった、意識的な研究の蓄積でなければならない。

一五年の研究史を歩んだ先土器時代の研究は、いま、ひところのような派手な発見も、いちじるしく注目をひくような見解の発表も少くなった。ある人はこれを研究が混迷にふみこんだと解釈するだろう。また、ある人は研究が落ちつきをとりもどしたとも考えるだろう。この状態は、おそらくいままでの研究史より長い間つづくかも知れない。そして先土器時代の研究にとって、最も大事な期間になるにちがいない。

この試論にもりこんだ内容を、実際の研究の上に充分に生かすためには、筆者のとぼしい実践と体験とによるだけでも、まだまだ解決しなければならない課題が多い。インダストリーの摘出において、発掘の技術や方法でさえ、反省しなければならない欠陥があったし、石器群の観察も、その時点における学界の関心に合わせるという甘さがある。研究者全体が個々の興味だけでなく、先土器時代の研究の全体的な見通しの上に立って、研究を進めていく姿勢こそ必要だと痛感する。この試論の中で、何一つ具体的な内容をもった見通しを記述できなかったことは、もちろん筆者の未熟さにもよるが、なによりもそうした姿勢ができあがっていないことによるものだろうと理解している。

〔『信濃』一七巻四号、一九六五年〕

蔭の主役たち

――岩宿発掘までの間に

日本の考古学史の上で、最大の発見の一つにかぞえられる、先土器時代文化の発見は、それまでせいぜい数千年前と考えられていた日本歴史の古さを、一躍、万をもって数える古さにまでさかのぼらせ、日本の原始時代の歴史を世界史的な視野でとらえる有力な材料を提供したという点で、その意義はかぎりなく大きなものがある。

その重要な発見のおこなわれた記念すべき場所が群馬県岩宿遺跡であり、その輝かしい発掘成功の時が、昭和二十四年九月であったことは、すでに一般によく知られている。

しかし岩宿での発見は一日にしてはならなかったし、その学史的な栄誉をになう人も一人ではけっしてなかったのである。そこにいたるまでには永い学問の歴史と、その歴史の上に足跡をのこした多くの蔭の主役たちがいたのである。

N・G・マンロー、明治初年に来日し、在日五十年、生涯、日本と日本の文化を愛しつづけたこの英帰化人は、一九〇四年に「先史時代の日本」(英文)という大部の書物を出版し、その第一章に西欧の旧石器文化に関する最近の知識を紹介したのち、日本に旧石器文化が存在する可能性は十分であることを力説し、神奈川県早川流域から採集したという石器を報告した。この石器は惜しいことに人工的に作られたものでなく自然のいたずらで石器のようにみせかけられた河原石であったが、マンローの示した旧石器文化の知識とその追求への姿勢を、もし当時の日本の考古学界が前向きに受けとめていれば、戦後におこなわれた先土器時代文化の発見は半世紀をさかのぼる時点でなしとげられたかもしれない。

古代史学界の泰斗喜田貞吉博士の指摘にもとづいて、大正六年浜田耕作博士の行った大阪府国府の発掘も、いま一歩のところで、調査の興味を別の問題にむけられてしまった。

昭和六年、いわゆる「明石原人」の名で知られる一群の遺物が、直良信夫博士によって報告されている。ささやかな個人の執念のような力で海岸の崖下から営々と集められた材料は、不幸なことに戦災によってことごとく失われた。直良博士が旧石器時代の人類でありその人類の残した遺品だと信じて疑わないで絶叫するそれらの遺物も、「明石原人」の名とともに永遠の謎となった。

大山柏氏は戦前、めぐまれた社会的地位と財力によって、日本旧石器時代の問題に最も積極的な関心をはらったすぐれた考古学者であった。自らの経営する史前学研究所と史前学雑誌を通じて、西欧の旧石器文化の研究を日本にも育てようという目的をもった著述と活動はかぞえきれないほどである。しかしこのすぐれた西欧の知識をもった大山氏には、日本の石器の実際の姿を見抜く眼が欠けていた。

八幡一郎教授は昭和初年から現在にかけて、日本の先史考古学の最もすぐれた指導者の一人である。縄文文化の初期に中国大陸の中石器文化の影響が認められるという八幡教授の昭和十年代の見解は、日本考古学の現実に眼をすえながら、いわゆる細石器を中心とした石器への関心のもちかたを、多くの研究者に教えるところがあった。

過去日本の先史考古学の正道とうたわれた研究の伝統は、縄文式土器の編年的研究を通じてつちかわれてきた。その指導者は山内清男博士であった。その研究は縄文文化の最古の姿を追求していくという姿勢の中に、着実に先土器時代発見への道をひらいていったのである。

マンロー以下大山氏にいたる人々は、西欧における旧石器文化研究の知識の典型を学びそれを日本の石器時代文化にあてはめようとしたが、その業績は具体的な成果を生み出さなかった。しかしその間に日本の考古学界に残した知識の蓄積は小さくなかったはずである。山内博士を中心とする研究はついに縄文文化をこえて、それ以前の石器文化を具体的に追求することはしなかった。しかしその編年的研究の体系は、先土器時代文化発見の時点で、その意義を正しく評価する最有力の支えとなった。

八幡教授らの研究の方向は、前二者の中間的なものといえる。だから先土器時代にあるべき石器等の資料を、その結論はともかくとして、最も身近に具体的にとりあげることができたのである。

岩宿の発見はそのことに当った人々の人的構成からみても、そうしたいまは先土器時代研究の蔭の主役となった学者たちの素質を学史的にうけついでいるのであり、昭和二十四年という時点は、かつて個々ばらばらになされてきた日本の始源の文化の追求が、はじめて一本にまとまって力を出し得るような学史的な雰囲気になっていた時といえるのである。

〔『図書新聞』五月二〇日号、一九六五年〕

『長野県上ノ平の尖頭器石器文化』について

1　発見の意味　として報告書がとりあげている点は、(a)先土器時代文化の存在を関東以外の地で確実にしたこと、(b)岩宿—茂呂につぐ上ノ平文化が発見され先土器時代文化が時間的にも継続性のあることを明らかにしたことという二点である。これは先土器時代発見史の中で正当に評価されるべき点である。ただし、(a)については上ノ平発見の直前に茶臼山遺跡の発掘があったことは、報文中にも記されている通りである。第二の点、すなわち尖頭器石器文化の最初の確実な摘出という点にこそ学史的に最大の意味がある。その意味でこの報告書の出版は極めて有意義なものである。しかしなんといっても発見以来二〇年という出版の時期は遅きに失した感がないでもない。

2　発掘調査の経過　については地元出身の一専攻生として、またそれらを契機として研究生活に進んだ研究者の一人として、さまざまな感慨がある。上ノ平発掘前夜の状況、局部磨製石斧発見のエピソードなど、この上ノ平発見の前後の学界の動きなどは、藤森氏の「旧石器の狩人」、芹沢氏の「石槍の再吟味」などに学史的にも興味のある回想録がある。または今は亡き阿部知二氏が「朝の鏡」の取材に見えられたこと、同時におこなわれていた西志賀貝塚の調査などのこと、評者の生涯にかかわるエピソードなど個人的に記憶に残る想い出の多い上ノ平遺跡であった。

そうしたことはさておき、なにしろ研究史初期の発掘であったので、遺物の発見そのものが目的であるという調査であったことはいなめない。とくに予備調査、第一次調査の段階で上ノ平石器文化の層準は黒色腐蝕土層中であるという観察が固定化されようとしたこともある（杉原 一九五三）。その後第二次調査までの間に諏訪考古学研究所による北踊場・上ノ平の再調査、馬場平の発掘がおこなわれ、尖頭器石器文化もローム層中に包含されるという事実が確認され、上ノ平の第二次調査にいたったものである。このあたりの経過は、学史的な意味の多い上ノ平の報告書の中では正確に記録されてしかるべきであったのではなかろうか。

3 地理的な環境 の記述では次の点を注意したい。第一は上ノ平とは最も近く、手長丘丘陵上の重要な遺跡である手長丘遺跡についての記述が全く欠けていること。第二に茶臼山→上ノ平→曽根という立地の変化をとりあげている中で、上ノ平と曽根との関係をとくになにか暗示的な意味をこめて記述しているが、それはどんな意味があるのだろうか。もう一つの点であるローム層に関する記述については、次にふれる。

4 遺跡の概状 この中で扱われている主要テーマは遺物の分布・出土状態と層位に関することである。それと付随する形で礫群があるが、それらを含めて「概状」という扱い方は初見である。ところで前章で上ノ平石器文化の層準は波田ローム上部と説明されている。それは第二次調査や諏考研の試掘でもある程度確認されており妥当な結論といえる。したがって上ノ平遺跡の黒色腐蝕土層の石器は大部分原位置のものではない。その点は報告書でも記述されているが、その上に黒色土のローム移化説を強調する意図はどこにあるのだろうか。必要以上の憶測や誤解を生む記述であると思える。

5　出土の石器群

石器の分類（本文三七頁）の中で、その主体となるいわゆる尖頭器についてはきわめて独特な新説の発表があって注目される。まず「尖頭器」に対して「偏形尖頭器」の区分である。後者にpseudoという英訳を与えていることからわかるように、それは〝尖頭器まがい〟の、あるいは〝尖頭器に似て非なる〟尖頭器の意味が強い。事実その用途は側刃器であると推定している。だとすれば「偏形尖頭器」は混乱を生じやすい用語としてあまり適切といえぬのではないか。

つぎに「尖頭器」を大小（石質）によってA・B形にわけ、Aは槍先、Bは組合せ石器という大胆な想定をおこなった点が注目される。これは石器を生活の器具としてとらえようという「理解の考古学」の実践として評価される。しかしその想定を裏づける十分な分析がおこなわれているか、説明が十分といえるかどうか。さらに組合せ道具の出現ということを、細石器文化との関係でどのように歴史的評価を与えるか、その点が明らかにされることを期待したい。

石器の分類と機能にかかわる問題は「偏形尖頭器」との差が微妙であると指摘されている削器についても同じである。ここで削器とされている〝尖頭器まがいの石器〟を削器とすると、従来の削器に対する概念に混乱を生じかねない。そして報告書で剝片とされた資料（第二六図版＝従来ならばこれを削器の一部ないし使用痕ある剝片とした）をどのように生活器具として扱うのか。いささかの矛盾を禁じえない。同様なことは「剝片状刃器」「ナイフ状刃器」など独特な用語についていえるのではないか。なお「小形刃器状剝片」についてかなりのスペースをさいて説明を加えているが、その理由は上ノ平石器文化と細石器文化との関係を積極的に考えようという布石であるのかどうか、先の曽根との関係とも関連して気になるところである。

剝片、砕片、石核などを説明するなかで、石器製作技術に関する若干の記述がある。欲をいえば、至近距離にあって類似した石器文化である北踊場の石器群について、松沢氏が分析した結果との比較、あるいはその分析に対する評価なども期待したかった。さらにいうならば、上ノ平遺跡から発見されている局部磨製石斧の問題、ナイフ形石器共存の問題などについても配慮する必要があったのではなかろうか。

6　時代づけと研究上の意義

上ノ平遺跡の発見・調査はすでに二〇年以前のことである。そうした条件のもとで、この報告書の結論にあたる部分を、現時点で論ずることが適当かどうかはわからないが、しかし内容の中にはかなり今日的な問題がないわけでもない。それらの点を中心として、二～三の点にふれておきたい。

いくつかの^{14}C年代その他、および層位的事実にもとづいて、岩宿石器文化→茂呂・茶臼山石器文化→上ノ平石器文化という各石器文化の編年的序列があることは、当初からの認定の通り認めうることであろう。しかし、それがイコール、ナイフ形石器と尖頭器、あるいは尖頭器と細石器などという石器自身の共存を否定するということにはつながらない。現実に以上三種の石器が確実に共存する例が多いし、その共存を認める形の中で先土器文化の構造を理解しようというのが研究の一般的方向であるように思う。やや極端な意見としては尖頭器を含む石器文化全体についての滝沢氏の説（滝沢　一九六四）があるし、芹沢氏も尖頭器一般を有茎尖頭器と結びつけて細石器の後に位置づけようという、いわば滝沢説に近い試みを示し（芹沢　一九六七）、杉原先生自身も報告書中にもふれているように、ある種の細石器の後に尖頭器を位置づけようとしたこともある（杉原 一九六七）。それらの点についての検討・評価の結果がこの報告書の中である程度十分になされるべきではなかったか。

なぜそれが必要かというと、この報告書の中で、日本の先土器時代全般にかかわる重大な一つの学説が提示されているからである。すなわち先土器時代文化を前中後晩の四期にわける新しい時期区分を提唱していることである。この四期区分が一九五三年に発表された、すなわち上ノ平が調査された直後の二〇年前の「日本石器文化の階梯」と同質のものなのか、はたまた長い研究史の総括をふまえた全く新しい構想によるものなのか、われわれにとっては極めて重大な関心事である。もし後者のような新学説であるならば、当然のこととして先述のような資料の分析・評価が十分におこなわれているものと信ずる。しかし報告書の中で十分に納得いく説明がなされてはいないと感ずるのであるが……。

☆この一文は、六月一六日の研究室内部の検討会のために、その発表素材として用意したものである。内部資料として扱うべきものである。

〔自筆ノート、一九七三年〕

考古学における『地域研究』の方法・序説

——藤森栄一の仕事を通して

一

——一地域に醞醸した生活の綜合態をば、その立地単位に、その立地の環境・特性より理解して、立派な人間歴史の文化に編成していく道。『信濃諏訪地方古墳の地域的研究』については、それを私の学問の理念の一試作として、その完成を期そうとするものである。〈藤森栄一「古墳群の特性について」昭和一四年〉

考古学がもってその主な研究分野とする原始・古代の時代の人々は、小さな、そしてある程度自立性をもった領域の中で、個々の生命を維持するための生活を営んでいた。

自然物を対象とする狩漁撈や植物採集を生業基盤とする段階にあった縄文時代はいうにおよばず、初期の農業経済に支えられていた弥生時代でも、そして畿内に古代国家の中枢が成立した古墳時代や古代においても、いや現代にいたるまでの長い以後の歴史においてさえ、人々の生活はその生まれた土地と密接に結びつき、その土地の環境と特性の中で、歴史の歩みを伝えてきたはずである。

たしかにその間には、地域をはるかにこえて、異質な文物の交流があった。たとえば、縄文時代における土器型式の激しい地域間の動きは、むしろそれが普遍的な現象といってもよいほど、各地で実証的に証明されている。しかしこうした縄文式土器の著しい地域的交流も、それだけでは人々の生活と密接に関係して、社会や文化の動態を示しているものとはいえない。ましてや土器の型式とは何かという概念も、具体的・客観的な型式の把握の方法すらも、多様な研究者間で相違があり、十分に検討されつくされていない現状では、それはせいぜい、時間の尺度としての目盛りと、ごく大まかな現象の輪郭を表現するものと理解する程度が妥当なところであろう。

一般的に、畿内大和政権の勢力拡張の表徴と解説される古墳にしても事情は同じであろう。最近でこそ「畿内的古墳」に対する「在地的古墳」という観方が定着しつつあり、その両者のあり方・関係などといったことが問題とされ、古墳を群としてとらえて性格を論ずるなど、その地域の古墳文化の特性を多角的に明らかにしようという試みが普通になったように見える。しかし一方、古墳の発生が著しく遅れ、また古墳の存在が記録できないような地域で編纂された地方史誌のなかには、古墳時代が欠史の時代になるような、あるいは古代史の頁が神話・伝承の類で埋めつくされるとか、大和を中心とした一般史で語られるといった例は、いまでもいぜんとして少なくない。ふりかえってみると、そうした古代史は戦中・戦前に、国民の前に提示された唯一つの古代史の実態と相似たものでもあった。

こうした状況を生み出した原因の最大のものは、明治時代以来ずっと、日本古代史研究に架せられていたきびしい思想的・政治的制約によるものであろうが、もう一つの側面は、骨董趣味から出発し、個別実証主義的研究に深く傾斜していった、日本考古学の体質ともかかわっている。

山また山に囲まれた諏訪盆地という、袋のような狭い単一の地域で、きわめて「変則的」なあり方を示す古墳群をとりあげて、ともかく古墳の研究というものを自らの学問的情熱の燃焼の糧としようとした藤森栄一は、直面した諏訪地方古墳群のいわば「貧しい姿相」、おそらく当時としては、公式では割り出せないようないくつかの事象にふれて、まず従来の古墳時代研究一般への批判の上に、自らの研究の立場を立脚させる必要を感じたにちがいない。

「いわゆる存在の事実を対象とする古墳の形象的な研究は、いつも時間と空間の持った相違を新しい興味として湧き立たせてくれるけれども、それ自体ではなかなかに、上代文化そのものの上代人の生活を組み立ててはくれはしないのだ。われわれいわゆる古墳のそれを発掘したり調べたりすることを今、古墳研究といっているが、墓を知るために（だけ＝戸沢付記）古墳が対象とされている今は、日本上代文化研究も容易に古墳文化研究という珍妙な範囲から抜け出ることはできないのである。この時代の研究を古墳時代研究と命名したことは、やむを得ないこととはいいながら、誠に自らをうがちて妙なる皮肉であった。」（藤森「信濃諏訪地方古墳の地域的研究」昭和一四年）

かくして「古墳研究における墳墓立地と聚落立地の綜合的理解による上代文化の編成」（同前）を研究上の立脚点＝理念とし、その実体化のための一つの試みとして「単純なる様相を示すと思考される一地域の古墳群を選び、これを資料とした」（同前）調査研究を実践的におこなうことになったのである。

そして具体的な研究の方法としては「その地域に対立する各墳墓立地の環境について、墳墓構築の相異を理解し、その副葬品の対象的相異によって、生活背景の個性を指摘し、重ねてその不可離な聚落立地をば関連せしめて、上代末的様相、実年代では奈良期中後期の地方生活形態、文化様相の一端を考古学的方法により綜合的に闡明せんとした」（同前）という形で示され、さらに後年、藤森自身が三沢勝衛の風土地理の応用であったと述懐したように、「その地上の生活現象に対して、最も重大な制肘力をもった地域環境の特異性を把握するため、幾度か山顚を歩み、峠を越え、また再度航空機を利用」（同前）するという努力を加えているのである。

こうして生み出された具体的な成果、すなわち諏訪盆地の古墳群の特性の把握、それにいたる過程の資料の分析や解釈には、当然のことながら、当時の学問的水準のなかで克服しきれなかったいくつかの欠陥がその後指摘されている。また考古学の研究には宿命的ともいえる、理念（理論・方法論）と実践の間に横たわる溝も完全には埋め切れていない。しかしそれならばこそ、藤森栄一が提示した古墳群の地域的研究の方法は、古墳時代研究者によって十分に検討され、地域を単位にした考古学的事象の歴史的再編成という理念は、あらゆる分野の考古学研究者によって批判的に継承されるべき、日本考古学の新しい一つの方向を示したものではなかったろうか。

二

——元来、考古学は三度の飛躍をした。一度は骨董趣味の対象として、一度はもっぱら自然科学の影響を主潮とする地質・地理、ないしは古生物学的な方法によって行われた精細な発掘と分析の時期、今度はさらにそれが綜合されて、人間としての生活の歴史に編成されようという機運である。いまやこの段階で戦っている。〈藤森栄一「古代史には脚がない」昭和一二年〉

右に引用した文章が書かれた昭和一二年前後の時期は、学史的に見て日本考古学が一つの曲り角に立っていた時期だったといえる。

明治時代の日本考古学は、坪井正五郎にはじまって鳥居龍蔵にいたる、人種・民族論争の段階として総括される。日本列島にたくさんの遺跡・遺物を残した石器時代人はどんな人種・民族に属するか、また日本民族の祖先はどんな生活をしていたかなどといった、素朴ではあるがそれなりに科学する眼をもって、近代科学としての第一歩を踏み出したかに見えた明治時代の考古学ではあったが、いつしか「野蕃な石器時代人」は、大和民族と無関係な先住民族の枠の中に閉じこめられ、日本民族は記紀の神話の中で語られる天孫民族と同化されてしまった。民族意識の高揚をうたう明治政府のイデオロギー状況のもとでは、人種・民族論争は当然そうなるべき運命をはじめから負わされていたのである。

原始・古代の歴史を明らかにするという、科学的使命をもつ考古学にとって、明治時代の学界を支配したその論争は、考古学の自立性を失わせるという点で不毛な論争であったと評価されねばならない。しかし反面、この「わかり易い」テーマによる論争を通じて、また坪井正五郎を頂点とする明治時代の考古学の指導者たちの、すぐれた啓蒙的な資質にもあずかって、考古学が広く一般国民の間に多くの愛好者を生み出したという事実も見逃せない。わが信濃の地でも、各地でそうした明治時代以来の考古学の愛好者、あるいはアマチュア考古学研究者の系譜を見ることができる。

そうした人々が育つ時代、すなわち大正時代の日本考古学界は何を志向し、どこに学問的な理念を据えようとしていたか。それぞれの研究分野において、また学者・研究者の個々の生き方の問題として、異なった経過や背景があったとしても、それは総じて、あらゆる仮説を拒否し、かたくなまでに資料に沈潜するという実証主義的な研究への傾斜であったと総括される。

小金井良精・松村瞭さらに清野謙次と続く人々は、全国各地から積極的に石器時代・古代人骨を蒐集し、その計測や形質学的研究を深化させながら、人類学を考古学から独立させた。浜田耕作はヨーロッパで学んだ型式学的研究を導入し、考古学的な資料に考古学的方法による分析・分類の基礎を与えた。さらに松本彦七郎は古生物学の基本原理の一つである層位論を考古学に応用し、土器の層位学的編年のあり方を実践した。

こうして大正時代の早い時期に日本考古学は、戦前・戦後を通じて半世紀以上にもおよぶ実証主義科学としての基礎を固めたのである。そしてその方法論的武器となった型式学的方法と層位論的原理は、山内清男によって巧みに結合され、縄文式土器の編年学的研究という最大の成果として結実するのであった。

昭和一二年という年は山内清男によって、縄文式土器の編年に関する最初の体系的図式が発表された年である（山内「縄紋土器型式の細別と大別」）。それは早期から晩期にいたる五期区分（大別）、その中に年代的に並べられた関東地方の二〇数型式の土器型式（細別）、そして全国を九地区に分けて、それぞれの地区にあてはめる類似あるいは時期的に併行する土器型式の配列を、編年表と呼ばれる図式として示したものであった。まさにその成果は、縄文時代の研究に正しい年代観を与え、歴史科学としての考古学の科学性を保証する重要な基礎となった。山内清男がその整備された編年学的研究の体系を前にして「縄紋土器の文化の動態は、かくの如くして——土器型式の細則、その年代・地方による編成、それに準拠した土器自身の変遷史、これによって排列されたあらゆる文化細目の年代的及び分布的編成、その吟味等の順序と方向によって解明に赴くであろう」（山内「日本遠古の文化」昭和七年）と、自信に満ちた展望を披瀝したのも当然のことだったといえるかもしれない。明治時代の古い考古学を代表する喜田貞吉を相手にたたかわせた「ミネルヴァ論争」は、山内の研究の確信をますます強固にしたばかりでなく、それを通じて、編年学的研究の方法こそは、「考古学の正道」であり、「日本考古学の秩序」であるという方向を考古学界の中で決定的にする、まことに見事な学史的演出だったといえる。

しかし、果して編年学的研究だけが「考古学の正道」であり、「日本考古学の秩序」だったのであろうか。その答は戦後の日本考古学の歩みを通じて、とくに最近の学問的な視点の中で決定的になるが、それ以前に、山内氏と同世代の研究者の動向の中に、編年学的研究への批判という形でなされたいくつかの注目すべき業績があったことを見逃すわけにはいかない。

在野の学会として森本六爾によって組織された東京考古学会（藤森栄一もその有力メムバーの一人であった）のもとで、農業社会の所産としての弥生時代文化の実態に迫る、理論的・実践的研究の推進者であった小林行雄は、「遺物さえ取り扱えば夫れが考古学だという無邪気な確信のもとに、許される限りの可能な方法を尽して遺物の模写を試み、現実の見渡し難き多様性をそのままに捉えようと努力」（小林「先史考古学に於る様式問題」昭和八年）している、無目的な、あるいは手段を目的化しているような、当時の日本考古学界の主潮に批判を加えた。小林の論調は必ずしも縄文式土器の編年学的研究だけを対象としたものではないが、その批判につづけて「その仕事が不幸にも考古学を徒らに広漠たる原野にさまよわせるに役立つのみであることを見透し得ぬ時、彼は自ら求めた無限の多様性を制御することができぬために、自滅せざるを得ない」（同前）と予測したことは、実証主義考古学全般、とりわけ土器の編年を目的化した研究を半世紀以上にもわたって、それが「日本考古学の秩序」であると信じてきた縄文時代研究に、もっともふさわしい警告であった。

「型式はますます細分され、究極まで押し進めるべきである」（山内「縄紋土器型式の細別と大別」昭和一二年）という縄文時代研究の基本概念の一つである『型式論』と、「個々の遺物を生産せる人間活動の根本的因素に原因をもち、関係をもち、それと共に発展して、人間の形成、世界の全存在のうちに特徴を示す様式」（小林「先史考古学に於る様式問題」昭和八年）といわれる。弥生時代研究の基本概念である『様式論』との質の差は明らかである。さらに言葉をつぎ足すならば、弥生時代の研究は、まがりなりにもその時代についての歴史叙述が可能な水準にいまはある。しかし縄文時代の歴史は混沌としたカオスの世界になお沈んだままである。

この章の冒頭の引用文で、藤森栄一が「いまこの段階で戦っている」と述べた背景は右のような点にあったことは間違いない。こうした「戦い」の結果は、藤森栄一においては『信濃諏訪地方古墳の地域的研究』（昭和一四年）、『古墳群の特性について』（同前）として結実し、それより早く昭和一〇年には栗山一夫（赤松啓介）によって、兵庫県加古川流域における古墳群に対する「集団的組織的調査方法」にもとづく、考古学における地域研究の先駆的な業績が残されることになった（栗山「播磨加古川流域に築造されたる古墳及び遺物調査報告」昭和九年）。栗山の示した古墳群研究の方法は、当時古墳時代研究のアカデミックの中心に位置した、帝室博物館後藤守一（後に明治大学教授）にとり入れられ、昭和一二年の群馬県白井古墳群研究に発展したといわれている。

同じ昭和一二年には、縄文時代研究の分野で、『ひだびと論争』として知られる論争が、地域の考古学研究者赤木清と、山内清男とともに編年学派を形成していた八幡一郎・甲野勇との間でたたかわされた（その内容と意義については小林康男「石器研究史(1)」信濃二五の七・昭和四八年に詳しい）。要は、土器の編年ばかりに研究の力を注ぐのではなく、日本の考古学者は土器の用途や石器の研究に立ち向うべきだという赤木の問題提起に対して、編年研究をさらに押し進めて、その体系が完成した後にそれらの問題を扱うのが学問的に正しい方法だという甲野・八幡の反論が、その論争の内容である。資料的にも方法論的にも研究水準の差をそのままに展開されたこの論争は、結局後者に押し切られた形で終ったが、その土地での生活の実感や資料に根ざした地域研究者の中には、考古学のあるべき方向への自覚が芽生えつつあった証拠として記憶されねばならない。

記紀の神話や伝説的説話などを、日本国家成立の正史とする皇国史観の古代史が、学界のみならず国民一般に強制されるというイデオロギー状況の中で、真に科学的な原始・古代史研究の確立をめざし、考古学者和島誠一も加わって編集された「日本歴史教程第一冊・同第二冊」が世に出たのも、昭和一一・二年のことであった。

しかしこうしたさまざまな形での「戦い」も、日中戦争から太平洋戦争へと狂奔する、嵐の吹きすさぶ社会状勢の中では、正しくその芽を成長させることができなかった。

「古代史は姿を見せないで幽霊を操って見せている。日本民族の歴史の一頁はいまや重大な危機に立っているというほかはない。じつに科学を中心にしてわれわれの生活は発展し、われわれの後継者もまたそれを基礎にのびつつあるいま、古代史に限り、それにしても笑止な不合理の方法で若い子供等の頭を導こうとしたら、懸命に騙したそれで通っているうちはいい、だがいまにその禁断も弾圧も嵐のような爆笑に吹きとばされてしまう時がくるにちがいない。……若い人々はもはや幽霊を信じようとはしない。彼等は足跡のない民族の移動は幽霊の旅行だと思っている。」（藤森「古代史には脚がない」昭和一二年）

こうした藤森栄一の怒りの言葉の中に、戦前の研究者のもっていたぎりぎりの良心を見る。そして当時これを活字にした雑誌『信濃』の勇気を通じて、地域に根ざした雑草のような学問の強さを探ることは、それから四〇年後を経たいまのわれわれにとって、決して無意味なことではないはずである。

三

――森本六爾氏は『日本原始農業』の序文で、「一粒の籾、若し地にこぼれ落ちたら、遂にただ一つの籾に

終らないだろう」と書かれた。そして確かに、森本さんのまいた一粒の籾は、見事な弥生式水稲文化の研究となって結実した。それにひきかえ、縄文時代農耕はついに結実を見ない種だったかもしれない。ただ、地味で精緻な編年学の研究からいえば、取るに足らぬ思いつきなるものが契機となって、いま、ある物の観方が湧然として胎動していることを否定できないのである。〈藤森栄一「縄文時代農耕論とその展開」昭和三八年〉

戦後の日本考古学において、『縄文中期農耕論』は、最大の争点の一つであった。このテーマをめぐる問題提起の動きは、戦前のかなり古くからあったが、それを学界の中心にひきずり出したのは、戦後間もない昭和二三年に藤森栄一が書いた『日本焼畑陸耕の諸問題』(夕刊信州掲載)、ついで昭和二五年に発表した『日本原始陸耕の諸問題』(歴史評論)、『縄文中期の生活立地』(史実誌)などの論文が直接の動機となった。以来八ヶ岳西南麓で続けられていた数多い縄文時代中期遺跡の発掘を体験し、とりわけ井戸尻遺跡群での組織的な調査、そこから得られた極めて豊富な資料を整理・分析するなかで、縄文中期農耕論の骨格を固めていった過程は、よく知られている通りである(藤森「縄文農耕」学生社刊は主要な論文を採録して、縄文中期農耕論の全容を知ることができる)。

いまここでそれらの莫大な業績の個々について評価を与え、農耕存否の問題に触れるつもりはない。ただ一つだけ指摘しておきたいのは、藤森栄一がみずから評価したように、それを契機として縄文時代研究の中に、いままでのびようとしてもなかなか伸びてこなかった、新しい「ある物の観方が湧然として胎動」しはじめたという事実である。それは藤森流にいわせれば「資料を土の中で認知した考古学者が、その人間の歴史としての文化の編成の実を結ばせてこそ、本物が浮びあがってくる」(藤森「日本石器時代研究の諸問題」昭和三七年)というそれを目標とした研究のあり方であり、言葉をかえて言えば「半世紀にもわたる研究史の上で、ほとんど唯一、伝統的な研究の方法とされてきた編年学的方法を止揚して、縄文時代文化の全構造を歴史的に再構成するという方向を持った方法論的な試み」（戸沢「縄文時代の遺跡・遺物と歴史構成」昭和四五年）という点に帰せられる。

縄文中期農耕論という仮説をかかげ、「一地域に醞醸した生活の綜合態をば、……立派な人間歴史の文化に編成していく」という理念に支えられた、八ヶ岳西南麓という限られた一地域での研究は、栽培植物の有無、農耕の存否といった問題の解決を将来に残したとはいえ、重要なことは、「〇〇式土器文化」などといったたぐいの編年学的方法の枠内で恣意的に語られるものとは質的に全く異った「井戸尻文化」の内容を、かなりの程度明確に把えた点にある。

「井戸尻文化」がわかったからといって、それをもって縄文時代文化全体を律することはできないといった趣旨の批判は、縄文中期農耕論に加えられたかなり決定的な批判であった。当然な批判として受けとめるべきであろう。しかしそれならば「縄文文化」とはいったい何なのか、時代的な位置づけこそできたとはいえ、その本質がなんであり、構造がどうなっているかなどの点について、われわれにはどれだけ語りうる内容があるかといえば、残念ながら縄文時代の歴史叙述については、それは現状ではほとんど不可能であるといわざるを得ないのではなかろうか。

縄文時代中期に中部高地地域を中心として、一つの特性をもった「井戸尻文化」があったように、中後期の南関東地方には「貝塚文化」が、また晩期の東北地方には「亀ヶ岡文化」が想定される。縄文文化とは各時代・各地域に存在したであろう、それぞれの特性をもった「地域文化」の構造体としてとらえられるものであろうと考えられる。それゆえに縄文時代文化の全構造を支えるそれぞれの「地域文化」の内容が、例えば「井戸尻文化」のように、生活の綜合態という観点で明らかにとらえられねばならない。

「井戸尻文化」の研究は、縄文時代研究における「地域研究」の方法の実践的な試みであった。そしてそれと前後して胎動しはじめた集落構成論や遺跡群研究、そして土器や石器の機能論を含めた様々な遺物論の展開、さらにいうなればセツルメント・アーケオロジーの導入や型式論の再検討など、それらはすべて考古学研究の新たな飛躍のための模索である。また私流にいわせてもらうならば、考古学における「地域研究」の充実のための、重要な方法論的試みとして評価したい。

四

——われわれ考古学者は輝く祖先の残してくれた貴きいくつかの古代史の残片を信じもし、また熱愛もしている。いまや正しき郷土考古学の把握の上に立って、原始・古代の歴史に生々しい息吹きを取り返すのだ。たとえそれがずたずたに切りきざまれたものであっても、真理は真理に相違あるまい。〈藤森栄一「古代史には脚がない」昭和一二年〉

考古学における『地域研究』への関心は、決していま突然にはじまったものではない。この小論が藤森栄一の生涯の仕事の軌跡の上で書かれている事実からも明らかであろう。いまここで具体的にとりあげる余裕はないが、問題意識的に『地域研究』を扱ったいくつかの業績が、現に日本考古学史の中に残されている。そればかりでなく、元来、その土地のその土の中に埋もれている文化遺産が、考古学研究の基礎資料である以上、考古学は土地から離れて成立しないし、そうした資料を最もよく理解できる条件をもっているのは、その地域の研究者だということになる。しかしそれが直ちに、地域の研究者が『地球研究』の実践者であったということとは問題が別である。たとえば戦後、とくに最近になって各地でおびただしい数の地方史誌が編纂された。それには原始・古代篇の執筆者として多数の考古学研究者が参加した。かなりの費用と多くの日数を費して発掘や調査がおこなわれ、やがて出版される本の一頁の考古学の記事の多くは、その土地で発見された遺跡・遺物の羅列であり、それに加えてごく一般論的な日本考古学の概説に終っているものが大部分である。

他人の例をひいて批判するのは止そう。実は私も二年前に出版された「岡谷市史上巻」に当市出身の専門家ということで関係した。考古学を『地域研究』の方法という立場でよみがえらせ、岡谷市の原始・古代史の真の歴史叙述を果そうと、さまざまな構想を立て、新しい試みもいくつかとり入れたが、結局は先にみずから書いたような批判を大きく克服するほどのものとはならなかった。資料の不備やその分析能力の欠如はおおいかくせぬ事実としてあるが、なによりも反省しなければならなかった点は、「市民のための岡谷市史」を編纂事業参加の最大かつ基本的な思考として持ちながら、それを具体的に実践するのを怠ったことである。岡谷の原始・古代史について、市民が本当に知りたいことは、研究者が得意とする土器論でもなかったろうし、文化の系統論や、場合によれば社会構成論ではなかったにちがいない。この土器は何に使ったのだろうとか、こんな石斧で木が本当に切れるのだろうかとか、昔の家族はいまの家族より幸せだったのかどうかなといった、自分たちの生活の実感から割りだしたもっと素朴な、しかしそれ故にある場合にはより本質的な疑問だったかもしれない。市民のための市史というのは、そうした市民の多様な疑問や関心をまず市民自身の中から湧き出させ、研究者が協力して、その疑問の解決にアプローチする方法を創造的に考えさせ、その過程と到達した結論を吟味し、考古学的事象をそれにしたがって整理・記述していくというのが本筋であろう。それを完全におこなうことは理想に近いといわれても、一歩でもそれに近づく努力をすることが必要であろう。研究者の専門的興味だけを押しつけられるような市町村史をもった住民は、自分たちの歴史を将来の幸せのために役立てることができる可能性は少ない。

戦前、藤森栄一と並んで、古墳群の地域的研究についての先駆的な仕事を残した栗山一夫は、古い郷土研究から『地域研究』への脱皮を説きながら「地域研究の目的は一部の研究者が学者になって偉くなるためでなく、いかにすればよりよき村人として多くの人達と共に生活を楽しむことができるかを考えるためである。だから私達研究者はまず民衆のただ中へ入ってゆかねばならぬ。そしてそうした人達の現実的・日常的な要求を捉えて、それを一つの目的に向って組織すること、これが地域研究のために必要な第一の基礎となるべきものである」（栗山「地域研究のすすめ」昭和二三年）と、『地域研究』のよって立つべき基盤を指摘している。

埋もれた古道の脇にうち忘れられた石仏に想をはせ、学界の砦の周囲のドブの中で果てていった多くの無名の研究者に限りない愛情をもち、諏訪考古学研究所や長野県考古学会によって、いわゆるアマチュア考古学研究者を最高の水準にまで指導し、お百姓の集団のような信濃境史学会・井戸尻遺跡保存会の中にとびこんで、「井戸尻文化」の解明という、学史に残る『地域研究』を達成した藤森栄一の学問の理念の中に、われわれはいま考古学における『地域研究』のあるべき精神を見出すことができる。

日本考古学がいまの日本の政治的社会の状況と対決している焦点の一つ、埋蔵文化財保護の論理も、ずっと述べてきたような学史的背景と学問的理念をもった『地域研究』の深化によってこそ、その正当性を保証されることになるであろう。

（あとがき――若干の個人的回想）先頃出版された藤森栄一先生の遺著『古墳の地域的研究』は、その本のあとがきにも書かれているように、先生にとっても、また先生の生涯のよき協力者であったみち子夫人にとっても、まことに因縁のある、それ故に愛着の深い本だったと思う。先生の処女出版として昭和一九年にその主論文が『信濃諏訪地方古墳の地域的研究』として完成した時、先生は戦場で生死の境をさまよって居られた。しかも完成した本は出版社の戦災によって数冊を残して全焼したという。その数冊をみち子夫人は諏訪に疎開して守った。

戦後諏訪に引きあげられた先生夫妻はあしかび書房を経営され、高校生だった私達考古ボーイはその古書店の常連（といっても本を買うことが目的ではないが）、いつも見なれている本棚に、それまで目にしたことのない薄い一冊の本があるのに気がついた。表紙の半分まで水でもかぶったのか大きなシミのついたきたない本だった。表題は読まなかった。著者名が藤森栄一とあったのだけを妙に印象として覚えている。私はためらわずそれを買うことにした。思えば自分の書いた、しかも数少ない稀覯本を、自分で値段をつけて、自分の古本屋で売るということに、一種のてれくささがあったのだろうか。藤森先生は「こんな本を買ってくれるのかえ」といいながら、しかしとてもうれしそうに「それじゃ記念に署名をしてあげよう」といって、大学ノートを短冊に切り、『藤森栄一処女出版・あしかび書房』と書き、頁の間にはさんでくれた。この一枚の短冊がものすごい効力を発揮した。当時私は高校の一年生、古墳はなにも知らないといえば他のことはみんな知っているように聞こえるが、どこでもすぐ拾える土器や石器にくらべれば、古墳などには興味も知識もなかった。しかし先生が折角署名して下さった本だ。とにかく読んだ。はじめは諏訪盆地を空から見たまことに詩的な自然環境の描写に驚き感激した。二度目は古墳や遺物の説明がおぼろ気にわかった。そして三度、四度と何回読んだことだろう。それではもの足らなくなって、「諏訪の古墳の上代史」という、藤森論文アレンジ版のエッセイを書いた。折りしも諏訪清陵高校文化会主催の研究発表会があって、地歴部の研究発表テーマとしてそのエッセイをとりあげることになった。発表講演者が、いまＮＨＫ長野放送局で活躍する青木茂人君であったのも思えば不思議な縁といえるかもしれない。

挿話が過ぎたが、藤森先生の鋭い感性と、考古学による上代史編成への情熱が生み出した『地域研究』の素晴らしい刺戟は、いつの間にか、理窟ではなく私の身体にしみこんだものと思える。無味乾燥な受験勉強をして大学なんぞへ行かなくても、諏訪の土地でこんな立派な研究が出来るのだと、真剣にそう思いこんだものだった。

昭和二八年五月号の『信濃』に、私は「諏訪湖周辺に於ける中期初頭縄文式遺跡」という論文を載せていただいた。日頃考古学にはきびしい一志先生から、大変興味深い論文だとおほめいただいたのを覚えている。そして当時別の論文（戸沢「小さな主題――中期初頭縄文文化の一断面」昭和二八年）の中で、『信濃』に載った論文の意義を、「日本考古学の「正しい秩序」を「新しい発展」として止揚する方向は、限られた地域と時間の中に生起した事実を問題としてとりあげた、小さな〝主題〟を、考古学の正道のなかに批判総合していく方法をおいて他にないものと思う」と自ら解説したことがある。こうした問題意識を、その後の大学の研究生活の中で生かしていかなかった私の怠慢を、藤森先生はきっと軽蔑されていたこととといまにして思う。

時は移って昭和三〇年代後半、激動する社会の中で、建国記念の日と称する「紀元節」が復活され、あるいは高度成長経済政策の犠牲となって、巨大な規模で遺跡の破壊が進行するという事態を迎え、大学も考古学もそのあり方が鋭く問われた。研究の面では縄文時代の最古の時期に草創期が加わって、編年学的研究は底が見えたという状況に達したばかりでなく、それに代表される個別実証主義的研究の方法はどうしようもない壁につきあたっていた。そのころ井戸尻遺跡群の調査研究に一応のしめくくりをつけた（藤森栄一編『井戸尻』中央公論美術出版刊、昭和四〇年）藤森先生は、「いつまで編年をやるか」（「考古学ジャーナル」三五・昭和三九年）と改めてその焦りの声を投げつけた。私はその翌年、「縄文時代の遺跡・遺物と歴史構成」という論文を書き、編年学的研究からの脱皮、そして『地域研究』への志向を表明した。自信があったわけではない。それを言う勇気が衝動的に湧いたというだけのことである。私がその論文を書き、校正が終り、もう間もなく出版されるという直前の段階に、山内清男博士が世を去った。この偶然は今でも心にかかる点である。

ところで「考古学における地域研究の方法」という題名は、実は数年前、宮坂光昭君が中心になって企画した、藤森先生の還暦記念論文集のために一度用意したものである。麗々しく題名だけ書いた原稿用紙が何ヶ月も机の上に飾られ、やがてほこりにまみれ、論文集の話もいつしか沙汰やみになってしまった。一昨年のことだったと思う。久しぶりに藤森先生から電話があって「今度、古墳の地域的研究という本を出すことになった。古い論文をまとめたものだが、いい本にしたくてなあ」といって、二・三の図稿の問い合せをされた。私は自分の怠惰を責められたような衝撃を感じた。そして去年の一一月二三日、会田進君の結婚式場で、係にせかされて会場に急ぐ途中、階段の下で私をひきとめて、「古くさい論文集かもしれないが、もうすぐ本になるからなあ、送ったら読んどいておくれ」と念を押されるように、階段を上りかけた私を見あげてにっこりされた。それが先生とお話しした最後であった。

戦争中にこの本が先生の処女出版として出されたその時、先生は戦場をさまよう一兵士であった。しかし生死を分ける戦いの中から、先生は帰還され、その学問の理念を広くそして強く私達に植えつけてくれた。しかし再びこの本が世に出た今、藤森先生はすでにない。そして二度と私達を愛し、叱ってくれることもない。先生の残された考古学の理念と方法を、私達自身が実践していくより、もう他に道はないのである。考古学における『地域研究』の方法は、少くとも私にとっては、これからの実践のための道標でなくてはならない。

この小論では過去日本考古学に残された『地域研究』の具体例をとりあげて評価することも、理論的な方法論として提示することもできなかった。また信濃史学会が意欲的に追求されているような、一般日本史学における「地方史研究の座」「地方史の思想」などといった、考古学の場合よりははるかに視点の定まった問題との関連もとりあげられなかった。小論を序説とした所以である。

〔『信濃』二六巻四号、一九七四年〕

藤森考古学の現代的意義
——通念に縛られた学問観の変革を求めて

阿久遺跡問題をてがかりに

一八七七年（明治十年）、E・S・モースの、東京大森貝塚の発掘を契機として、近代的科学としての装をこらして出発した日本考古学の学史は、昨年、ちょうど満百年の時を刻んだ。そしてその一世紀をこえた学史の中で、いまほど、研究者の意識の問題としても、また考古学が主な研究の対象とする時代についての観方の問題としても、大きな転換を迫られている時期はないといえる。

その理由を説明するごく身近な問題の一例として、阿久遺跡保存問題がある。この遺跡については、調査関係者や研究者が提供した資料や情報、そして新聞をはじめ多くのマスコミが流した報道等々の量は、一つの学問上のテーマとしては、長野県内ではおそらく空前絶後のことと思われる。その結果、学界の権威といわれる学者もふくめて、すべての考古学研究者はもとより、県内外のあらゆる階層にわたる、きわめて広範な人々が、一致して認識した事実は、阿久遺跡が日本文化のルーツを探る数々の謎を秘め、学問上も、また日本歴史上でも、他をもってかえがたい貴重な文化遺産であるということである。

しかしいま、問題はこのかけがえのない遺跡を高速道路によって分断・破壊するか、トンネル化工事などによって全面保存をするかという選択をかけて、きびしい対立がつづいているのである。

実は阿久遺跡の問題は、現在突然にふって湧いた問題ではなく、そのよってくる根は深い。それは戦後の、とくに一九六〇年代以降の高度成長経済政策による文化財の大量破壊と、その現実に対して、学問的良心をもって、十分に対応しきれなかった研究者の意識の間に生じた、矛盾として顕現した問題なのである。いや、そればかりでなく、明治時代以来一世紀の間、学問の世界の周辺におこったさまざまな現実の問題、例えば侵略戦争にさえ眼をつぶり、神話に代わる科学的原始・古代史探究の役割を自ら放棄するといった、無節操で無思想的であった日本考古学の体質と、深くかかわる問題でもあると考えられる。

それゆえ、阿久遺跡の保存運動に、かつてない盛りあがりの中で、積極的に主体的にとりくんでいる長野県の考古学研究者のたたかいは、地域としての信州ばかりでなく、日本の考古学と考古学研究者の学問観の転換をかけた、重大な一つの試練であると位置づけられなければならないだろう。

その意味でも信州の偉大な考古学者藤森栄一が残した多くの学問の「灯」の中で、まず、その学問観を再発見することが、われわれにとって必要なことである。

歴史の真実に迫るという学問観

一九三七年（昭和十二年）といえば、日本が中国への武力侵略を公然と開始した、いわゆる「支那事変」がおこった年である。やがてふみこむ全面的な第二次大戦の前哨戦の時期として、国民の生活も思想の自由も全く奪われた、日本現代史の中の最暗黒の時代であった。

この年、雑誌『信濃』に藤森栄一の「古代史には脚がない」（『かもしかみち』学生社刊所収）というエッセイが連載された。

「現在わが祖国にたいして、学究がそそいでいる努力のうち、もっともばかげた努力はなにかと問われたなら、その的はずれの焦燥のはなはだしきものの一つとして、第一に〈古代研究〉をあげるのに私は躊躇《ちゅうちょ》しない」という書き出しで始まるこのエッセイで、藤森は当時国民が教えられていた古代史、すなわち神話的古代史は〈幽霊の古代史〉だときめつける。そしてそうした古代史研究の担い手である研究者（考古学者）の最も一般的な動向を次のように論じている。

「最も多くの人々は絶壁の飽食性の残忍さをおそれ、おたがいの夢を破壊しない程度に、その壁の前ではてることなき、ぐるぐるまわりをつづけている」という。暗黒の時代への配慮があってか、文章全体が抽象的であるが、要するに権力による弾圧をおそれて、純学問的な研究に沈潜して、歴史の真実に迫ろうとしない研究者群が大部分であるといいたいのである。

この藤森の指摘は、日本考古学の歩みと研究者の体質を鋭く衝いた、本質的な問題提起であった。なぜなら、明治時代以来の日本考古学史をたどってみると、科学的考古学研究の第一歩となるべき、大森貝塚の発掘とE・S・モースの業績は、それがあまりにも科学的であったがために、その後の日本考古学の伝統の中に正当に継承されず、坪井正五郎を始祖とする日本人の手になる近代考古学・人類学は、明治年間を通じて、日本石器時代人はアイヌであるかコロボックルであるかという命題をかかげた、人種・民族論争一色に塗りつぶされる。その論争の目的はただ一つ、日本民族の祖先は神代の神々とその子孫以外のなにものでもなく、考古学が研究の対象とする石器時代人などは、「大和民族」とは縁もゆかりもない異民族、あるいは先住民族にすぎないのだという認識を、国民一般に植えつけるためのものであった。同時に考古学は日本の古代史に立ち入ってはならないという、強烈なるタブーの合理化のためでもあった。藤森栄一がいう「絶壁の飽食性の残忍さ」とは、まさにこの権力による学問への干渉をさしていることは明らかである。

考古学がその本来の目的、すなわち科学的な原始・古代史の追求の道をとざされるという屈折の時期をすぎて、大正時代に入ると、一方の旗頭であった坪井の死ということもあって、さしもの人種・民族論争は終息する。それにかわって日本考古学が身につけた体質は、「おたがいの夢を破壊しない程度に、壁の前でぐるぐるまわり」する、実証主義的研究への埋没であった。実証主義とは「所与の事実だけから出発し、それらの間の恒常的関係を明らかにする厳密な記述を目的とし、一切の超越的、形而上学的思弁を排する立場」(『広辞苑』による)のことである。

考古学の研究に則して例をとれば、縄文土器の文様をこまかく分類して型式をつくり、その時間的関係を、重箱の隅をつつくように厳密に論じ、その土器が何に使われ、それによってどんな縄文人の生活がおこなわれたのだろうかといったような、歴史を明らかにするという観点に立った研究や思考は、学者のすることではないといって排するといった類の考え方である。

大正から昭和の時代にかけて、そのような方法・立場による土器編年学的研究が学界、とくにアカデミズムの主流を占め、あたかも考古学の目的が土器の細分・編年にあるかのような風潮をさえ生み出したのである。それのみか、その風潮は戦後に生まれかわったはずの日本考古学にもひきつがれ、最近ではその延長上に、新しい装をこらした新実証主義ともいえる研究の動向が、とくに若い世代の研究者にひろがりつつある傾向がみられる。その若い世代の研究者の多くが、一九六〇年代以後の大量遺跡破壊の時代に育ち、歴史的思弁に欠けたある外来の理論に依拠した方法によって研究を進めている点に、日本考古学の将来について見すごすことのできない一つの危惧があることをここで指摘しておきたい。

いまから四十年前、あの暗黒の時代に、藤森栄一がいいたかったことは、考古学が歴史の真実に迫る学問でなければならないという一点だった。歴史の真実に迫るということは、「絶壁の飽食性の残忍さ」をおそれず、研究者の良心を示すことなのである。

「日本民族の歴史の一頁はいまや重大な危機に立っているというほかない。じつに科学を中心にわれわれの生活は発展し、われわれの後継者もまたそれを基礎としてのびつつあるいま、古代史に限りそれにしても笑止な非合理的な方法で、若い子供らの頭を導こうとしたら、懸命に騙してそれで通っているうちはいい。だがいまにその禁断も弾圧も嵐のような爆笑で吹き飛ばされてしまう時がくるに相違ない」とあの時代に叫んだ気魄を、藤森栄一の考古学の基底にある学問観の発露ととらえることは許されよう。そしていま、四十年前にあった藤森栄一の気魄を、さらにそこですでに指摘されていた学問観の転換を、われわれも求められているのである。

その理念と方法の新鮮さ

藤森栄一は自らの学問観の根底を、歴史の真実に迫る考古学の確立においた。日本の考古学界が、なぜ原始・古代の生活や文化の本質の研究に深く立ち入らないのか、なぜそこに人間が登場しない土器いじりや、あれこれの遺物の羅列・鑑賞にうつつをぬかしているのかという、怒りとも焦りともつかぬ不満と批判の中から、自分の考古学の進む道を模索した。

そうした藤森の学問観の基盤には、諏訪中学時代の教師であった三沢勝衛の科学精神が、脈々とした伝統として生きていた（藤森『信州教育の墓標』学生社刊等参照）。一つの地域に生起する気象条件やさまざまな自然現象、地理的特性や自然環境などを、その土地の人間の生活、あるいは生活の歴史とのかかわりで、総合的にとらえようという学問体系が、三沢の「風土地理学」といわれるものの真髄である。

藤森はそのような三沢の「風土地理学」の考え方を、考古学の研究の中に実践的に生かす方向で、日本考古学史に永久に記念されるであろう二つの業績を残した。その一つは諏訪盆地を単位とした古墳群の地域的研究（『古墳の地域的研究』永井出版企画刊所収）であり、もう一つは縄文農耕論（『縄文農耕』学生社刊等所収）である。

『古墳の地域的研究』の中核をなす論文である「信濃諏訪地方古墳の地域的研究」は、一九三九年（昭和十四年）の雑誌『考古学』十四巻一号に発表された。先に紹介した「古代史には脚がない」というエッセイを書いて、自らの学問観を明らかにした後、一九三七年から調査と準備をはじめ、翌年結婚したみち子夫人を助手に使いながら、二十七才の若い情熱のすべてを注ぎこんで完成した論文である。

藤森の学問観からすれば当然のことながら、「いわゆる存在の事実を対象とする古墳の形象的な研究は……それ自体ではなかなかに上代文化そのものの上代人の生活は組み立ててくれないのだ。われわれ、いわゆる古墳を発掘したり調べたりすることを今、古墳研究といっているが、墓を知るためにだけ古墳が対象とされている今は、日本上代文化研究も、容易に古墳文化研究という珍妙な範囲から抜け出ることはできない」と、従来の古墳時代研究のあり方に鋭い批判を加え、「古墳研究における墳墓立地と集落立地の総合的理解による上代文化の編成」

という視点を、自らの研究上の立脚点＝理念とすることを、まず明らかにしたのである。

明治時代以来、日本考古学は皇国史観の固い枠組の中で、「帝室博物館」や「帝国大学」を中心としたアカデミズムが、皇国の顕彰のために古墳の研究をすることを許されたとしても、権力の表徴としての古墳と、一般庶民の生活の場である集落を関連づけて、そこに上代文化と（上代人の）生活の実相を把握しようという藤森の理念を真に生かすような研究はありえなかった。そのような研究が神話以外に国家形成の歴史などありうべからざるとする時の政治権力にとってはいかに危険なものか、また逆に藤森にとってはいかに勇気の必要なことだったか、さらに当時の日本考古学総体の問題意識からくらべれば、どれほど新鮮で正当なものだったか、その学史的な意義ははかり知れぬほど大きなものだったはずである。

しかし学界は、在野の研究者を組織して精力的な活動をつづけていた東京考古学会の一部の研究者を別とすれば、この藤森のすぐれた古墳研究の理念も問題提起も無視した。かくして、地域を単位として、そこに残された古墳と集落を、その地域の古代史の歴史構成の素材として生かすことを目的とした、真に歴史学としての考古学がとるべき研究の方法は、敗戦後まで、いやごく最近になっても、日本考古学の古墳研究の分野では、まだ十分に定着しきっていないという、研究の停滞を生み出しているのである。

藤森栄一が生前最後の論文集として出版を企画し、実際には死後になって出版されることになった『古墳の地域的研究』に、「論文へのつきせぬ思い」としてあとがきを書き残し、さらに高松塚古墳の大発見に触発されて、病床で資料をあさって、検討し、壁画をもつ飛鳥地方の末期古墳群が、「大和国の祭政を司る氏族ないし部族的色彩をもったものだと私は思う」という仮説を「高松塚とその周辺」と題する序文としてつけ、その最後に「古墳の地域的研究の旧稿を集め上梓するにあたり、旧稿必ずしも死文でないことの証に、最近の古墳群についての見解を序とした」と書き記している。このことはひとり藤森の古墳研究についての自信を示すというだけではなく、国宝級の壁画が発見されて、その系統や美術品的評価だけが研究の中で優先し、高松塚とそれをとりまく古墳群、さらに古墳群の成立を支えた飛鳥地方の古代文化や古代人の生活の基盤が、なんとなく忘れ去られようとしていることに対する警告ではなかったろうか。

だとすれば四十年前に世に出た『古墳の地域的研究』で示された藤森の学問観、方法論は、わが日本考古学界では、いまなお新鮮な輝きを失っていないというべきである。

考古学の新しい方向をひらいた縄文農耕論

日本人が幾万幾千年の年月を重ねて、生み出してきた日本歴史は、例えば古代における大和、現代における東京の、ひとにぎりの権力に近い人々が作ったものではない。歴史は人間の生活と密着したそれぞれの地域の中で、そこに住む人々の創意と工夫と、そしてある時は血を流すような闘いを通じて創り出されてきたのである。それゆえ、歴史学は地域に根ざした人々の生活の歴史を、研究の第一義としてとらえる必要があったのである。

考古学の場合も事情は全く同じである。「縄文時代には海岸地方では貝塚がたくさん作られ、漁撈を主とする生活が営まれていた。また内陸地方ではシカやイノシシを追う狩猟生活によって生活を支えていた」などという、いままでだれもがそう信じていた縄文時代観は、いったいだれがどんな研究をして導き出したものだったのだろうか。戦前から研究者がいちばん多く集っていた東京の、その周辺の関東地方にはたくさんの貝塚が存在する。その貝塚を多くの研究者が発掘した。目的は縄文時代人の生活を調べるためでなく、どんな型式の土器がどんな層位的順序で埋まっているかを調査するのに、細かな堆積状態を示す貝塚は最も好都合だったからである。貝塚を中心とした土器の編年研究のせいぜい副産物として、先のような縄文時代観が一般にも植えつけられたにちがいないのである。

そうした縄文時代観に反対を唱える考古学者も、古くからわずかではあるがいるにはいた。昭和初年の一九二六年、神奈川県勝坂遺跡を発掘して、そこから出土した多量の扁平粗雑な打製石斧を、石斧ではなく石鍬だと考えて、縄文時代中期という時代に原始的な農耕があったのではないかという仮説を発表した大山柏などもその一人であった。

こうして、縄文時代に農耕が行われていたかどうかという問題は、かなり古くから日本考古学がかかえる課題の一つでもあったのである。しかしその問題が、日本考古学界の最大の論争点として発展するのには、戦後間もなく発表した藤森栄一の論文が、直接の発火点となった。

若き日に、森本六爾（在野の学会、東京考古学会の組織者・指導者）を師として、弥生時代文化、とくにその農業社会の実態を明らかにするための研究に参加した藤森は、当時、日本考古学の主流を形成していた、編年学派などの実証主義的な研究者とはちがって、文化内容やその構造に強い関心を注ぐ学風を身につけていた。

敗戦とともに、戦争でえた病の身を故郷の諏訪においた藤森は、その地に絢爛と発達している縄文中期文化の様相に、あらためて強い興味を抱いた。広大な八ヶ岳山麓の火山灰台地に、縄文中期の大集落がそれこそ星座をちりばめたように密集しているのはなぜだろうか。これらの遺跡に典型的な狩猟具とみられる石鏃がとぼしく、逆に土掘具といわれる打製石斧がきわめて多いのはどうしてだろう。勝坂式土器と汎称される縄文中期の土器の形やその組合せ（様式構造）が、明らかに農耕文化の所産である弥生式土器のそれと同じではなかろうか、等々のいくつかの不思議さを列挙して、縄文時代中期には原始的な焼畑陸耕が行われていたという仮説を発表したのが、一九四八年（昭和二十三年）のことである（「日本焼畑陸耕の諸問題」歴史評論所収等）。

その後、藤森は八ヶ岳西南麓の井戸尻遺跡群という絶好のフィールドを得、武藤雄六をはじめとする多くの地域研究者を育てながら、精力的に調査と研究を進め縄文中期農耕説は仮説の段階から着実に立証の段階に進んでいったかにみえた。

しかし日本考古学の中にいぜんとして根強く残る、実証主義的発想による縄文農耕否定論は、藤森等の仮説を全く認めようとしなかった。農耕説の決定的証拠ともいうべき栽培植物の遺存体が提示されない限り、「藤森等の追求は不十分であり、本気でやっているとは思えない」という冷たい声さえ浴びせられたのである。

死を間近にひかえた一九七〇年、藤森はそれまでの縄文中期農耕説をまとめた論文集『縄文農耕』（学生社刊）の中で、次のように学界の批判に応えている。「今後、発掘によって栽培植物の遺体自身が出土するにしても、それは当然植物学の仕事であって、われわれは考古学を通じ、中期縄文文化の構造をあくまで究明すべきであって、その文化構造こそ、単なる植物嗜好の強い採集狩猟民の文化とは、どうしても考えにくいという点にある」と。

これは藤森栄一の生涯をつらぬく学問観がいわしめた、現代日本考古学への鋭い批判である。すなわち確実な栽培植物が発見されなければ、縄文農耕は認められないという人々にとって、それならば近代考古学として成立してから百年、日本考古学は縄文時代の文化や社会の本質がなんであるかという、考古学の生命にかかわる問題に、いままでどれだけ重大な関心をいだき、どんな具体的な研究をしてきたのだろうかという、正面きった藤森の問いかけであるからである。

いま日本の考古学は大きく変わりつつある。そしていままで学界ではあまりとりあげられなかった諸問題、例えば集落の研究にしても、縄文時代の生業、生産にかかわる研究にしても、また自然環境についても、様々な遺物の用途問題等々についても、その多くは、藤森栄一がなげかけた縄文農耕論あるいはそれをとりまく問題提起と、その学問的精神を一つの軸として、確実に従来の日本考古学のもっていた方法論的限界を脱皮しつつあるといえるのである。そればかりか、八ヶ岳西南麓を中心として、その地域の縄文文化の全体像をとらえようとした研究は、考古学における「地域研究」の実践として、着実に考古学の基本的方法であることが認められつつあるのである。

「藤森考古学」の永遠性

「学問は永遠である」という言葉がある。しかしどんな研究も、学問と名がつけば永遠であるとはいえない。歴史のなかで淘汰されるべき古き学問、新しいものを創造する糧にならない学問は捨て去るべきである。

これも四十年前の一九三八年（昭和十三年）、藤森栄一は「資料の学問より人間の学問へ、古代日本人の生活とともに、われわれの限りなき魂の延長の探究へ……。まず新しい学問の体系を建てるためには、古い学問の死骸をとりのぞくことだ。……まだ晩くはない。皆を呼んでくれ。私たちの国土、私たちの民族の将来を見通すことのできる学問の創造のために……」（「掘るだけなら掘らんでいい話」『考古学・考古学者』学生社刊所収）と叫んだ。

いまわれわれのまわりは、遺跡がこわされる、だから遺跡を掘るということが、常識のように日常的現実となっている。こわすために掘る遺跡の発掘、そのことに日常的に追われる研究が、どうして民族の歴史と民族の将来を見通すことのできる考古学といえるであろうか。いまわれわれに求められている学問観の転換は、「掘るだけなら掘らんでもよい」発掘によって、日本考古学と研究者が退廃と堕落の危機にさらされていることを自覚することから始めなければならない。

一九七三年の厳冬、藤森栄一は死んだ。自分が信州の大地に蒔いた一粒の籾、縄文中期農耕説の最後の結実をみないまま……。

しかしその翌年夏、諏訪市荒神山遺跡での発見をはじめとして、まごうことなき縄文農耕の動かし難き証拠である栽培されたアワの炭化物が、続々と出土するようになった。

藤森栄一の学問は永遠であったのだ。その透徹した学問観にうらうちされた藤森栄一の学問は、実に、永遠であるべきことを、事実をもっていまやわれわれに教えているのである。

〔『季刊地域と創造』五月号、一九七八年〕

III

1989

|

2012

開発優先の発掘調査に反対し日本考古学の自主的発展を堅持するための声明(案)

日本考古学協会の会則第二条には、考古学者の全国的組織として、考古学の発展をはかり、文化財保護などの社会的責任の遂行を、学会存立の大きな目的として規定し、全会員が自主・民主・平等・互恵・公開という、研究者が拠って立つべき基本的な五原則に基づいて、その目的の達成に努力することを明文化している。

しかし、日本考古学をとりまく社会的諸情況は、近時ますますきびしさを増している。一九六〇年代にはじまった高度経済成長のもとでの大規模開発は止むところを知らず、それに加えて最近では、「リゾート法」に伴う大型開発が各地で発動、ないし計画され、「第四次全国総合開発」政策の促進をねらいとする「ふるさと創生」基金と称する、全国市町村一律の補助金のばらまきさえ実現して、文化財と自然の破壊の危機はいっそう深まる一方、企業まるがかえの「発掘会社」の設置を許すような事態さえ生み出している。

こうしたなかで、文化財の保護や、調査・研究に対しては、開発優先の立場に立った「通達」等で、調査・研究の省力化をうながすなどのしめつけを加えている。文化財に対するそのような政治・社会的風潮は、発掘現場、発掘調査を担当する行政機関や組織、成果の公開や報告書の内容等々、さらに研究・教育の機関である大学や研究所の内部にいたるまで、さまざまな問題を生み出し、いまやその矛盾の拡大は危機的な状況にまでいたっているると認識せざるをえない。

そうした中でおこっている枚挙にいとまないほどの多くの事態は、考古学研究者にとって、自らの存立基盤をおびやかすおそれがある。そして日本考古学協会がうたう研究者のはたすべき役割や、もつべき資質に背反し、とくに考古学研究の自由と自主性を損なうものといわなければならず、このことが定着すれば、日本考古学協会がかかげる考古学研究者の社会的責任の遂行に、大きな障害となることは明らかである。

ここにわれわれは日本考古学協会の存立意義を再確認し、文化財の保護および調査・研究に対する開発優先の不当な干渉やしめつけを克服するとともに、学問の自由と考古学研究者の自主性を堅持するために、努力を惜しまないことを決意する。

右、声明する。

《付帯決議》（案）

日本考古学協会委員会は、右の「声明」の趣旨をふまえ、実情の調査や、問題の検討を進めるために必要な特別委員会などの機関を協会内に設置し、勧告や指導などの措置を早急に講ずること。

一九八九年五月二十七日

日本考古学協会第五十五回総会

拝啓　新緑の季節、皆様にはいよいよご健勝のことと存じます。

日頃、考古学の研究や仕事を通じて、最近の日本考古学をとりまく状況や、とくに文化財保護問題には、皆様どなたでも一様に心を痛めておられるとと存じます。不肖、私もそのことを憂慮し、来る五月二十七日の日本考古学協会総会に、別紙のような「声明」案を提案することにいたします。そこで、日頃尊敬し、また親しくしていただいている皆様に予め案文をお届けし、ご理解・ご支持と、それ以上に、いろいろとご指導、ご意見をいただきたく、お願い申しあげるものです。

なお、この「声明」案につきましては、去る四月中旬、一部の方々にお送りして、ご意見を賜ることをお願いいたしました。その結果、四十名ほど出したお願いについて、大半の方々からご意見と、その多くの方々からは共同提案者のご承諾までいただきました。その点に関して関係の皆様に心からお礼を申しあげます。

ところで、右の多くのご意見を参考にし、最初の文案を一部修正いたしました。その主な点は次の通りです。

（一）表題の「開発優先の文化財行政に反対し……」を「開発優先の発掘調査に反対し……」と改めました。これは協会員の非常に多くの部分を占める行政関連の研究者の立場、その他を考慮したためです。

（二）中段の考古学研究や発掘調査の中での様々な問題点のいくつかを事例として示したのを止めて、「矛盾」というような言葉で抽象的な表現になおしました。

（三）提案の目的があいまいだという多くの方のご意見をとり入れて「付帯決議（案）」を加えました。

その他、前案に二、三の修正・補正を加えました。

また、前述の通り、かなり多くの方々から、共同提案者として、ご尊名を使わせていただくご承諾をいただきました。このことに関しても、（一）のことその他の理由で、趣旨には賛成するが、名前は出せないという方のお立場を理解して、また一方、ご承諾いただいた方々にはたいへん申し訳ないことですが、お名前を出せない人と出せる人のちがいをいまはっきりすることは、全体としてのまとまりをより強くしていく上で、得策ではないと判断いたしますので、私一人の個人名で提案させていただくことにいたしました。

右の諸点、よろしくご諒解下さるようお願いいたします。合せて、この声明が、日本考古学と私たち研究者の将来にむけて、明るい大きな展望をひらく契機となりますよう、皆様の大きな支持と活発なご意見を賜りますよう、重ねてお願いいたします。

なお、このお願い文の発送は、個人の力では限界があって、すべての協会員にお届けすることはできませんので、趣旨にご賛同いただけましたなら、お近くの皆様へもご紹介いただければ幸甚です。

皆様のいっそうのご活躍と、ご健康をお祈りいたします。

敬具

一九八九年五月十五日

戸沢充則

各位

〔草稿・自筆メモ、一九八九年〕

古代漂流

見えてきた縄文の日常

最近、発掘事例の多くなった縄文時代の低湿地遺跡からは、大量の木製品や木造の構築物が出土している。今月八日、富山市で開催された日本考古学協会の大会で「縄文時代の木の文化」と題するシンポジウムがあり、最近の事例が次々と紹介された。スライドの映像は、その技術水準の高さを強く印象づけたのである。

富山県小矢部市の桜町遺跡、北海道小樽市の忍路土場《おしょろどば》遺跡からは、柱や梁《はり》、垂る木、板などの建材が豊富に発見された。桜町出土の柱には貫穴《ぬきあな》や桟穴《さんあな》があり、忍路土場では突起やくぼみのある建材多数と壁材と思われる木組みが残っていた。

これまで縄文時代といえば、丸太と枝を縄やツルで結わえつけた粗末な小屋しかなかったと想像されていたが、すでに立派な構造建築物があったのだ。

石川県金沢市のチカモリ遺跡と同県能都町の真脇《まわき》遺跡にある「巨木遺構」は、数年前から注目されている。これは太さ五十—八十センチもあるクリの巨木を縦割りして半円柱状にし、それを十本くらい使い径十メートルほどの円になるよう立て並べたもの。用途は不明だが、形態は木製ドルメンといえようか。

往時のまま貯蔵庫群

今回報告された金沢市の米泉《よないずみ》遺跡にもその巨木遺構があり、近接して幹の太さ五十センチもあるクリ林跡が発見された。さらに、クリとトチの実五十万粒が往時のまま残された貯蔵庫群まであったという。

興味深いのは埼玉県川口市の赤山遺跡で、台地の居住地域から水場にいたる湿地帯に、木を敷き並べた木道(一部は橋)がつくられていたことだ。

水場でトチやドングリの実の水さらし・アク抜き加工をするための、作業場だったのである。

米泉ではクリ、先の忍路土場ではソバ栽培が確実だと報告された。これら事例は予想外に発達していた縄文時代の木の文化と、栽培による植物の食利用との関連の深さを物語っている。

優品多い木製の用具

「木の文化」の発達は建造物以外の木製品にも示されている。木の容器、クシなど装身具、石の斧《おの》の柄や弓などの生活用具……。これら優品の出土例は枚挙にいとまがない。山形県高畠町の押出《おんだし》遺跡の大杯は口径三十センチ、厚さ数ミリ、内面を黒、外面を赤の漆で塗りわけている。繊細にして卓越した工芸的技術は、六千年前の縄文前期の作品とは思えないでき栄えである。

もともと地下に埋蔵されている考古資料は多くの場合、土中で腐朽しない石器と土器など無機質のものが大部分である。だから、考古学者はこれまで、実際に見えるもの、手にすることのできるものによって文化類型や時代名を決めてきた。「縄文土器文化」とか「石器時代」などである。

そもそも人間が石器と土器だけで生きられるはずがなく、それらは生活文化財の一部を構成するに過ぎないことは、だれもが気づいていた。

しかし、現実に土・石以外の文化財全体を目にするまでは、一般の人々はもちろん、専門家も「縄文」に対するイメージは極めて不鮮明なものがあった。それが、暗くてみじめな「原始人」像につながっていたことは間違いないと思う。

信州で生まれ育ち、その土地で数千年前に栄えた縄文文化の数々の歴史遺産にふれて考古学を志した私は、早くから縄文人の活力あふれた生活実態を感じていた。故藤森栄一氏を中心とした「縄文農耕論」にも共鳴した。

村の全体像浮かんだ

そして十年ほど前、いま「縄文のタイムカプセル」と称される福井県三方町の鳥浜貝塚に出あう。低湿地遺跡ゆえに形をとどめた数々の木製品などを通して浮かび上がった「縄文の村」の全体像を目にして、大声で「縄文時代観の転換」を叫んだのだった。

これに対して「転換というのはおかしい。いままで見えなかったものが見え始めたに過ぎないではないか」と忠告してくれる友人たちがいた。それも至言なのだ。

例えば、十年来、自然科学者の考古学に対するアプローチは実に積極的である。今春も東京で二千人近い研究者、市民が集い、「自然科学の方法は考古学に何をもたらせたか」という大シンポジウムが催された。その場で、脂肪酸分析、走査顕微鏡による植物種子・花粉分析などミクロの分野からの多彩な研究報告がなされ、動植物と共存し豊かに生きた縄文人の姿が改めて浮かび上がってきたのである。

いま、私は考える。数々の驚異の新事実を正しく日本歴史の中に位置づけるのはだれか、と。第二次大戦前まで、縄文人は日本人とは異なる存在として、歴史から排除されてきた。この誤った見方が、完全に一掃されたとは言い切れない面が今もある。独創的な暮らしの中で、やがて来る高度な農業文明を準備し、自ら弥生人となっていく我々の直接の祖先として、みなが思いをいたす時ではないだろうか。

「校庭の遺跡」は語る

東京で開催されたある学会の講演会で、こんな話をした講師がいた。

「日に何千、何万と訪れる吉野ケ里の見学者を現場で観察していると、邪馬台国の時代を夢みてうっとり立ち止まる人もいるが、なあんだ穴ぼこだけじゃないかと言い捨てて足早に通りすぎていく人の数の方がずっと多い……」

今春、まだ発掘進行中で見学施設も不十分な状況での話であり、もとより吉野ケ里の成果にケチをつけたわけではない。吉野ケ里に象徴される「考古学ブーム」が、そのまま考古学や文化財保護に対する国民的理解につながると即断してはいけない、という警句なのだ。

ブームの裏に苦悩が

そしてつい先ごろ、東北地方で文化財行政の仕事をしている友人から、十数年ぶりに電話があった。彼は「〝西高東低〟といわれる考古学ブームの中で、東北の地で研究や仕事をしている自分たちにも、張り合いがもてるような話を聞きたい。縄文人の歴史はどこに行ってしまったのだろう」とぼやくことしきりであった。

そんな訴えを聞いて、私はつい来春の講演会の講師をひきうけることになってしまった。その時ふと思ったことは、ブームとややかけはなれたところで休みなく続けられている全国各地の発掘現場は、いまどうなっているかという憂いであった。

ここ一、二年、日本国内での発掘総件数は約二万件に達している。その九〇％以上は道路・住宅・工場の建設や、圃《ほ》場整備、ゴルフ場などレジャー施設の開発などに伴う事前調査である。かの吉野ケ里も佐賀県による大規模工業団地造成のための事前発掘がきっかけだった。この場合は「邪馬台国か」という宣伝がきいて全国の注視を集めることができた。

しかし、多くの遺跡では、発掘現場を板塀で囲み、研究者や報道関係者の立ち入りを拒否し、調査の担当者（多くは考古学研究者）に口止め令をしく事例まで伝えられる。開発に支障をきたす調査の遅れや、まして遺跡の保存要望などの出ることを予防するためである。

開発（遺跡破壊）と保存・学問研究のはざまに立って、現場の研究者たちは日々どれほどの苦悩を味わっていることだろう。それ以上に文化財は国民共有の歴史遺産という精神も消えうせ、考古学という学問の存立基盤も危機にあるというのが、多くの研究者のいつわらない現状認識であろう。

官民協力で守り抜く

もう十年近く前になるが、東京の人口急増地の一つであるベッドタウン東久留米市で、新山《しんやま》遺跡という縄文時代中期（約四千年前）の集落遺跡が、学校用地に充てられることになった。遺跡保存か学校建設かをめぐる市民・行政・研究者の間での二年間にわたる真剣な議論の後、学校も建てるが遺跡も守るという結論となった。

この二律背反ともいえる結論をどう生かすか、関係者の並々ならぬ努力がはじまった。研究者は一年余にわたる発掘調査に全力を傾けた。行政は開校を一年間延期する面倒な諸手続きをし、当時監督官庁から「常識破り」と指摘されたほどの大幅な図面変更を行った。そして「市民参加の発掘」のよびかけにこたえて、人々は次々と調査に参加してくれたのである。

こうして発掘調査終了後、遺跡の大部分は校庭下にもう一度埋め戻され、東京都指定史跡（約三ヘクタール）となった。さらに出土品については新校舎内に「新山遺跡資料館」というミニ博物館が設置されて、保存・活用された。一九七八年のこと、市民の熱意と研究者や行政の努力によって、開発のため消滅する瀬戸際で、重要な遺跡を保存する一つの事例となったのである。

縄文の生活版画集に

それればかりではない。私はアッと驚くような感動的な体験をすることになった。

新山遺跡の発掘現場に親しんだ近所の小学生たちが六年生になった時、かれらは石の道具を作って木を切り、竪穴を掘って住居を作り、そこでドングリ団子や焼き肉を食べる「縄文体験学習」を力を合わせてやりとげ、さらに縄文人の生活のようすを生き生きと描き出した百枚もの版画集を共同制作したのである。

専門的に見れば勇み足描写は無論あるが、それは問題ではない。そこには我々の心に生き続ける遠い記憶、つまり山野に躍動する縄文の精神が息づいていた。子どもを通して現れたその世界に私は強く打たれたのだった。

「縄文の人びとはいまの生活のもとになるものを残してくれたから、ぼくたちも後の人間たちのためになにかを残していきたい」

小学生自身が縄文人と出会った感動を語った言葉の一つである。その言葉を私自身のものとして、文化財の前途と考古学の可能性を信じていこうと思う。

二種の人類がいた谷

約二百万年前のアフリカに、二種類の人類がいた。

一方は身体が大きく、脳容量が多く、力も強い。もう一方はすべてにおいて劣弱だった。前者は力におごって森を独占し、木の実など自然の恵みの採集生活に安住した。森から追われた後者は地上に下り立ち、そこにうろつく猛獣と闘うために石器を作った。それは次第に進歩して有力な武器となり、狩猟という労働を習慣とする生活を確立させた。こうして数十万年、「強者」は滅び、「弱者」は進化の度を速め今の人類の繁栄の基礎をつくった。

米シカゴ大の人類学者、クラーク・ハウエル教授が描く人類創生をめぐるドラマチックな仮説だ。東アフリカ、現タンザニア領のオルドバイ峡谷がその舞台である。

黒・白・赤百メートルのがけ

十数年前、私も現地を訪れたことがある。

見渡す限り広がるサバンナ地帯の大平原が、突如、地球の割れ目のように陥没してできた巨大な谷間だった。谷幅数百メートル、全長四十キロに及ぶ全容を一望することはできない。

切り立った百メートル余のがけには、黒・白・赤と色とりどりの地層が色紙の束を重ねたような鮮やかな構成で浮かび上がり、水平に延々と連なっていた。地球生成のダイナミズムを感じさせる荘厳な自然景観であるが、ここの場合、湖と火山活動による、その百メートル余の堆積《たいせき》が、人類二百万年の進化と歴史を秘めた文化層の累積でもあるのだ。私も多くの遺跡を見てきたが、それは胸の痛むような感動であった。

二百万年の重みと共に

この遺跡での研究生活に生涯をかけたのが、英国出身のルイス・リーキー（一九〇三〜七二）、メアリー・リーキー（一九一三〜）両博士夫妻である。約三十年前、夫妻は長年の苦心の末、猿人の完全な頭骨と彼らが使っていた最も原始的な石器を、世界で初めて同一地点の同一文化層から発見した。

これにより、猿人が道具を作り、それを使う最初の「人間」であったことが証明され、オルドバイ（マサイ語で現地の野生植物名）は人類史研究上の記念すべき名称となったのである。さらに、猿人・原人・旧人・新人を経て現生の人類に至るとされるヒトの進化の過程が、堆積層ごと確認できる、他に例のない遺跡として、広く知られることになった。

谷底に下りると、がけから崩れ落ちた土の中に、動物の白い化石破片や石器かと思われる石塊が顔をのぞかせている。ところどころ見かける小さな標識は、重要な化石人骨の出土地点だ。

それらの中に、他より一回り大きなものがあった。リーキー夫妻が「ホモ・ハビリス」「ジンジァントロプス」と命名した二種の猿人の、完全頭骨の発見記念碑である。前者が冒頭のドラマにおける「弱者」（平均体重三三・五キロ）つまり現人類の直接の祖先、後者が絶滅した「強者」（同四四・五キロ）にあたる。

そびえ立つがけは人類史二百万年の重みでのしかかってくるようであり、また、タイムトンネルの中で最古の「仲間」にめぐり会ったような気分にもさせられる。

ふと人類史への回想からさめて〝いま〟を思った。エコノミック・アニマルの猛威を見せつけつつある日本社会の一員として、猿人以来の悠久の歩みを、この先いつまで支えることができるのだろう、と。自然や歴史遺産の破壊、それと連動する地球の砂漠化、そして究極的表現である核兵器……。

愚かさを戒める〝碑〟

絶滅したおごれる「強者」の運命をたどらないためにも、いまこそ人類史的展望に立つ努力が必要ではなかろうか。見上げるオルドバイの谷は、愚かさへの戒めを含めて、「人類は一つ」であることを示す記念碑のようでもあった。

今夏、信州大学の大参義一教授が率いる調査隊の一員として、私のゼミの大学院生も参加し、このほどアフリカから帰国した。若い研究者の外国での体験談を聞くのは楽しい。彼が最も印象に残ったのは、やはりオルドバイ遺跡だったという。

私が訪ねた時、ルイス・リーキー博士はすでに亡く、メアリー夫人が手作りライスカレーでもてなしてくださり、親しくお話をうかがうことができた。その後、気にかかっていたのだが、なお元気に研究に励まれているとのこと。うれしいことである。

縄文以前の狩人たち

「たくさんの狩人たちが、つぎからつぎへ旧石器を追っては逃がした。紙一重にまで迫ったもの、目の前にいっぱいありながら見えなかったもの、見えそうなほかの狩人の眼をはじめからふさいで歩いたもの、いろいろな狩人がいた。身をほろぼしたもの、家を傾けたもの、いろいろな狩人がいた。みな、泣いたり笑ったりした」（藤森栄一著『旧石器の狩人』より）

敗戦によって歴史観の束縛を離れた時、この狩人たち、つまり考古学者の眼には旧石器がいっぱい見えはじめた。一九四九年、二万数千年前の岩宿遺跡がまず発掘されると、あとからあとから発見が続き、十年もたつとほとんどくまなく、日本列島は旧石器遺跡の分布で埋まった。

数戸並ぶムラも存在

岩宿発見から今年はちょうど四十周年。見えだした旧石器＝先土器社会を素描してみよう。

神奈川県の東部を占める相模野台地には、幅百メートル、深さ十〜二十メートルほどの谷をつくる小さな川が、火山灰の堆積《たいせき》によって生じた厚いローム層の台地を刻んで、いく筋か並んで流れている。この川に沿う台地上には大和市の月見野遺跡群など、たくさんの先土器時代の遺跡が発見されている。

その住居は数本の細い丸太を地上に組み立て、その上を毛皮や木の枝で覆ったテント式の簡単なものであったようだ。月見野では百メートル×五十メートルの広さの台地上に、石器・石片群が分布しており、数戸からなるムラの存在を暗示していた。その規模は、ある時期には、後の縄文時代の集団とも優劣つけがたいものであったことがわかる。

この時代は更新世（約二百～一万年前）最後の氷河期の気候で、当時の関東地方は現在の標高千五百メートルくらいの亜高山帯にみられる植物景観をもっていたといわれる。針葉樹の森や林と、クリ、コナラなどがところどころに見える草原がいりまじって、どこまでも続いていただろう。

一つの谷共通の場に

森や林の中には、ナウマン象やトラ、オオツノジカなど更新世を最後にこの地から絶滅してしまう大形動物がいた。また、更新世末以降、日本の野生動物の代表格として繁殖し、原始・古代の狩猟の中心となったイノシシやニホンジカ、さらにノウサギ、タヌキ、キツネなどが、すでに群れをなしてすんでいた。

人々はふだんはイエの周囲でとれる木の実や草の根を採集し、ときおり水を飲みに谷に集まる小動物をとらえて生活を支えていた。

もちろん大形獣も対象にする。それはこんな光景だったろう。谷ぞいの台地上に点々と立つイエから、利器を手にした人々がとび出してくる。互いに奇声で呼び合いながら、谷の一カ所に動物を追いつめる。石槍《やり》や石ナイフ、さらにイエ近くに蓄えておいた石ころを投げつけて、次々獲物を仕留めていく…。

このように一つの谷を共通の生活領域とする定着的な人間集団を推測させるもので、広い関東平野を少人数の人間が絶えず放浪しているといったイメージではない。

以上は約一万から三万年前のこと。さらに宮城県の座散乱木《ざざらぎ》遺跡や同・馬場壇《ばばだん》遺跡など、ここ十年来の東北地方を中心とした発見は、日本の旧石器が十万年前後を越す古さを持つことを確実にした（二〇〇〇年に発覚した「旧石器発掘捏造」事件により、両遺跡は捏造であることが明らかになった――編集委員会注）。中には文化層が上下に重なるものも少なくなく、旧石器文化自体の移り変わりを示している。

狩猟用具各地に流通

先月下旬、長野県野辺山高原で開かれたシンポジウムでの、石槍をめぐる最新の話題を紹介しよう。
石槍は約一万五千年前、世界の多くの地域に登場する。硬い石の表面を魚のウロコをはがすように打ち欠いて、横断面が凸レンズ状、全体に穂先のように仕上げ、柄をつければ槍そのものになる技術卓抜な打製石器である。旧石器時代の狩猟用具としては、かつてない威力を発揮したに違いない。

若手研究者を中心とした二日間の討議で、天然ガラスとも称される良質の黒曜石を産する信州・八ケ岳が、日本の石槍の発生と発達の核をなす主要地域の一つである可能性が確認された。さらに、原料石のまま、あるいは完成品に仕上げられ、関東地方や、ことによると東北地方まで運ばれるという、旧石器時代におけるモノの流通も推定されたのだ。

このような旧石器の住人たちが、日本列島でいつ生活をはじめたかというテーマは、日本の考古学者がかかえる永遠の宿題の一つだと思う。神話に反する事実をタブーとした戦前から、知の狩人が先べんをつけた研究は、相沢忠洋という若い狩人による岩宿の発見をへて、着実に受け継がれてきた。

その研究は、世界史的に見れば、数百万年前、アフリカに発した人類史の、日本列島における確かな歴史の確認である。

出土品が地味であるとか、地下あまりに深すぎるからといって眼をそらすと、日本人の歴史の原点を見失うことになる。そのためにも、普遍的な視野を持つ古代漂流の必要を、いま痛切に思う。

〔朝日新聞大阪本社版「古代漂流」一六―一九、一九八九年〕

一〇〇人が語る、私の〝昭和天皇独白録〟

日本の考古学者は敗戦後ずっと「天皇陵」の学術調査・公開を求め続けている。日本古代史の科学的究明の重要な鍵が秘められているからだ。しかし天皇制を賛美する勢力はそれを妨害し頑くなに拒絶している。その反面、即位の礼や大嘗祭などを通じて天皇の神格化が進められている。そんな状況下で、かの大戦中あたかも平和主義者であったかのような昭和天皇の独白録をみても、それを歴史的記録とは素直に受けとれない。

〔『歴史書通信』七五号、一九九一年〕

藤森栄一著『古道』「解説」

一九六六年、この本が学生社から出版された時、哲学者の串田孫一さんが、こんな推薦文を寄せた。

旅の好きな人、とくに信州の山々を好んで歩いている人ならば、この本は、一度読み出したら手離せないだろう。古道、それは気軽に辿れる道ではなく、根気よくさがし求めて、やっと見当のつく道。地図をひろげて私は徹夜した。

それから三十年余、著者藤森栄一が亡くなってから二十年以上を経たいま、この本が「学術文庫」の一冊として、生まれ変ることになったのを機に、たまの休日の一日、私も串田さんと同じように、地図をひろげ、加えて歴史の年表や郷土史の頁を繰りながら、朝から深夜まで、『古道』の世界に没入した。

そして、串田さんのすてきな推薦文の冒頭の言葉に並べて、「歴史の好きな人、とくに地に根ざして生きた人間を愛する人ならば、この本は、その人の身近にある歴史の意味に、気づかせるだろう」と、はなはだ生半可な一言を加えたい気持ちになった。

『古道』全編は、第一章「灰の中のオアシス」から、第十九章「久遠の旅行者」まで、十九の章から成り立っている。そしてそれら一つ一つは、鋭い感性と深い洞察で磨かれ、著者独特の語り口で綴られた、親しみやすい論文であり、また紀行文であり、時には「追跡小説」といってもよい記述まで交えた、総じて、珠玉のようなエッセイ集であるといえる。

それでいて、この十九のエッセイは、何万年前の火山灰が降りつもる氷河時代に、ナウマン象を追う旧石器人から、山本茂実さんが『あゝ野麦峠』に書いた近現代の製糸女工たちの話まで、長い人間の歴史を、考古学者の手法で、民衆史、というよりは「人間史」の立場からたどった、実にユニークな歴史書でもあるところに、この本の大きな特徴がある。

いうまでもなく、その悠久ともいえる長い人間史を貫くキイワードが〝古道〟である。しかしその古道は、歴史学者や地理学者が研究の対象とする、古代の道とか前近代の旧街道といった狭い意味の古道ではなく、いつか過去の時代に、人々の生活がそこに息づき、人と人とが哀歓を分ち合い、なんとはなしに人々に郷愁を誘うような、そして遂にいまは地上から失われてしまった道、再びここで串田さんの言葉を借りるならば、「根気よくさがし求めて、やっと見当のつく道」こそが、著者が求め、歴史の中によみがえらせたい古道だったと思われる。

この本の終章で著者は云う。

どの、なんという道が、どこをどのように通過していたかということより、本当はそこをどんな人生が流れて行ったかということの方が大切なようである。私のこの古道巡礼も、古道の研究のために、何一つプラスしたものはないかもしれない。しかし、人間という久遠の旅行者の、永遠にはてしない夢がそこに埋もれていて、みんなまた、それをつないで流れて行く一人だということは、たしかのようである。

この言葉の中には、古道はただたんに一つの歴史遺産としてそこにあるのではなく、久遠の歴史の中で培われた人の心の問題として、いまの人生を生き抜いていく道標《みちしるべ》の意義があるのだと訴えたい、著者の切々たる想いがあるのだと受けとめられないだろうか。

著者藤森栄一は著名な考古学者である。著名といっても学界的な栄誉や地位を得た学者としてではなく、〝在野の考古学者〟として世に知られ、考古学の資料や研究を素材とした多くの一般向けの著書は、多くの人々を考古学の魅力のとりこにした。戦後、現在にいたる一般市民の考古学の普及につくした役割は、絶大であるといっても過言ではない。そして、本書もその代表的な著書の一つであることはいうまでもない。

明治四十四年、信州の上諏訪町（現長野県諏訪市）に生まれた著者は、旧制の中学生時代から考古学に異能なほどの才能を示したが、商家の長男であったこともあって、大学への進学は許されなかった。家業を手伝うかたわら、藤森は鬱積《うっせき》する青春の気を、信州の山々や遺跡歩きに費した。

その頃の様々な体験が、『古道』全編を通じて流れる、はっとするほど正確な地形の観察や、はじめて気づかされるような美しい自然の描写。そしてそれらが人の営みと結びついた美事な景観の復元や、歴史の背景を語る、一つの「歴史叙述」にまでつながっていく。文字で記された古文書を読み、本で知識として覚えた地理学や環境の説明では、とうていなし得ないであろう立体感のある歴史がその叙述の中にある。
やがて中央の学問の世界へのあこがれを捨てきれず、京都・大阪、さらに東京へと〝学界放浪〟が続く。日本歴史の研究や教育の上で、考古学がまだ継子扱いの、敗戦前の社会状況の中で、学界の門は狭くかつ固く、藤森はなん度か挫折を繰り返しながら、しかし在野の考古学愛好者たちの好意に助けられて、アカデミズムの考古学とは異った学風を、次第に自分の中に固めていった。それは「土器や石器の背後に人間を見る」という、その当時の〝ものいじり〟の実証主義一辺倒の学界では育ち得ない、人間の生活やその歴史を究めるための考古学であった。

例えば、考古学者としての著者の、学史に残る最大の業績の一つに「縄文農耕論」という学説がある。貧しい狩猟・採集民と見られていた縄文人が、弥生人以前にすでに原始的な農耕をもっていたという、近年「縄文時代観が変った」と喧伝される、まさに最大の関心を寄せられる学説の一つを、著者はもう五十年近くも前に世に問うている。『古道』の第七章「林と村」は、八ケ岳山麓の美しい白樺林の描写と、そこに棲むけものたちの道の発見から話が始まって、白樺林を愛した詩人の生活にも触れながら、やがて少し海抜標高の降った高原一帯をおおう、クリやクルミやミズナラや、湿地に茂るハンノキの林が、豊かな自然に恵まれた縄文人の絶好の生活立地だったことを気づかせる。そして、その雑木林地帯に栄えた縄文時代の大きなムラに視野をつなげていき、ムラの囲りの林が野火で焼けた跡、その地に萌え出ずる新しい生命が、人々にものを生産するという知恵をもたらし、それまでになかった文化の創造をうながしたのだとして、個別考古資料の解釈だけでは果せない、自然と人間の生態関係をもとりこんだ一つの文化論として、縄文農耕論が展開されたのである。

生涯を〝在野の考古学者〟で終始した著者藤森栄一は、人との出合いをものすごく大事にする学者でもあった。

とりわけ、名誉欲も持たず、地位や金銭にこだわらず、考古学や地に生きる自分の仕事に、ただひたすらに没頭するような、いわば〝野にある人〟をこよなく愛した。『古道』の各章にもそうした著者との出合いの人々が多く登場する。

野尻湖畔で旅館を営み、湖底から最初にナウマン象の歯の化石を発見した加藤松之助さんや、たくさんの旧石器を学界が認知する以前から集めていた池田寅之助さん（第一章「灰の中のオアシス」）。

野辺山高原の旧石器時代の大遺跡群の中心を横切って、秩父連山から八ケ岳中腹に続く、シカ道の存在を著者に教えた由井茂也さん（第二章「黒耀石槍の狩人」）。

千葉県加茂遺跡で、日本最古の縄文時代の丸木舟を、農作業の合間に泥田の中から掘りあげた、角田本治・慶一さん親子の、感激と悲哀の年月のこと（第五章「人喰い沼」）。

弥生土器の始源をめぐる戦前の学界での論争の中で、福岡県立屋敷遺跡の発見によって遠賀川式土器の存在が知られ、その学界論争に一つの学史的決着をつけた仕掛人は、当時八幡製鉄所の職工だった名和羊一郎さんだった（第九章「塩水から淡水へ」）、等々。考古学上の発見や学史の記述の中に登場するこれらの人々は、その発見や研究の意義と面白さを、親しみ易く、身近な話題として興味をひかせる役割をはたしている。

このように、他の著書をふくめて、藤森の文章に登場する多くの出合いの人のほとんどは、学問の世界の中心で活躍したり、学界的栄誉を手にした人ではなかった。しかしだれもが、考古学が好きでたまらない人生を、自分の生まれた土地で、一所懸命に生き抜いてきた人たちであった。著者はそういう人々との出合いを大事にし、その人々に深い愛情を抱いた。そのことがまた、それらの人々を通じて、その土地だけでしか知ることのできない、ある考古事象や歴史事実の背景を探る手がかりになって、人間のさまざまな生活様式の実態を復元し、歴史の根源に迫る、著者一流の歴史観を育てていったものと考える。

若い日、著者が山深い八ケ岳山麓の山歩きの途中、ふと出合って何日かの原始的な共同生活を過した、キコリの集団の人々（第六章「雑木林への道」）。そして正月になるとアルプスの山道を越えて、著者の故郷信州まで、越中ブリを運んできた人々や、さらに野麦峠を通って、年に一度、飛彈と信州を往復した製糸女工の集団等々が歩いた古道（第十九章「久遠の旅行者」）のうちに、そして、野に生き、野に朽ちた数えきれない人々の営みの中に、何万年と続いた人間の歴史があった。

藤森栄一がたどった古道には、私たちが肌で感じる人類の歴史の流れがあり、その先の道の先には、これからどんな私たちの生き方が、また人類の未来があるべきかを、思わず考えさせる余韻が、この本の読後感としてある。

なお、著者にはこの『古道』と並んで、『かもしかみち』『峠と路』という、姉妹作ともいえる二著がある。ともに多くの読者を得ている名著である。このことからもわかるように、藤森栄一の考古学と生涯は、常に道を求めることに主題があったといってもよい。

〔講談社学術文庫版『古道』、一九九九年〕

平出発掘から五〇年、平出を活かす二一世紀

ご紹介いただきました戸沢でございます。「平出発掘から五〇年、平出を活かす二一世紀」という内容で、前半と後半に分けてお話をしたいと思います。平出発掘から五〇年というのは、一九五〇年（昭和二五）に平出遺跡調査会（会長花村政温）という組織ができ、本格的な調査が開始されたところがスタートです。先ほど市長さんのお話にもありましたように、平出遺跡の調査が始まったのは戦後まもなく、私の記憶ではその前の年、一九四九年ですが、私は諏訪清陵高校の生徒で高校二年生でした。その頃桔梗ヶ原高校、今は校名が塩尻志学館高校と変わっていますが、その学校の皆さん、といっても私と同じ高校生ですが、原嘉藤先生の指導で平出遺跡の発掘をしたわけです。その発掘に藤森栄一先生と一緒に参加といいますか、見学をさせていただいた記憶があります。ですから平出発掘五〇年といいましても、一九五〇年にスタートを切るためには、その時点での重要な起点があり、その積み重ねがこの五〇年の発掘につながったということです。そんなことが自分の思い出としてありますが、時間が限られていますので、さっそく始めさせていただきます。

1　五〇年前の平出遺跡の発掘

まず、五〇年前の平出遺跡の発掘というのがどういうものであるのか、そして今日まで考古学の研究の五〇年間、学問そのものは進歩しているわけですから、そういう中でみて平出遺跡の発掘とは、どんな意味があるのかをお話ししたいと思います。

小さな村の大きな誇り

平出遺跡調査会を中心とした発掘で本格化した調査、そのキーワードは「小さな村の大きな誇り」であった、そういう仕事であったということです。お手元の資料、立派な平出の報告書の中の必要な部分をコピーしたものですが、それを見てください。図1の「小さな村の大きな誇り」というのは私がつけた題ですが、当時宗賀村の村長である花村調査会長が、この報告書ができたときに書いた序文を載せてあります。一九五〇年に調査会を結成し、國学院大學の大場磐雄博士に調査委員長を委嘱して発掘が始められ、その結果一九五四年三月一日に、この立派な報告書ができあがったということが序文として書かれています。

まず、四行目のところに、この調査は「新時代における文化と学術とに貢献しようとする調査会結成の根本精神を少しもゆるがすことなく」続けてきて、今回終わったという喜びと誇りを訴えております。一九五〇年頃の宗賀村をちょっと調べてみますと、人口五五〇〇人の決して大きな村ではない、その宗賀村が中心となって、村の人たち皆が協力しあって調査を成し遂げたということを大きな誇りとして謳っているわけです。そして、四〇人におよぶ地主の皆さんが、大変協力してくれたということが書いてあります。史跡保存についても、別のページに土地の提供にご理解いただいたという地主の皆さんや、住民の皆さんのお名前とともに、提供された土地の面積までが克明に記録されています。これは永久に日本の歴史、学問の歴史に残ることだと考えております。今日いらしている中には、そこに名前が書かれた地主さんもいらっしゃると思いますし、あるいはその名前がお父さん、お祖父さんである方もいらっしゃるかもしれません。こういうたくさんの人たちのご努力によって調査、それからその後の保存が成り立った、まさに「小さな村の大きな誇り」と思います。

それから真ん中あたりにお金のことが書いてあります。三年間の調査をやって、この間文部省は二回にわたって科学研究費を支給しております。そのときに発掘調査費がどのくらいかかり、村がどのくらい支出したかというデータが残っております。ちなみに、平出博物館の小林康男館長が『ひらいで―古代のムラを掘る―』（信毎書籍出版センター、一九八六年）という本の中で、このあたりのことを詳しく書いておりますので、後でぜひご覧ください。参考までに紹介しますと、一九五〇年当時の宗賀村の人口は五五〇〇人、総予算九六二万円、そのお金が現在と比べるとどうかということですが、そのうち教育費にかけた費用が三四〇万円、戦後はいろんな意味で教育費に力を注いでいたこともあって、かなりの金額です。そして、そういう財政の中で平出の発掘に割り当てられた費用が一二五万円と大変な額です。よくそれだけのことを村の人たち、あるいは調査会長である村長さんを中心に決断をして、こういう仕事をされたと、本当に驚くべき決断であったと敬意を表したいと思います。

それで三年間調査を行うわけですが、参考までに発掘の費用の総額は当時の金額で三四〇万円かかったといわれております。内訳を申し上げますと、総額のうちの半分にあたる一七〇万円は村の支出、県の補助が四五万円、国の補助が一〇五万、それから文化後援会費、皆が応援しようじゃないかということで一五万円、それから調査の中心となった國学院大學が一万五千円、費用を分配して出しているという記録が残っております。いずれにしましても、小さな村の中で、反対の声もあっただろうけれど、これだけの大きなお金を出して事業を成し遂げた

序

昭和二五年、長野縣東筑摩郡宗賀村の主催により結成された平出遺跡調査會が、國學院大學教授文學博士大場磐雄氏を調査委員長に委囑し、平出の農地に第一次調査の鍬を下して以來、早くも滿四箇年の星霜を閲した。

この年月を通じて、關係者協力してその處理にあたり、新時代における文化と學術とに貢獻しようとする調査會結成の根本精神を少しもゆるがすことなく、今回その終結をみ得たことは誠に欣快の至りである。

四次にわたる學術的發掘と、數部門に關しての諸調査との實施にあたり、終始理解ある態度をもつて、貴重な農地、その他の資料を提供して惜しまれなかつた四〇名に及ぶ地主各位をはじめ、村内外各種團體及び個人による御支援に對しては、今更ながら深甚な感謝の意を表したい。

特に本會の委囑した調査委員會委員各位が、大場委員長を中心に綜合調査の實を擧げ、專心その研究に心血をそそがれたことは、何にもまして感謝に堪へないことであつた。

この間、文部省は、二回にわたつて科學研究費交付金を交付し、長野縣及び長野縣教育委員會また二回にわたつて補助金を支出して調査を助成し、在京長野縣人有志によつて結成された平出遺跡調査後援會も、本會の事業を聲援された。

かかる環境のうちにあつて、調査の成果は、回を重ねるごとに上昇し、調査内容は益々複雜となつてきたので、中途、委員會の組織を擴充強化して現狀に對處して來た。なほ調査委員會は毎次調査終了毎にその結果を地方研究雜誌「信濃」に發表するとともに、適時その報告會と展示會とを各地に開催して世に問うて來たが、このたび綜合調査の成果も次第にまとまり、一方、文部省より研究成果刊行費補助金が交付されたので、本會は朝日新聞社出版局の好意を得て、報告書を刊行することとしたのである。

本書の内容は、各班分擔の專門調査委員・調査委員各位の論文にみられるごとく、いづれも學究的勞作の結晶であり、極めて高い水準を有するものであることを斷言してはばからぬものである。

最後に銘記すべき一事は、常に眞理探究の一學徒として、古代史の研究に深い熱意を有せられる三笠宮殿下が、昭和二六年一一月、親しく發掘調査中の實地を二日間にわたつて御視察され、且また特に本書のために題簽の御揮毫と跋文とを下されたことで、ここに、深厚な謝意をささげる次第である。

いま、中央と地方、學者と農民、官民一體となつて實施した平出遺跡第一期の調査を終了するにあたり、その經過の大要を述べて序言とする。

昭和二九年三月一日

長野縣東筑摩郡宗賀村平出遺跡調査會長　花村政溫

図1　小さな村の大きな誇り

わけです。お金のことだけで言うわけではありませんが、敗戦後の財政も苦しかったとき、さらに地方自治体としての仕事もあったと思いますが、そういう中でこういう仕事を成し遂げたということに、我々は改めてその精神に敬意をはらわなければと思います。

その後、まだ宗賀村の時代ですが、一九五四年には博物館ができております。三五七万円という総費用がかかったということが記録で残っております。国が八〇万円の補助金を出しています。戦後、一九五〇年に文化財保護法という法律ができまして、国の文化財に対する補助、経済的な支援ということが初めて行われました。その一環として各地の重要な場所に博物館、あるいは資料館をつくる、その補助金が一九五四年に初めて一〇〇万円が予算化され、そのうちの八〇万円が平出に投下されたということです。国全体として平出遺跡の調査、遺跡から出土した重要な文化財を皆で活用するということに対して、それだけ評価があったということです。ですから、小さな村のこうした努力が、この博物館ひとつをとってみても全国的に高く評価された偉大な仕事であったということです。

小さな村での大きな仕事

つぎに大事なことは、報告書をつくるための二年間の仕事です。平出遺跡の調査は当時日本で有名になった登呂遺跡と並ぶ、学際的な総合調査であったということです。考古学以外の色んな分野の学者、研究者が総合的に力、あるいは知恵を出し合って調査をした先駆的な総合調査の最初の例であったということです。

図2に調査に参加した先生方の名前が専門調査員ということで、考古学班の大場磐雄先生以下ずうっと並んでおります。上段は全部考古学専門の先生です。特に地元で中心になってやられた原嘉藤先生他たくさんおります

調査委員會の構成は次の通りである。（五〇音順）

調査委員長　大場磐雄（國學院大學教授　文學博士）

同副委員長　一志茂樹（長野縣文化財專門委員）

專門調査委員

1 考古學班

大場磐雄

駒井和愛（東京大學教授　文學博士）

小山富士夫（文部技官）

齋藤忠（文部技官）

樋口清之（國學院大學教授）

八幡一郎（東京大學講師）

山内清男（東京大學講師）

龜井正道（國學院大學文學部助手）

小出義治（國學院大學囑託）

櫻井清彦（早稲田大學文學部助手）

佐野大和（國學院大學圖書館司書）

玉口時雄（早稲田大學文學部助手）

永峯光一（長野縣埋藏文化財臨時調查委員）

中川成夫（東京大學文學部助手）

原嘉藤（長野縣東筑摩郡宗賀小學校教諭）

藤澤宗平（長野縣埋藏文化財臨時調查委員）

宮坂英弌（長野縣文化財專門委員）

2 地學班

小林國夫（信州大學助教授）

多田文男（東京大學教授　理學博士）

中川德治（國學院大學助教授）

井關弘太郎（名古屋大學講師）

3 古生物學班

直良信夫（早稲田大學講師）

4 建築學班

藤島亥治郎（東京大學教授　工學博士）

稲垣榮三（東京都立大學助手）

田中稔（東北大學農學部助手）

5 社會學・民俗學班

有賀喜左衞門（東京教育大學教授）

6 歷史學班

一志茂樹

坂本太郎（東京大學教授　文學博士）

鈴木正彦（和洋女子大學助教授）

林陸朗（國學院大學文學部助手）

市村咸人（長野縣下伊那誌編纂主任）

關晃（山梨大學助教授）

図2　平出遺跡調査委員会の構成

が、それぞれお一人ずつお話ししますと時間がありませんので、こういう先生方が参加したということを、この資料で理解していただければと思います。ただ全体としていえることは、大場磐雄先生から山内清男先生までは、戦前から日本の考古学界で研究者としてすでに名があがっている学界の権威、いわゆる考古学者であります。それから亀井正道先生以下、中川成夫先生、ここにそれぞれ当時の職名が書いてあります。皆大学の助手とか、要するに戦後から考古学を始めて現在、戦後五〇年にわたる日本考古学の研究を支えてきた中堅の先生方です。皆大学を卒業し、助手になったばかりの方々です。そういう頃、この平出の総合調査の中心となって活躍され、それがもとになって、その後、日本の考古学を担うような重要な仕事をされた先生方ということになりましょう。

それで原嘉藤先生、藤澤宗平先生、宮坂英弌先生とありますが、長野県で考古学界を支えた先生方です。下の方に地学班、地理・地形のメンバーも信州大学の先生をはじめ全国的に有名な先生方です。それから古生物学班、今は考古学と自然科学の学際ということで研究が非常に盛んですが、すでに五〇年前に先端的な体制が平出遺跡の発掘に取り入れられて行われた。それから建築学班、有名な平出の住居の復元をというようなこともあって、そういうことも最初から当時の一流の専門家が研究に加わっていました。

それから社会学や民俗学といった学者が一つの遺跡の調査に加わるようなことは、今でもあまりないことです。有賀喜左衛門先生は伊那の出身で、社会学、民俗学の分野では全国的な学者と評価されている先生です。それから考古学とは別に歴史学班というのが加わって、長野県の地域史を研究している著名な先生に一志茂樹先生、市村咸人先生、坂本太郎先生、関晃先生と、要するに本当に一つの遺跡に考古学的、歴史的に社会学的にそれぞれの分野の専門の先生方が、現代も含め調査、研究した総合研究が五〇年前の平出で行われたということです。

図3はちょっとエピソード的にコピーしたものです。図の左の五というところに名前が出ておりますが、当時

五　圖版及び挿圖の作製には、調査委員佐野大和・小出義治・永峯光一・亀井正道・櫻井清彦・玉口時雄の諸氏と、國學院大學助手金谷克巳・同大學學生磯崎正彦・樋口昇一・島田弘道の諸氏とを煩はし、その撮影については、村上英夫氏（鹽尻町）の協力を得た。

なほ、挿圖中竪穴址實測圖に示した記號には、特に説明を加へない場合があるから、上に掲げて參考に供する。

記號凡例

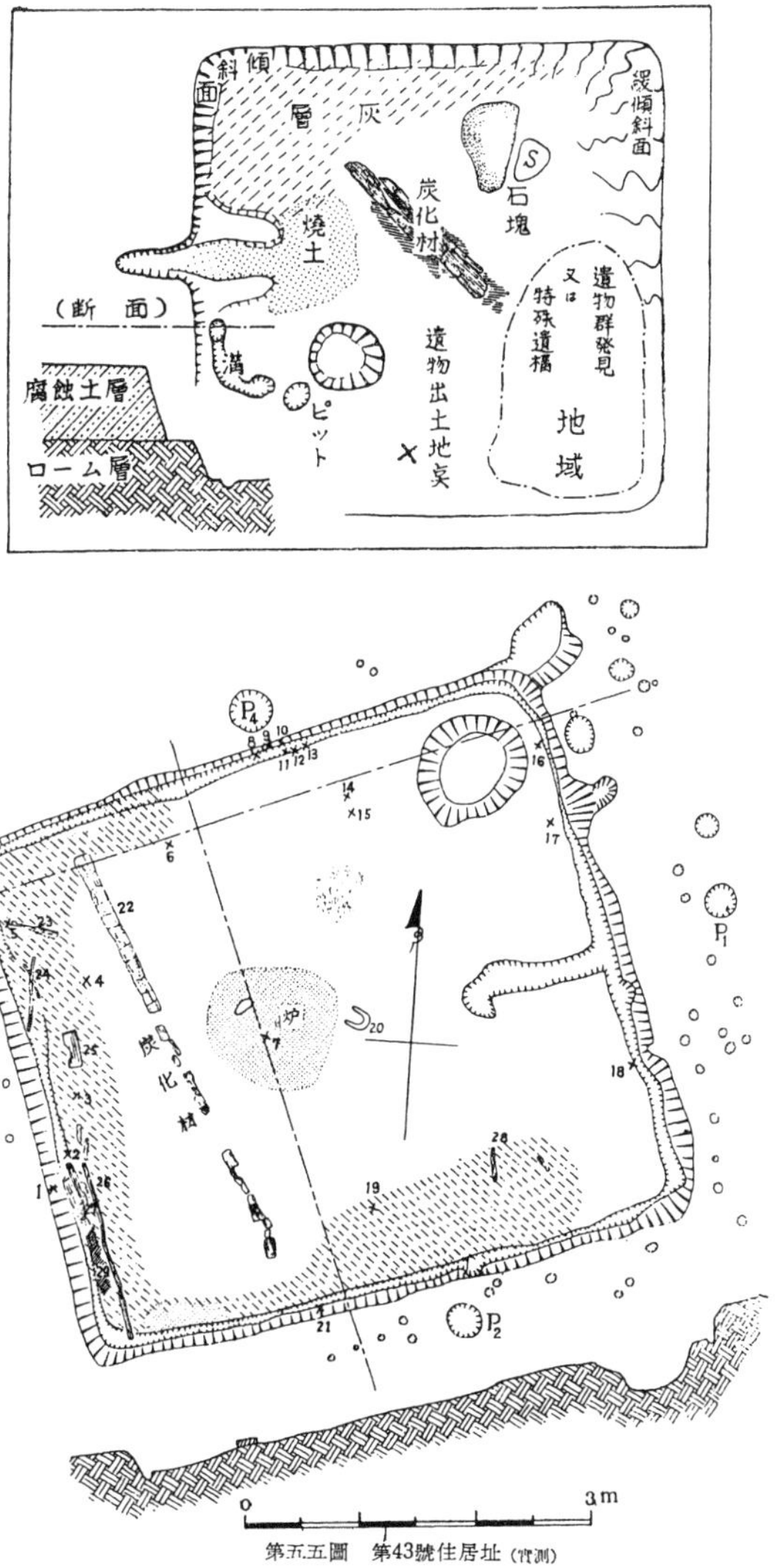

第五五圖　第43號住居址（實測）

図3　第43号住居址の調査記録

國学院大學の学生の皆さんが中心となって調査をしてくれまして、後でお話しになります樋口昇一先生は、最初から平出遺跡の正式な中心メンバーとして活躍していたということがわかります。それが縁で東京出身の樋口先生が長野県人になってしまったと、そんなこともあります。そして、もちろんいうまでもなく樋口先生や、ここに書いてある先生方は、現在も日本の考古学の世界で中心的に活躍されています。

そういうことで、調査団の組織、調査を推進する体制そのものから見ても、当時としては非常に画期的な、今でもこれだけの組織を作ることは不可能だというくらいに全学界から全国的な水準の先生方が集まり、調査団が組織されたということです。これもある意味では、この小さな村の発掘に、全国的視野での大きな関心と力が注がれたことの一つの証拠になると思います。

画期的な調査成果

それで、この文化的な総合調査というのが、当時どういう点で成果があがったかということです。報告書の目次をざっと見ると、だいたいどんなことが研究の中心として捉えられていたのかがわかります。このそれぞれの内容につきましては、後ほどパネラーの先生方から重要な点について、それぞれ専門のお立場からお話があると思いますので、私は簡単にふれておきたいと思います。

この『平出―長野県宗賀村古代集落遺跡の総合研究―』と題する報告書は、一九五五年（昭和三〇）に朝日新聞社が発行しています。全部で五四〇ページという、当時としてはかなり大部な報告書です。定価は二五〇〇円で、とても学生の私には手に入らないような値段で、当時は大学にあるものを拝見する程度でした。五四〇ページの本の中で、目次に出ているような内容のことがどのくらいの分量で扱われているのか、参考までに申し上げます。まず、経過が四〇ページ、考古学に関することが二四〇ページ。考古学の報告書は最近たくさんでますが、たとえば五四〇ページの本をつくれば、図版等含めて五〇〇ページ分くらいは考古学の報告で終わって、後のことは全然書いていないというのが現状です。ところが『平出』は五四〇ページのうち、経過と考古学の調査の事実を研究した部分が全体の半分くらい、そして、それ以外に地学が一八ページ、年代測定に関することが一八ページ、自然遺物四六ページ、建築が八〇ページ、社会あるいは民俗が六七ページ、それから歴史、古代史を中心とした部分が四七ページと、要するに半分が考古学で、半分はそれ以外の関連分野の研究の成果がここに載っているわけです。こういう数字から見ても、まさに総合研究であったことがお分かりになるかと思います。その研究の成果と方策が、この報告書のなかに盛られています。力の入れ方も、内容的にも、本格的な総合調査ということがいえると思います。どんなことが書かれていて、どんな意味があるかを説明できる時間があれば良いのですが、それもできませんので、幾つかの点を例示的に申し上げたいと思います。

まず、先ほどいいました社会学とか民俗学が考古学の報告書にどんな意味があるのか。中身を読んでみますと、この平出は現代をさかのぼって古い時代につながる農村の姿が、そのまま残っているのではないだろうか。要するに現代の村が古代からの歴史的な発展の中に位置づけられる。おそらく昔のことだけを研究するのではなく、現在の平出あるいは宗賀の農村がどうなのか、そういうことを徹底的に研究する必要があるという問題意識の中から書かれたことだと思います。これから「平出を活かす二一世紀」という話をしなければいけませんが、もう五〇年前から現代と古代を結びつけた研究こそが、こういう平出の発掘の大きな目的だということが、ここにあらわれているのではないかというふうに思います。

それから第五篇に、「平出遺跡発掘自然遺物の考察」というのがあります。これはもう亡くなりましたが、早稲田大学の教授をやっていました直良信夫という先生が書いておられます。直良先生は明石原人の発見者で、非常に幅広い研究をしている有名な先生です。この先生が平出遺跡から出土した、たとえば米粒とかあるいは粟、雑穀のようなものを丁寧に分析して、当時の平出の環境や営農の問題などを研究しています。先ほどちょっと言いましたが考古学の報告書、全部そうだと言うと叱られますが、今は荒んでいるといいましょうか、内容が陳腐なものが多いように思います。報告書には、立派な技術を使った、自然科学に関する調査の結果がたくさん書かれています。しかし、大部分が遺跡と関係ないというと叱られますが、遺跡を掘った、縄文時代なり弥生時代なり、住居や土器もたくさん出土し、ついでにといっては失礼ですが自然遺物と、普通の遺跡ではあまり残っていないような物が出土したので、考古学者の仕事を助けるというくらいの感じで分析結果を載せています。全部の報告書とはいいませんが、そういうものがかなり多い。

ところが、この直良先生の報告は、そういう細かな科学分析をすると同時に、平出遺跡から発見されたことにどういう意味があるのか、もっといいますと平出遺跡は古代の農村集落の最初の発見例でありますから、平出から出土した資料をもとにして、古代の農業というものがどういうように行われていたかということを、考察も含めた研究をなさっている。それが五〇年も前に、こうした自然遺物の研究というものが平出の発掘でとりあげられ、総合研究という形で成果がまとめられたということで、この第五篇の「平出遺跡発掘自然遺物の考察」は評価すべきことだと思います。実は平出遺跡の調査研究を直良先生にお願いしたことがもとになって、直良先生は数年後に『日本古代農業発達史』（さえら書房、一九五六年）という素晴らしい本を出され、それによって博士の学位を授与されたと、いわゆる博士論文を書くことになった。それほど優れた内容の記述が、この研究のときになされたということです。

それから第八篇は「遺跡周辺の史的考察」、その第一章は坂本太郎先生が「日本史から見た平出遺跡」ということですから、本当に壮大な問題ですね。平出遺跡が発掘され、研究されたのが日本史全体の中でどういう意味があるのかと、そういう問題を引き出すような平出遺跡の発掘であったと位置づけています。そして、第二章では、一志茂樹先生が「平出遺跡とその周辺の歴史的考察」を書いています。こういった古代の遺跡が発見されますと、古い文献に記述されている歴史的な事実、多少のことは書いてはありますが、一志先生の書かれたものは、これ一つが独立した論文になるような、平出遺跡を中心とした古代史上の問題が五〇ページにわたって書かれています。このあたりは、後ほど桐原健先生が具体的にお話ししてくれると思います。非常に拾い読みで申し訳ありませんが、いずれにしましても平出遺跡の研究は戦後、古代日本の農村の復元という点で調査そのもの、それから調査の成果も画期的なものであったということをお話ししたわけです。

平出は日本歴史の宝

当時古代史に大変興味関心をもたれていて、平出遺跡にも実際に現地視察をなさった三笠宮殿下が、報告書の中に「平出遺跡について」という文章を寄せられています。今まで私が平出遺跡の五〇年前の発掘が、村の仕事としても大変立派なものであったということをお話ししてきたわけですが、私の言葉よりは、遺跡を実際に見られ、日本の歴史を見直そうという考えをもった三笠宮様の言葉の方がよほど皆さんにぴんとくるものがあるのではないかと思いまして、図4としてコピーを載せておきました。

主な点を拾ってみますと、第一には遺跡発掘地所有者のご助力であり、この遺跡がこれだけの成果をあげて発掘できたことについて宮様の立場から敬意を表するという内容のことが書いてあります。第二には地元の調査会、並びに調査に協力された「長野県民各位」というようなことで書いてあります。これも先ほどから言っていますように「小さな村の大きな誇り」ということで、大きな仕事を成し遂げた村の人たちに対する敬意と感謝を宮様の立場で書いてあります。第三には本発掘の日本歴史研究上に与える意義、ちょっと長いので拾い読みをしますと、戦後日本国内でいろいろな面で解放がおこなわれ、戦争に負けていろいろなことが変わりました。日本史の研究分野においてもそれが実行されております。そして、新しい研究の傾向として注目されていたのが三つあり、「ひとつは従来の日本史の研究が主として社会の上層部から見た資料に基いていたので、眼光がなかなか下層にまで徹しなかったうらみがありましたが、最近は逆に下から眺める歴史研究法があらわれてきたことであります。物は全て四方から眺めねば正しい認識はできません。上からも、下からも、右からも、左からも、前からも、後からも熟視してはじめて正しい歴史的事実が発見されるのであります」。この当時、あるいはこの当時までというのでしょうか、そしてこれから後もそうですが、この平出遺跡と同じ古墳時代、奈良時代、平安時代まで、特に奈良時代、我々が普通歴史で教わった奈良時代の住居というと、今の京都とか奈良、要するに都においてのきらびやかな貴族の住まい、そしてそこで行われている生活が奈良時代とか平安時代というふうに思っておりました。しかし、実際は平出遺跡で発見されたような竪穴住居址の中に住む、あるいはそこでつくられてきた歴史が本当の日本の歴史かもしれないということをおっしゃっています。大変な歴史認識の変化があったことがわかると思います。それからもう一つは考古学的発掘が盛んになって、それが日本古代史研究上大いに活用され出していることであります。日本歴史の古い時代は、考古学でなければ明らかにできないことがたくさんあり、神話や伝説だけでは駄目だと考えられるようになったのは、戦争が終わってから後のことです。そういうことで、考古学の発掘が盛んになっていって、その中で平出遺跡はまさにこの双方の要求を満足させるところに大きな点があ

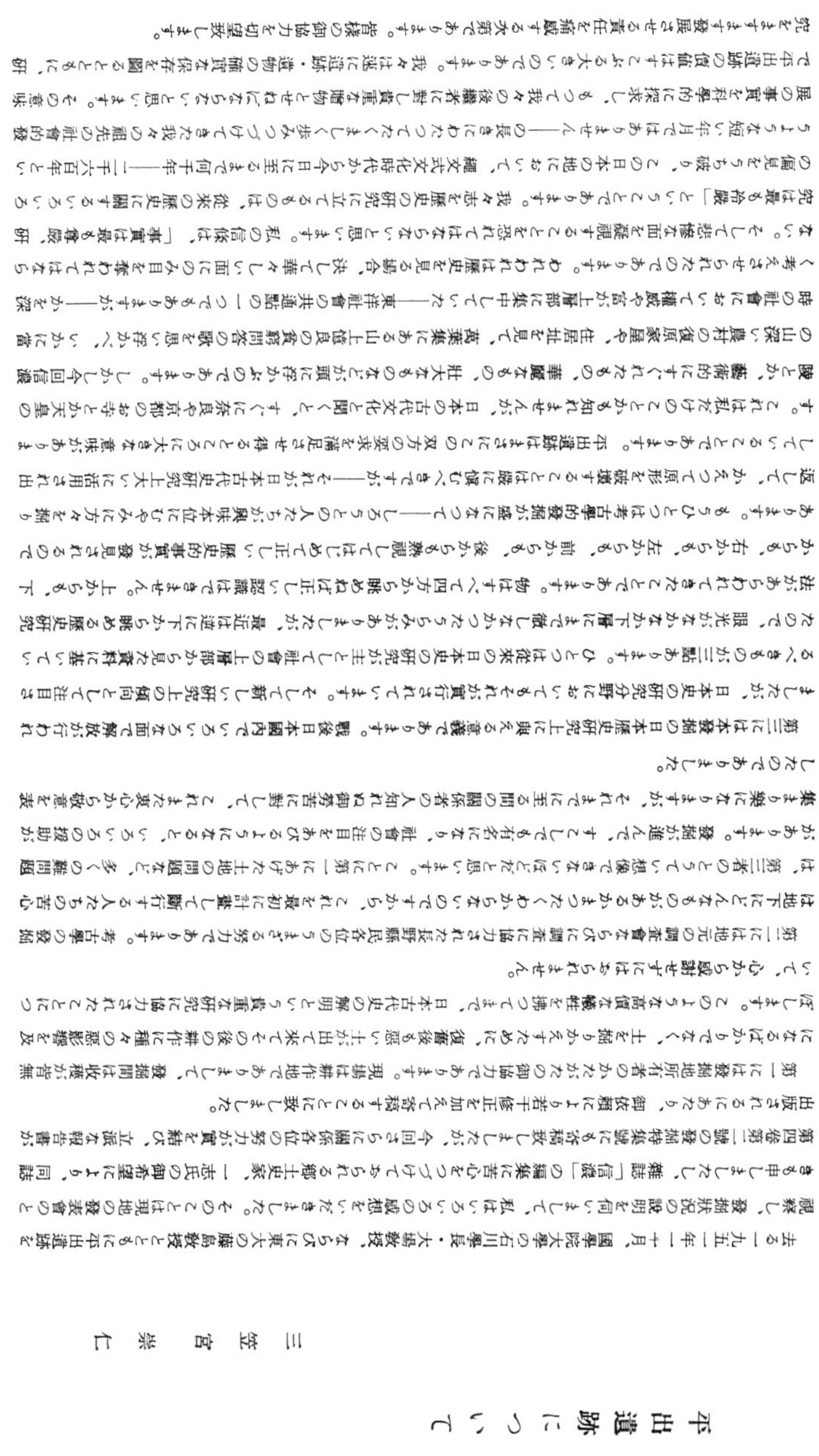
平出遺跡について

三笠宮崇仁

去る一九五一年一十月、國學院大學の石川學長・大場教授、ならびに東大の藤島教授とともに平出遺跡を視察し、發掘狀況の說明を伺いまして、私はいろいろの感想をいだきました。そのことは現地の發表會のときも申しましたし、雜誌「信濃」の編集に苦心をつづけておられる鄉土史家、一志氏の御希望により、同誌第四卷第一號の發掘特集號にも寄稿致しましたが、今回さらに關係各位の努力が實を結び、立派な報告書が出版されるにあたり、御依賴により若干修正を加えて寄稿することに致しました。

第一には發掘地所有者のかたがたの御協力であります。現場は耕作地でありまして、發掘間は收穫が皆無になるばかりでなく、土を掘りかえすために、復舊後も惡い土が出て來てその後の耕作に種々の惡影響を及ぼします。このような高價な犧牲を拂ってまで、日本古代史の解明という貴重な研究に協力されたことについて、心から感謝せずにはおられません。

第二には地元の調査會ならびに調査に協力された長野縣民各位のうまざる努力であります。考古學の發掘は地下にどんなものがあるかまったくわからないのですから、これを最初に計畫して斷行する人たちの苦心は、第三者のとうてい想像できないほどだと思います。ことに第一にあげた土地の問題など、多くの難問題があります。發掘が進んで、すこしでも有名になり、社會の注目をあびるようになると、いろいろの援助が集まり樂になりますが、それまでに至る間の關係者の人知れぬ御勞苦に對して、これまた衷心から敬意を表したのであります。

第三には本發掘の日本歷史研究上に與える意義であります。戰後日本國內でいろいろな面で解放が行われましたが、日本史の研究分野においてもそれが實行されています。そして新しい研究上の傾向として注目さるべきものが二點あります。ひとつは從來の日本史の研究が主として社會の上層部から見た資料に基いていたので、眼光がなかなか下層にまで徹しなかったうらみがありましたが、最近は逆に下から眺める歷史研究法があらわれてきたことであります。物はすべて四方から眺めねば正しい認識はできません。上からも、下からも、右からも、左からも、前からも、後からも熟視してはじめて正しい歷史的事實が發見されるのであります。もうひとつは考古學的發掘が盛になって――しろうとの人たちが興味本位にむやみに方々を掘り返して、かえって原形を破壞することは嚴に愼むべきですが――それが日本古代史研究上大いに活用され出していることであります。平出遺跡はまさにこの双方の要求を滿足させ得るところに大きな意味があります。これは私だけのことかも知れませんが、日本の古代文化と聞くと、すぐに奈良や京都のお寺とか天皇の陵とか、藝術的にすぐれたもの、華麗なもの、壯大なものなどが頭に浮かぶのであります。しかし今回信濃の山深い農村の復原家屋や、住居址を見て、萬葉集にある山上憶良の貧窮問答の歌を思い浮かべ、いかに當時の社會において權威や富が上層部に集中していた――東洋社會の共通點の一つでもありますが――かを深く考えさせられたのであります。われわれは歷史を見る場合、決して華々しい面にのみ目を奪われてはならない。そして悲慘な面を凝視することを恐れてはならないと思います。私の信條は、「事實は最も尊嚴、研究は最も冷嚴」ということであります。我々志を歷史の研究に立てるものは、從來の歷史に關するいろいろの偏見をうち破り、この日本の地において、繩文式文化時代から今日に至るまで何千年――二千六百年というような短い年月ではありません――の長きにわたってたくましく步みつづけてきた我々の祖先の社會的發展の事實を科學的に探求し、もって我々の後繼者に對し貴重な贈物とせねばならないと思います。その意味で平出遺跡の價値はすこぶる大きいのであります。我々は逆に遺跡・遺物の確實な保存を圖るとともに、研究をますます發展させる責任を痛感する次第であります。皆樣の御協力を切望致します。

図4　平出は日本歴史の宝

った。要するに都を中心とした支配階級だけの歴史が本当の歴史といえるのかどうかと、むしろ各地域で営まれていた庶民、一般の人たちの生活をきちんと明らかにしないといけない。それを明らかにするために考古学の発掘調査、研究が必要であったし、まさに平出はこの二つを満足させるような仕事をしたと評価して良いわけです。後の文も大変三笠宮様らしいユニークな表現で、歴史観が変わったということが書いてあります。そのことを今思い出すべき時期ではないかと、最近の報告書を見ながらつくづく思うわけであります。

2 平出遺跡を活かす二一世紀

動く貝塚博物館

前半は五〇年前の平出遺跡の発掘についてお話をしました。五〇年前、日本の歴史を考える上で大変重要な意義を出した平出遺跡、これから新しい二一世紀に塩尻市は一〇年計画で、この平出遺跡の整備計画をたて、保存と活用をどうすれば良いのかを具体的に一つの事業として起こそうとしています。これからの博物館、遺跡整備というものを基本的な考え方としてどういうふうに進めていったらいいのか、ごく簡単にお話しします。なお、この話につきましては、後ほど特に佐々木邦博先生の演題の「平出遺跡を活かした地域づくり」ということでお話がありますので、私の方はごく簡単にお話をしたいと思っております。

図5の「動く貝塚博物館」構想というのは、私自身が二〇年来かかわってきました茨城県美浦村にある縄文時代の陸平という貝塚です。どんな貝塚かは基本理念というところに書いてあります。明治時代に初めて日本人の手で発掘調査をした貝塚ということで、日本考古学の原点というような言われ方をしている貝塚です。周辺にそ

のまま自然の環境が多く残っている貝塚で、二〇年ほど前から保存と活用のための調査と、それから研究が進められています。そして、遺跡整備と同時にどんな博物館を建てるべきかということを皆で色々と研究し、意見交換した結果、「動く貝塚博物館」構想で行こうということになりました。

整備の方向性というところに、基本的な考え方が五項目書いてあります。まず、「永続的に調査・研究が行われ」とありますが、要するに史跡を保存するということになると、今までの基本的な考え方は、それで発掘調査をともなう研究は終わりと、もうこれ以上何も手をつけないで、そのまま残しておくというのが国の方針でした。しかし、それではいけないだろうと、とにかくその貝塚を完全な形で研究する体制をつくって、研究、発掘をしながら皆に縄文時代のことを理解してもらう、そういった博物館をつくろうと。当然のことながら、研究のための発掘は研究者だけのものではなく、地域の人を含めた皆のものでなければならないということ。資料館に付随し、発掘そのもののプロセスを体験できるようにする。考古学の博物館はいろいろとあり、皆さんも土器や石器を見てすごいものがあるのだと思うでしょうが、それ以上に皆が体験として自分自身が発掘することが実際にできるようにすることとです。考古学、学問だという難しい話だけではなく、たとえば縄文時代の貝塚へ行って、縄文時代の生活について、貝塚で実際に研究をしながら体験をしてみて、その時代のことを理解する、そういうような博物館あるいは史跡公園にしようということが書いてあります。

それから陸平貝塚というのは一四ヘクタールと広く、自然がかなり残されています。遺跡があって大事だから公園にする、だけど自然は壊しますという手法は絶対駄目で、当然のこととして、自然を活かした公園、史跡づくりをしないといけないと思います。地域コミュニケーションの場であり、地域の誇りとなるようなシンボルとするとともに、皆が常に集まって利用できるような史跡であると、そういう博物館にしようということで、陸平

●安中地区総合開発計画における位置付け●

○その文化財としての価値は、社会的財産であり、これを保護・整備・公開していく事は計画推進をする者にとっての社会的使命である。

○リゾート計画地約200haのほぼ中央に立地し、この計画のシンボルとなる。

○また、大きなエリアで残された自然環境として、保全・整備されなければならない聖域である。

●基　本　理　念●

陸平貝塚整備にあたっての基本理念は、「貝塚の保存とその活用」である。言うまでもなく、霞ヶ浦沿岸には縄文時代の貝塚が数多く存在し、全国でも有数の貝塚地帯となっている。中でも陸平貝塚は、1879年に日本人の手による初めての学術調査が実施されて以来、数多くの研究者が調査を行っており、考古学史の舞台となるとともに、考古学会に貴重な資料を提供してきた。特筆すべきは、その広大さである。単なる貝塚遺跡以上に、周辺に予測される集落跡、それをとりまく原始生活の舞台としての谷や台地全体がそのまま残されており、今後の体系的な考古学研究にとって最も貴重な遺跡のひとつといわれている。

●整備の方向性●

○永続的に調査・研究が行われ、「完全発掘調査」を目標に、新しい貝塚学発展に貢献していく拠点となる。

○その研究の成果が常に発信され、社会還元される為にも、資料館を設立し、これに寄与する。

○その資料館に付随し、発掘そのもののプロセスも公開し、時には体験させ、また時代考証を正確にとらまえて、縄文文化・生活をリアルに再現し、五感で学ぶ公開にまじめに取り組む。

○エリア（約14ha）全体としては、残された自然を大切に保全し、生きた自然環境を整備していく。

○地域コミュニケーションの場であり、地域の誇りとなる様なシンボルとするとともに、複合リゾート全体のシンボルでもある。

●テーマ具現の手法●

①貝塚研究所の設立	遺物収蔵庫（約　坪）・学芸員室（約　坪） 研究スペース（約　坪）
②モニュメントとなる資料館の建設	展示室（約　坪）・イベントスペース 竪穴式住居をモチーフとし、古さと新しさを対比させる。
③資料館と一体化した縄文村の復元	総面積約　坪 復元住居・古代海の復元・時代考証を忠実に踏まえた環境整備
④サンクチュアリーの創造（樹木の育成・野鳥・小動物の育成）	総面積約　坪 野鳥、小動物の飼育・育成・保護ゾーンエリア全体としても自然の育成をしていく。
⑤地域コミュニケーションの公園づくり	台地ゾーンの公園化整備 地域イベントの開催

図５　「動く貝塚博物館」構想（1991. 陸平調査会）

貝塚ではやっているわけです。それを具体的にするにはということで、下に案が書いてあります。

陸平をよいしょする会の活動

実は、この「動く貝塚博物館」構想は、バブルの崩壊で村の事業に協力してくれていた企業が手を引きました。したがって、残念ながら史跡整備はこの構想どおりには進んでおりません。しかし、こういう努力の成果が去年、一四ヘクタールの範囲のうちの八ヘクタールが国の史跡に指定されました。実際に史跡で、その掘った遺跡を利用して、地域の人たちが、村長から住民までずらっと一〇〇人くらいが中心になって、ハンズオン陸平事業推進協議会ができ、「動く貝塚博物館」構想を進めています。

村としても支援しようということで、『陸平通信』というような雑誌を年四回くらい発行し、全戸配布し、陸平と村の人たち、地域全体を含む事業をしています。また、村民の人たちが自主的に「陸平をよいしょする会」と、これで陸平はおしまいではないんだよ、これからはますます陸平は大事なんだよと、それを皆で「よいしょしましょう」ということで、今六〇〇人くらいのボランティアが組織されています。

ですから、事業計画の上で協力してくれていた企業がバブル崩壊のために駄目になってしまい、博物館のような建物とかはできていないけれど、この史跡を使って村の人たちが縄文時代のことを勉強し、縄文人に親しみ、しかもその遺跡をコミュニケーションの広場として、村の人たちが今までなかった文化活動を始めているということです。

平出遺跡を活かす史跡整備

今、私が話したことは、考古学の仕事をしている私が、たまたま陸平貝塚というのがあって、それを保存することが決まり、それをなんとか活用しなければいけないということで、この「動く貝塚博物館」構想というのを立てたわけです。構想の中で、今まで他の史跡で策定された構想と違うといえることは、史跡公園とか博物館をつくるというと、すぐに立派な建物をつくる、機械を入れてすごい見かけの博物館や史跡公園をつくって、それで終わりというのは、これからの博物館のあり方ではない。たとえば平出遺跡なら千何百年の歴史を経て現在に至っているわけです。生きているわけです。それをさらに活かしていくためには、どういうふうに活用したら良いのか。立派な公園、あるいは博物館をつくったから、皆見に来なさいよというような博物館ではなく、皆でそこで何かをしながらつくり続けていく博物館が大事だと思います。

例えばの話ですが、縄文時代の村の周りにはこういった植物があったと、自然科学分析でわかるわけですね。それをもってきて植え、縄文の村が景観ができましたというようなことではなくて、そこで皆が研究的に体験し遊び、縄文人の生活をしながら五年後、一〇年後、場合によっては一〇〇年、一〇〇〇年かかってようやくそこに縄文の村が出来上がっていると、そういう博物館をつくることが、これからは必要だということです。

平出遺跡は駅から二キロ以内という、塩尻市の中心のようなところに一五ヘクタールという史跡を残しているわけです。これをどのように地域で活用しながら遺跡保存、歴史を大切にする気持ちを育てていくかということで、エコミュージアムというのが各地で試みられようとしています。それは遺跡とか、自然とか残すべき対象はいろいろありますし、またそれぞれの地域がかかえている状況、あるいは特徴などによってやり方に違いがありますが、基本的にはこうなるということを図6に表わしています。これは単に建物を造って物を並べて見せると

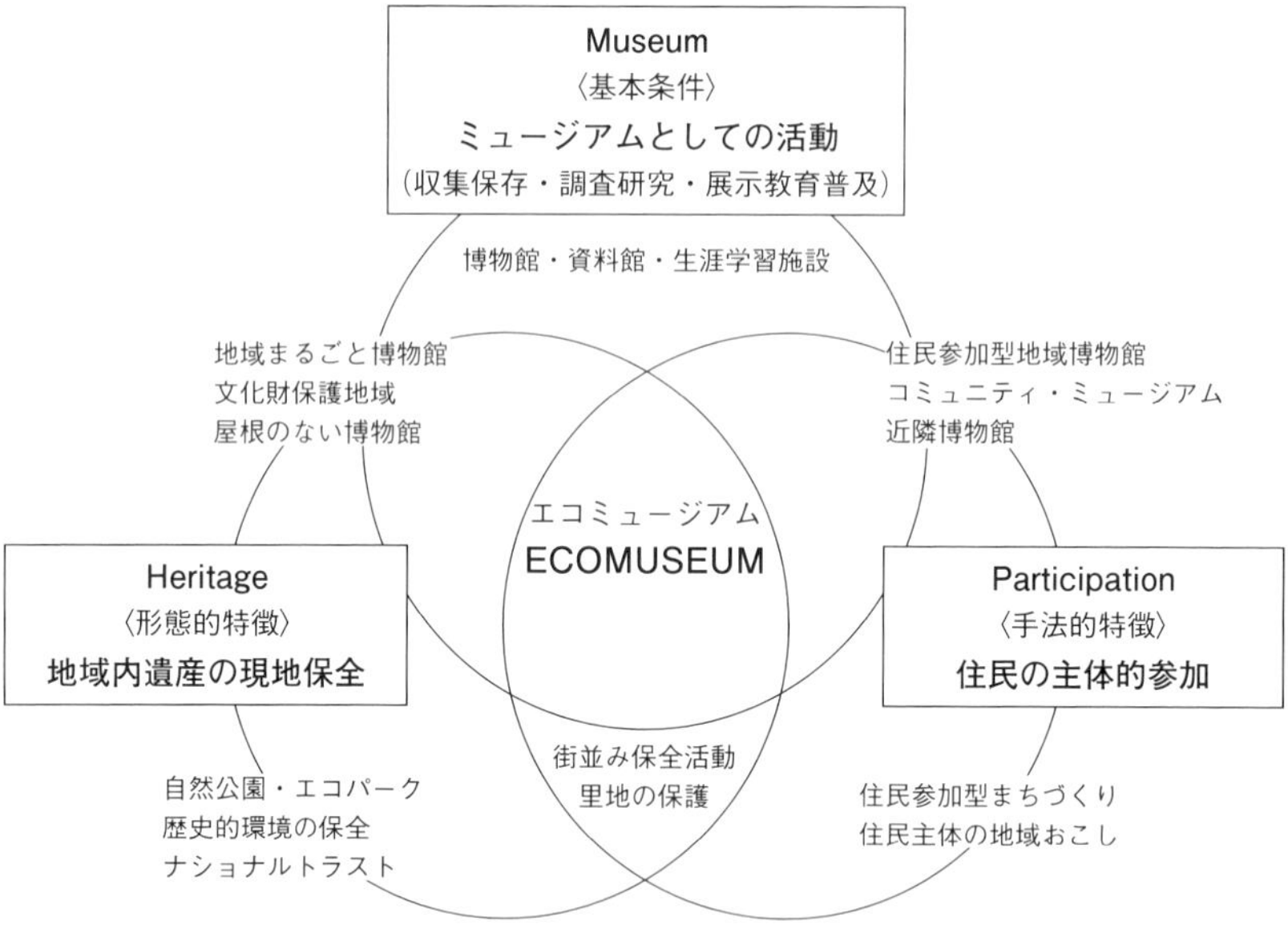

図6　エコミュージアムの概念（2000. トトロのふるさと財団）
「博物館活動」「遺産の現地保全」「住民の主体的参加」の３要素の重なり

いう従来型の古い博物館ではありません。左側に「地域内遺産の現地保存」と書いてありますが、こういうものの中にどんなものがあるのかといいますと、遺跡のようなものもありますし、自然公園というものもあります。要するにその地域にある特異な昔から現代にまである資産をどういうふうに活かしていこうかということ、右の方には「住民の主体的参加」と書いてあります。いろいろな手法がありますが、絶対必要条件はそこに住んでいる住民の皆さんが主体的に参加することによって、地域全体を博物館と、博物館というとちょっと古いイメージがありますが、こういう関連性をもった重要なものを二一世紀に残していくということです。皆が努力することによって、本当に二一世紀に平出の価値は残っていくのではないかと思います。このことを現代としてどうやって捉えて、どういう手法で進めていくかについては、これからさらに専門的な検討が必要ですが、考えたいことは五〇年前に三笠宮様が書かれているように、日本の歴史、日本の社会は変わると、こういうことのひとつの大きな象徴的な出来事として平出遺跡の発掘が行われた。二一世紀にはその歴史的な遺産を含めて、そういうものが十分に残され、かつ活かされて、これがただ単にあるのではなく、住民の皆さんの新しい誇りとか生きがいにつながるような、そういう活動が求められているということです。

最後になりますが、この「平出」の報告書は、そういう意味で過去の遺跡の調査、地域の人たちの交わり、そういったことが書かれた本当に考古学界でも貴重な良書であるということをお話しして、私の講演を終わらせていただきます。

〔平出発掘五〇周年記念シンポジウム講演、二〇〇〇年〕

信州最古の旧石器を観る

捏造事件の混迷の中で

まだ記憶に新しい「旧石器発掘捏造《ねつぞう》」が、毎日新聞の大スクープ記事によって暴露され、学界・社会に大きな衝撃を与えたのは二〇〇〇年暮のことだった。その反響は国内だけではなく全世界に広がった。日本の考古学者にとっては拭うことのできない汚点となった。

事件発覚直後から学界はマスコミ等の激しい非難を浴びながら、真相解明をめざして検証調査に着手したが、調査の対象となる「遺跡」は百カ所近くもあり、そこから出土したとされる「石器」の数も厖大で、かつそれに加えて複雑な学界状況もあり、一朝一夕に捏造か否かを判断するのは不可能に近いことだと、ほとんどすべての学界関係者は困惑し、マスコミも検証調査の先行きは見通しがつかないという論調が大部分だった。

そうした混乱と動揺の中で、日本考古学協会の検証調査のための特別委員会の責任者に任ぜられた私も、一研究者としての反省と自責の念にさいなまれつつ、調査の前に立ちふさがる様々な厚い壁の前で、前途に自信を失う日々を体験していた。事件が発覚した翌年の二〇〇一年夏、故郷の信州で開かれたある研究集会の講師に招かれて久しぶりに諏訪に帰った。捏造事件でもやもやした頭と身体を、信州の高原のさわやかな風で癒すことができるという期待もあった。

集会が終ってその夜の宿の部屋に落ちつくと、同宿することになっていた長野県埋蔵文化財センターの調査員O君が、私に見せたいものがあるといって二〇個ほどの石器を持って入ってきた。前日まで東北にいて捏造石器を見せられて、やや食傷気味だというような私の気分を察したのかO君は「これはいままで信州では見かけたことのない顔つきをした石器群だ。もしかするともしかする古そうな石器なので意見を聞きたくて」といいながら、テーブルの上に静かにその石器群を並べ始めた。

信州最古の石器の顔

O君が並べ終った石器をいつの間にか、私にしては珍しく熱中して見始めていた。彼がいう通りそれらは信州でもいままで見なれていた岩宿時代（約三万年前より新しい後期旧石器段階）の石器とはちがった旧石器の一群だと直感した。だいたい岩宿時代に盛用された信州特産の黒耀石が一つも使われていない。そして細かな加工の痕が少なく、全体として粗大さが目立つ。O君とも同じ所見を確認し合いながら「もしかするともしかする」どころではなく、信州では現在までに発見されている旧石器の中で〝最古相〟を帯びた石器群にちがいないという同意見に達した。

私は明るい窓際で一つ一つの石器を夢中でカメラに収めた。ファインダーに映る石器にしばしば東北で見た捏造の「前・中期旧石器」の影がちらついた。つい「この石器たしかなものだろうね」と言わずもがなの質問が出てしまった。冗談の軽口といえO君の気持ちを傷つけたのではないかと気がついて彼の方を見た。案の定O君は私の顔をにらみつけるように「いま捏造事件で騒がれているこの時期に、そんなことができるわけがない。発掘現場では作業員のおじさん、おばさん達も含めて、毎日毎日そのことで神経を使い、細心の注意を払って調査しているから、絶対に大丈夫です」と答えた。「ごめん、ごめん」と心からわびて私は石器の撮影を続けた。

新しい研究再出発の灯

それから数日後、私は県埋文センターの招請を受けて、問題の石器が出土している飯田市の竹佐中原《たけさなかはら》遺跡を現地視察することになった。その日はすでに取りあげられて保管してあった大部分の石器が、元の出土地点に戻されて、それらは径数メートルの範囲に、考古学上「ブロック」と呼ばれる状態で、ほぼ同じ地面上にひとまとまりになって発見されたものであることがよくわかった。

またそれぞれの石器を土中から抜き取った跡は、石器が埋まっていたままの跡型（インプリント）を正確に残していた。このことは東北地方の捏造「遺跡」のいくつかで、捏造のために埋め込まれた石器の下が空洞になっていたり、移植鏝《いしょくごて》やヘラ先の削り痕が残っているのが発見されて、捏造行為を断定する決定的な証拠となった。そのことがあったので竹佐中原では、石器が見つかるとそれをすぐ取りあげることをせず、少しずつ土を除けながらその状態を数段階にわたって写真記録に残すという、手間のかかる作業を全出土品に対して行なっていたのである。

竹佐中原遺跡は高速道路のインターチェンジ建設予定地内で発見された。私が遺跡を訪れた日、現地で埋文センターと国土交通省の関係者が会議を開いた。そこでは遺跡と出土石器の重要性が再確認され、国交省は広大な遺跡の全面発掘、そのための十分な調査期間の確保を諒承し、センターは学術研究としての指導と調査体制の強化を決定した。その上でこの遺跡の調査とその成果を、全国の研究者と市民に広く一般公開し、発掘調査と研究の公正さを堅持するという調査方針を確認した。

これらのことはその後関係者の努力で実行され、当時、捏造事件で混迷する考古学界に、今後に向けての新しい研究を予感させる、一つの光明を投げかけるものとして歓迎されたのである。

東アジアに連なる新発見の旧石器

現在、竹佐中原遺跡の過去三年間にわたった第一次の調査は終了し、今年四月から第二次の発掘が開始された。さらに新しい発見と調査の成果が期待される。

しかしこれまでの調査をふり返ってみると、数万年以上前のより古い日本列島の人類文化の痕跡を見つけ出すことは、いかに困難な作業であるかをつくづく感じざるを得ない。竹佐中原では三万平方メートルをこえる広い面積を、多数の作業員、調査員が三年間にわたって粛々と掘り続け、発見した石器はごく小さな石片を含めて百点にも満たない。信州の全域で発達を見せた岩宿時代の遺跡なら、黒耀石製の石器等を主に、優に数千点に上る出土品があったであろう。そうした比較ができるのも、竹佐中原のそれがより〝古相〟を示しているのだという証拠かもしれない。

それならその〝古相〟の石器の実年代はいつ頃といえるだろうか。実は竹佐中原遺跡の地質、地形環境は、出土石器の新旧や年代測定の基準としてよく使われる地質時代の古い火山灰層（ローム層）の安定した堆積がみられず、加えて、表層の地層を水や風の営為で流れ飛ばされ易い、扇状地の上に遺跡が立地しているため、遺跡・石器の年代決定は困難をきわめている。調査団では自然科学者の最新の手法による年代測定を積極的に試みたが、現段階では「〇万年前」といった明解な答を出すことは不可能である。

ここでまた思い出すのは旧石器捏造発掘以前の話である。一九八〇年代以降、東北各地では「前・中期旧石器」が続々発見され、しかもその年代が年毎に倍々ゲームのように遡り、ついに数十万年前の原人《げんじん》の遺跡が日本列島に発見されたなどという、あの捏造による〝日本最古の人類の歴史〟は、あり得ない悪夢だったことを思い出さざるをえない。

竹佐中原の本物の石器に正確な年代が与えられないのは残念であるが、それによって新発見の石器の価値が失われるわけではない。竹佐中原の調査と併行するように、東北から九州にいたるいくつかの遺跡で、捏造「石器」の陰にかくれて無視されていた旧石器が学界の注意に上った。それらはおおまかにいって、多くの点で竹佐中原の石器に類似し、しかも日本列島縦断的な共通性をもつだけでなく、朝鮮半島を通じて東アジア各地の旧石器とつながる可能性が指摘されている。

竹佐中原遺跡に日本列島と東アジアを直接比較できる現段階では、最も良好な旧石器が存在するということで、信州は日本列島人類史の貴重な宝をまた一つ持つことになったのである。

〔『信州の旅』一三三号、二〇〇五年〕

（註）本稿の内容については、大竹憲昭氏のご協力を受けた。

考古学変革の新しい契機

いまから六六年前、太平洋戦争が敗戦で終った一九四五年の夏の終り、まだ中学一年生だった私は、通っていた学校の裏山の畑ではじめて縄文土器を拾った。それが遺跡という、日本人の〝本当〟の祖先が生活をしていて、そこに残した歴史の証拠だと説明を聞いた時、身体中がしびれるような不思議な感覚に襲われた。これが私が考古学のことを知る第一歩だった。それからは好奇心に駆られてあちこちの山野を歩きまわり、手当り次第に土器や石器を集める考古ボーイとして中学・高校生時代を過ごすことになった。

そうしているうちに、家の中にたまり始めた薄汚い〝がらくた〟が、歴史を知る何の役にたつのかと気がかりになった。とくに最初の縄文土器を拾った日、その直前に教室で墨で塗りつぶした古い教科書の歴史と、畑にころがっている土器や石器が語るであろう本当の祖先たちの歴史とは、どこがどう違うのだということを一生懸命考えるようになった。

学校の図書室に行っても考古学の本などは全くなかった。幸いに私の故郷信州の諏訪には、以前から在野の考古学者として研究を続けてこられた藤森栄一、宮坂英式という有名な二人の先生がいることを知って、両先生のもとには、おそらく迷惑がられるほど足繁く通った。考古学の知識と共に、それ以上に、考古学に接する〝こころ〟を教わったことが大きな勉強になったと思う。

だから、古い教科書に書かれていた神話を正史とする古代史のばかばかしさはすぐにわかったし、そうした誤った日本歴史を国民のすべてに押しつけてきた皇国史観や、軍国主義の下での歴史教育のあり方には激しい怒りを覚えた。それから五〇年余にわたる私の大学生活における考古学者としての研究と教育の理念は、平和と自由を守り、戦前のような誤りを繰り返さぬためにも、考古学の存立基盤をより確かにすることが目標だった——、少なくとも私自身はそう信じてきた。

あやふやな試行錯誤のくり返しだった過去の雑多な努力や成果を、いま自ら回顧しようとは思わない。それよりも私の同時代史であった戦後日本歴史＝社会の総括をふまえて、考古学はこの間、何をしてきたかという自らへの問いかけと反省の念が強い。

そんな悩みがつのっていた、二〇一一年三月一一日の午後、東京の自宅にいた私も倒れるかと感ずるような激震が東日本を襲った。テレビが続々と映し出すのは、漁船を岸壁に打ち上げ、家屋をはじめ地上のあらゆるもの全てを飲み込む、激流と化した津波のすさまじさだった。

その後、原子力発電所の大事故が報ぜられた。「想定外の大津波による、予想外の（やむを得ぬ）事故だった」という多くの関係者のコメントに、反発と疑問を感じた。

このくらいの大津波は過去数千年、いや数万年間の人類史の中で、考古学的に知ることのできる証拠はなかっただろうかと、専門家としての自身の不勉強をまず恥じた。しかし原子力発電所の事故はどうだったか。太平洋戦争末期、広島や長崎での悲惨な体験を通じて、大部分の日本人は原子力が人類の生存とは相容れない危険性を持つものであると、知ったのではなかったか。

考古学が過去の人類史に学び、将来にわたって人類全体が平和と安全のうちに共生することに貢献する学問であるべきという〝哲学〟の下にあろうとするならば、六〇余年前の敗戦時に匹敵する、いやそれ以上に人類史的視野での変革が求められよう。昨年の大震災は考古学変革の新しい契機ではないだろうか。

〔「今月の言葉」『考古学ジャーナル』六二三号、二〇一二年〕

文献解題

勅使河原 彰
三上 徹也

二〇一二年四月九日、戸沢充則は、自宅近くの東大和病院で七九年の生涯を閉じた。恩師の藤森栄一が享年六二、杉原荘介が六九であったことからすると、恩師の歳は越えたことになる。しかし、郷土の、また学問の先輩として敬愛していた八幡一郎は八五歳、宮坂英弌が八八歳であったことを考えると、いまだ道半ばだったのでは、と思ってしまう。事実、医者嫌い、病院嫌いで知られる戸沢であったが、死の数カ月前に大きな手術をうけたのも、あと二年は生きて、旧石器遺跡ねつ造の問題にけじめをつけることをはじめとして、いくつかの懸案に自身でけりをつけて、若い世代に考古学の未来を託したいとの想いを強く抱いていたからである。しかし、その想いは叶わなかった。

とはいえ、その生涯を考古学に捧げた戸沢であったと表現して、これは確かなことだろう。活字に残された多くの論文・エッセイも、そのことを如実に語っている。本書の著作目録を数えても六六〇点を超え、とても凡人の及ぶ数字ではない。しかも、その内容は、もとより学問的な成果を産む論文から個々の遺跡・遺物に触れた感動、歴史を学ぶ理念や哲学的な姿勢、自然や文化財・考古学を広く市民に伝えんとする啓発的なもの、さらには故郷の信州への想いなどというように、実に多種多彩にわたっており、そのこと自体、戸沢の学問的な特徴を良く示しているといえる。

戸沢は七冊の単著を世に出した。この単著はといえば、それまでに書き上げた論文やエッセイを中心にジャンル別にまとめたもので、いわゆる書き下ろしの「単行書」ではない。単行書の計画はいくつかあって、遺品を整理していると、自身での執筆の計画と目次の作成だけでなく、原稿の執筆に取りかかっていたものもあったが、学園紛争、文化財や自然の保護、大学改革、旧石器遺跡ねつ造問題などといったように、その都度、教育者、大学人、研究者として真摯に立ち向かわざるをえない事態に直面して、それらを優先してしまったことから、結局形にならなかった。戸沢の草稿を読むと、これが単行書になっていたらと思うのだが、それは戸沢自身がもっとも強く感じていたことではないかとも思う。

七冊の単著を読み返してみると、確かにそれぞれそのなかに含まれる一編一編は独立したものであっても、改めてそれが編集されることにより、独立した一つひとつが新たに横につながりをもちはじめて、新構成体となって一層の深み、厚みを増して、私たちに迫ってくるような不思議な力を示している。たとえば『縄文時代史研究序説』(名著出版、一九九〇年)は、全く個別に書かれた縄文時代の各論の著作集だが、それが集合することにより、確かに縄文時代研究の全体的な動向や問題点、そして先への展望がみえてくる。『歴史遺産を未来へ残す――信州・考古学の旅』(新泉社、二〇〇五年)も然りで、過去現在の具体的ないくつかの場面をつうじて、信州の自然や文化遺産のもつ素晴らしさに触れた戸沢の素直な感動や、よって子々孫々と残し伝える切なる想いを、多くの場面をとおして語られることにより、その想いが読者にきわめて自然に共有できてしまうのである。

前置きが長くなってしまったが、七冊の単著で、戸沢の代表的な論文やエッセイは読めるようになったと考えていた。ところが、著作目録を作成するにあたって、改めて戸沢の全著作に眼をとおしてみると、未だ多くが埋もれていることを知った。そこで、今回は、いままで再録されていない、戸沢らしい論考のいくつかについて、とくに一〇代から二〇代前半の青年期を中心に、ジャンルにこだわらないで取り上げてみることにした。そのために、章立てなどはせずに、発表年代順にまとめてみたが、これだけでも考古学者としての戸沢充則の軌跡を垣間見ることができるであろう。

1　1948―1956

戸沢が諏訪清陵高校一年生、若干一六歳の一九四八年、ガリ版部誌『清陵考古学』を創刊した。戦後派高校生の新しい時代に向けた期待や希望、熱気の詰まった一書となった。巻頭にペトリーの「考古学の道徳」を掲げ、藤森栄一が「若かった頃の考古学――伏見博英君の回想」を寄せたが、これが高校生の雑誌かと思わせる内容のものであった。「曽根遺跡研究」は、その中心を占めた論文であるが、その解説に入る前に、曽根遺跡の調査のいきさつについて触れておきたい。

一九四七年八月、中学生たちが諏訪湖に集って、湖底遺跡の曽根に挑んだ。青木茂人・金松直也・手塚昌幸・戸沢充則が、その時のメンバーである。さて、この時、戸沢はまだ、藤森栄一の指導を受けてはいない。藤森との最初の出会いは、その直前の七月二三日であると戸沢は記録するが、すぐに師弟の関係が始まったわけではないとも述べている。では何が、戸沢を曽根に向かわせたのか。それは藤森と出会う前の戸沢の考古学の手引書が『諏訪史第一巻』（一九二四年）であったからで、戸沢は、敗戦直後の考古学の本など何一つなかった時代にあって、「『諏訪史第一巻』は最高の考古学の教科書であり、最大の概説書だった」と述懐している（『考古学のこころ』新泉社、二〇〇三年）。この『諏訪史第一巻』では、「曽根遺跡」が諏訪の多くの遺跡のなかで唯一独立した章立てとなっており、その理由を鳥居は「本郡をして我が邦考古学界に於ける特殊的地位に在らしめ」、かつ「頗る難解なる」遺跡だからだと説明している。『諏訪史第一巻』を考古学の手引書としていた戸沢にとっては、最初に挑戦する遺跡は曽根遺跡以外には考えられなかったのである。それは「曽根遺跡研究」の冒頭で、「諏訪市大和地籍湖中にある曽根遺跡は本邦稀な水中遺跡としての特異性と共に、往時は中央学界に於ても相当に喧伝され研究されたのであるが、大戦による科学のブランクと共に現在一部有識者を除いては全く忘れ去られたかの感があり、謎の遺跡として、永遠に葬られるの感がある。終戦後平和を迎えて三年有余この遺跡に対する探究は吾々に残された重要、且つ貴重なる仕事である事を痛感した」と述べていることからもわかる。

戸沢らは、曽根遺跡での一〇日間、延べ九時間ほどの調査で、地理学上と考古学上の調査をおこなっている。そして、考古学上の調査で採集できた遺物は、加工品では石鏃九一点（完形六九、半成品二二）、土器片二三点（爪型文二、捺型文八、他は不明）、骨器らしき遺物一点、加工品以外では木片、湖底沈殿物、焼土、獣骨であった。

「曽根遺跡研究」では、まず諏訪湖底に残されている曽根遺跡の成因について、坪井正五郎の杭上住居説をはじめとする過去の論考を紹介する。つぎに戸沢らがおこなった調査の成果を報告し、その調査成果をもとに、過去の論考の検討をおこなっている。そして、最後に結論として、戸沢は、地盤沈降説を採用した上で、曽根遺跡での石器時代人の生き生きとした暮らし振りを素描している。七〇年近く前の高校一年生の論文であるので、曽根遺跡出土の石材にサヌカイトや蛋白石（オパール）を分類するなどの間違いを指摘することは容易であるし、文章全体に青年期に特有のロマンチシズム臭がぬけないのはいたしかたないとしても、単なる個別の資料報告だけにとどまらないで、学史・研究史を踏まえて、遺跡を総体として認識して、そこから歴史を叙述しようとする、後の戸沢の学問的志向性を暗示するのにふさわしい小論である。

「岡谷市下り林遺跡の早期縄文式土器」（『信濃』二巻七号）は、一九五〇年、諏訪清陵高校三年生の時の論文である。そもそも下り林遺跡は、戸沢が初めて触れた遺跡であった。一九四三年、一一歳の時、小学校の裏山での防空壕掘りの作業中に土器のかけらを発見したが、それが後の下り林遺跡である。その下り林遺跡で発見した土器が歴史の真実を語る貴重な「かけら」であることは、一九四五年八月の敗戦後、新学期での社会科の授業中、軍国主義と皇国史観に彩られた教科書の墨塗りに疲れた戸沢ら生徒を学校の裏山に連れ出した教師の牛山秀樹に教えてもらうことになる。

こうして考古学に魅せられた戸沢は、それからというものは、雪さえ降らなければ、冬の寒さもいとわずに、休日になると遺跡をほっつき回っていた。その遺跡の一つが下り林遺跡で、一九四九年ごろまでに十数回の小発掘をおこない、とはいっても文化財保護法が制定される以前のことで、戸沢によれば「盗掘」同然であったという。しかし、下り林遺跡から出土した土器には、当時学界で縄文起源の土器と話題を集めていた撚糸文土器だけでなく、長野県では最初のまとまった縄文早期の土器群が出土していた。さらに、下り林遺跡に足繁くかようようになった一九四八年には、藤森栄一に本格的な指導を受け始めていたことも幸いした。その下り林遺跡出土の土器を見た藤森が、諏訪や長野県はおろか縄文土器のなかでも最も古い土器であることを示唆し、「これは大発見だよ。これからおおいに研究して考古学会に発表しなさい」といわれたという。戸沢が

「戦争が終わって平和になり、正しい本物の歴史を自由に勉強できるようになったおかげで、その同じ土器が諏訪地方で縄文時代の最も古い歴史の宝であると知ったことは、最初に縄文土器を拾っておどろいたときよりも、さらに大きな感激でした。そしてわたしは考古学の専門家になって、わたしたちの古い祖先たちのことを研究しよう、さらに何が正しい歴史なのかを、一生かけて勉強しつづけたいと強く考えたのです」(『語りかける縄文人』新泉社、二〇〇七年)と述懐している。

その成果は、「岡谷市下り林遺跡調査報告」と題して、東京考古学会の機関誌『考古学集刊』に載せる予定で、その短報として、『信濃』二巻七号に掲載されたのが、この「岡谷市下り林遺跡の早期縄文式土器」である。なお、報告書は結局、『考古学集刊』に載せる機会を失い、一九五二年にガリ版雑誌『諏訪考古学』八号に発表された。

「岡谷市下り林遺跡の早期縄文式土器」では、上層下層の遺物の違いを認識し、県下最初の本格的な早期に当たる下層出土土器を紹介した。とくに撚糸文土器と押型文土器(捺型文土器)の並行関係と、そのどちらが下り林での主体者となるかという、この両者の関係性の指摘などは、その後の早期縄文土器の編年研究における大きな課題の一つとなっていることからすれば、極めて先見的な指摘であったといえる。やがて、この時の問題意識が、樋沢あるいは細久保遺跡と研究史上に重要な一連の遺跡調査への学問的契機となっていくのである。

戸沢が考古学に邂逅した時期は、縄文土器の編年研究が主要な課題として、全国的に取り組まれていた。こうした研究状況のなかで、戸沢も当初は、縄文土器の編年研究に興味をもち、とくに長野県下で未発見の土器を探すことに熱中していた。しかし、戸沢の研究は、「岡谷市下り林遺跡の早期縄文式土器」が地方誌では最も伝統のある『信濃』に掲載され、その編集主幹の一志茂樹が称賛したように、とても高校一年生とは思えないようなしっかりとした内容のもので、たとえそれがガリ版雑誌に掲載されたものでも、「梨久保式土器」などは中央の学界でも認められ、現在でも縄文中期初頭の土器型式名として使われているほどである(「長地村梨久保遺跡調査報告書――中期初頭縄文式土器の研究資料篇Ⅰ」『諏訪考古学』七号、一九五一年)。

こうして、考古学研究のアルファベットともいわれる土器の編年研究を、すでに高校生のうちに第一線級にまで培った戸沢は、卒業後の一年間を藤森の下、諏訪考古学研究所で過ごした後、東京・明治大学へと諏訪の地から飛び立った。一九五二年四月のことである。

「諏訪湖周辺の中期初頭縄文式遺跡――諸磯文化期における漁撈集落と狩撈集落」（『信濃』五巻五号、一九五三年）は、明治大学に入学した戸沢が、高校時代の梨久保式など中期初頭の土器に対する関心から、そうした縄文土器の編年研究の枠を超えようと、懸命に模索するなかで生まれた論文である。従来の編年研究では、縄文前期後半の土器型式である諸磯式はａ・ｂ・ｃ式に細分され、それぞれの型式内容を整理するところまでは進んでいた。戸沢は、そうした諸磯式土器が出土する遺跡の立地と分布を調べることで、諸磯ａ・ｂ式の遺跡と、ｃ式の遺跡で立地が異なることを発見した。そして、それぞれの石器の組成から、それらを生業の違いであると仮説して、地域の生活実態をとらえようとした。そのうえで、中部山岳的な中期縄文文化を繁栄させた直接の担い手を、諸磯ｃ式―踊場式―梨久保式という一つの動態として、それを中期初頭ととらえて、信州の中期初頭縄文文化の実相を理解しようという優れた試みをおこなった。

「小さな主題――中期初頭縄文式文化の一断面」（『ミクロリス』六号、一九五三年）は、がむしゃらに勉強を重ねた縄文土器の編年学研究に対する強い懐疑から生まれた小論である。戸沢はいう、「考古学の正道と銘うつ日本先史考古学史の輝しい伝統が僕等の研究の方向をどんなに強く指し示しているとしても、型式論編年論の底を流れているべき数多い問題が殆んどといってもいいほど意表されないはがゆさは、特に幼い僕等にとっては一つの懐疑たらざるを得ない。そこから出発する問題解決の意欲がもしあるならば、率直に、しかも考古学そのものによって、僕等は語らなければならないであろう。そうした意味で、地域と時間を限った考古学的事象の中には、僕等が語るべき多くの主題がころがっている。日本考古学の「正しい秩序」を「新しい発展」として止揚する方向は、限られた地域と時間の中に生起した事実を問題としてとりあげた、小さな〝主題〟を、考古学の正道の中へ批判綜合していく方法をおいて他にないものと思う」と、学界の編年研究偏重への批判を込めて、考古学が真に進むべき方向性を示したのである。そして、その小さな〝主題〟の一つの答えが前掲の「諏訪湖周辺の中期初頭縄文式遺跡」であって、それはまた、後に戸沢が提唱する考古地域史論のはじめての具体的な主張でもあった。

「学史勉強会「近代科学と日本考古学」」(『あゆみ』一、一九五四年)は、明治大学考古学専攻生の組織である考古学研究会の分科会「学史勉強会」が壁にぶつかった時に、学友に学史の勉強の意図と、当面のテーマである「近代科学と日本考古学」の目的を明確化したものである。戸沢は、好古趣味的な記録であれば江戸はおろか奈良時代にまでさかのぼるが、それが科学的な学問として成長するには、明治維新を待たなければならなかった。では、それ以前をなぜ科学といえないのかというと、それは「自覚の仕方」であって、徳川封建体制で人びとの自覚は妨げられたことを引き合いに、社会基盤が科学的な学問の発展に大きな影響力をあたえたと認識する。それゆえに、日本考古学に理論的な反省が要求されるとすれば、明治時代にさかのぼり真に科学的精神の需要のあり方を探る必要を提言している。戸沢は、常日頃から学生に学史の必要性を強く訴え、自らも実践していたが、この大学三年生の時の小論こそは、その原点といえるものである。

「〝団体研究〟ということ」(『ミクロリス』一二号、一九五五年)も、前述した「学史勉強会」が壁にぶつかった時に、学友に団体研究の意義を訴えたものである。一九四七年に戦前からの地学界の古い体質を改革しようとする若手研究者を中心に設立された地学団体研究会は、団体研究という、個人の研究ではえられない質の高い研究を実践し、多くの成果をあげていたが、これに強い刺激を受けたものである。団体研究の内容を、研究活動・理論の勉強・普及活動・日常の生活の四つの部門から成立するとして、そのそれぞれの内容を戸沢なりに解説する。そのうえで、団体研究のもとで学史勉強会を発展させようと、学友に訴えたものである。個々の内容は、論文を読んでそれぞれが理解してほしいが、その後の戸沢が、目的を一にする多くの仲間とともに、自然や遺跡保護、総合調査へと邁進し、研究成果は市民の言葉で語ることを実践した、その原点的な想いをここに知ることができる。

話は前後するが、戸沢が明治大学に入学した一九五二年は、一九四六年に相沢忠洋によって発見され、四九年に明治大学考古学研究室が正式に発掘調査した群馬県みどり市(当時は新田郡笠懸村)の岩宿遺跡が、ヨーロッパでいう旧石器時代に相当する遺跡であるかどうか、学界ではまだ意見が分かれており、関東地方以外での旧石器遺跡の発見が待望されていた。その待望の発見が、明治大学に入学したその秋に、戸沢自らが発掘の担当者として実現した。長野県諏訪市の茶臼山遺跡である。その茶臼山遺跡の発見から三年、北海道から瀬戸内まで旧石器時代の遺跡や遺物の発見が進行し、その内容も徐々に知れ、国民的な関心も高まっていた。そのような折、旧石器時代遺物が初めて本格的に集められ、国民に広く公開される機会をもった。明治大学の大学祭にあわせて開催された「日本旧石器時代展」で、一九五五年一一月のことである。

「日本旧石器時代展――実施の経過と展示内容の報告」(『ミクロリス』一三号、一九五六年)は、この展示を企画して取り仕切った大学四年生の戸沢が、前年におこなわれた大学祭での「登呂展」の成功を、歴史世界の拡大ともいえる日本旧石器時代の存在の報告という形でつなげたものである。その展示会の目的は、「〝日本にも旧石器時代と言われるような古い石器時代があって、その研究が非常に科学的な方法で行われている〟ということを啓蒙すれば充分だと思われる」という言葉に要約され、なおかつ展示会が成功したことは、「この展示会に、絶大な協力を惜しまなかった、多くの研究者の資料を一堂に勉強して、私たちはいま、疑うべきもない日本旧石器時代の存在を知った」という「まとめ」の言葉に尽きる。また、この展示会に際して、座談会「日本旧石器時代研究の現状と課題」が開催されたが、その司会も戸沢がつとめた。なお、考古学研究会という団体研究の成果を、たとえ戸沢が文章の責任者で記述したとしても、個人の著作物に掲載するのに躊躇した。しかし、岩宿遺跡の正式発掘からわずか六年、しかも、大学生の手で、これだけの内容のものがまとめられていたということを埋もれさせては惜しいと考えて、あえて掲載することにした。そして、戸沢もまた、この「日本旧石器時代展」を糧に、日本の旧石器時代研究を牽引する一人になっていくのである。

2　1965―1978

関東地方以外では最初の旧石器時代遺跡の発見となった茶臼山遺跡ではあったが、従来までの遺跡とは違って、大量に出土した石器群の評価をめぐって、強い批判を受けた。

それは芹沢長介がhand-axe→blade→knife-blade→切出形石器→point→小形石器と石器の変遷を整理（「関東及中部地方に於ける無土器文化の終末と縄文文化の発生とに関する予察」『駿台史学』四号、一九五四年）した、そうした標準石器の編年に対して、茶臼山遺跡ではknife-blade（ナイフ形石器）とblade（刃器）が一緒に出土したことから、層位的な認識に疑問が投げかけられた。とくに茶臼山遺跡から当時、新石器時代の石器とされた磨製石器（局部磨製石斧）がともなったことは、多くの考古学者から常識では考えられないとの批判を受けた。そうした批判に対して、戸沢は、茶臼山遺跡から出土した資料を全体として総合的に把握し、それを旧石器時代研究の基礎資料とすることができないかを模索したのである。そして、茶臼山遺跡の実態が正しく一時点の石器組成を示すものであることを長野県諏訪市の八島遺跡の調査で確認した戸沢は、一九五八年に「長野県八島遺跡における石器群の研究――古い様相をもつポイントのインダストリー」（『駿台史学』八号）として発表し、歴史認識の素材としての石器組成の意義を確認し、それをインダストリーと表現した。この考え方を本格的に方法論としてまとめたのが、「先土器時代における石器群研究の方法――考古学的な資料を、歴史学的な認識の素材とするまでの、整理と理解の過程に関する方法論への試みとして。」（『信濃』一七巻四号、一九六五年）である。その時点までの標準化石的・羅列的な石器の編年研究から、「石器を人間の生活に直接かかわりのある歴史的な存在として理解」するための方法こそインダストリー論であると認識し、これから進むべき方向への出発点とした。その研究のために層位・形態・型式・技術各方法論を位置づけ、その後の展開としてカルチュアの存在と、その認識のためのフェイズとステイジの概念を提示するが、いまだ方法論的に未消化であったことは、戸沢自身も認めていることである。肝心なことは「先土器時代の研究の全体的な見通しの上に立って、研究を進めていく姿勢」であって、そのためのインダストリー・カルチュア論だということである。そして、戸沢は、このインダストリー・カルチュア論を埼玉県所沢市の砂川遺跡や神奈川県大和市の月見野遺跡群の調査と研究で実践し、旧石器時代遺跡の構成や石器群の構造を明らかにするなど、佐藤宏之が〝戸沢パラダイム〟と形容し、田村隆が「これは日本旧石器学が到達した、掛け値なしに世界的な業績であった」と評価したように、その後の旧石器時代研究の定点となるような大きな影響をあたえていくことになる（佐藤宏之『日本旧石器文化の構造と進化』柏書房、一九九二年。田村隆「石器石材の需給と集団関係」『講座日本の考古学』二巻、青木書店、二〇一〇年）。

「蔭の主役たち――岩宿発掘までの間に」（『図書新聞』五月二〇日号、一九六五年）は、一九四九年の岩宿遺跡での ヨーロッパの旧石器時代に相当する文化の発見が、偶然の産物ではなく、それまでの英国人のマンローや浜田耕作、直良信夫、大山柏、八幡一郎らの研究にもとづいたもので、それら先人を蔭の主役と評価したものである。小品文ではあるが、先人の研究に温かい眼差しを向ける戸沢の研究者としての姿勢が良くわかる。

「『長野県上ノ平の尖頭器石器文化』について」（自筆ノート、一九七三年）は、明治大学考古学研究室が一九五三年におこなった長野県諏訪市の上ノ平遺跡の報告書（『長野県上ノ平の尖頭器石器文化』明治大学文学部研究報告考古学第三冊、一九七三年）を、研究室内部で検討した際のレポートである。研究室の一員で、上ノ平遺跡の資料整理の中心にもなっていた戸沢が、研究室の主任教授であった杉原荘介が執筆した報告書の内容に批判と注文をおこなったもので、こうした闊達な議論のなかに、当時の明治大学考古学研究室が日本の旧石器時代研究をリードすることができた素地を垣間見ることができる。

「考古学における『地域研究』の方法・序説――藤森栄一の仕事を通して」（『信濃』二六巻四号、一九七四年）は、一九七三年一二月に恩師の藤森栄一が亡くなり、その哀悼の意を込めた論文である。もともとは藤森の還暦論文集のために、一度用意した論文の題名であるということだが、その論文集が計画倒れで終わってしまったために、筆を折ってしまったのを、改めて書き起こしたものである。人種民族論争、その後の実証主義的研究に象徴される日本考古学の、いかにも歴史学とはほど遠い研究状況を批判し、いわばその怒りのなかから湧き出たような藤森の学問を、「地域に根ざした雑草のような学問の強さ」と表現する。その代表的な論考が「信濃諏訪地方古墳の地域的研究」（『考古学』一四巻一号、一九三九年。『信濃諏訪地方古墳の地域的研究』伊藤書店、一九四四年に所収）であり、「縄文中期農耕論」（『縄文農耕』学生社、一九七〇年に所収の各論文）であるとして、改めて地域研究の意義を確認して、戸沢は、その刺激こそが「理屈ではなく私の身体にしみこんだもの」と言い切っている。後に「考古地域史論」を提唱した戸沢であったが、恩師の研究を振り返りつつ、自らの「地域研究」への志向を改めて表明した論文である。

「藤森考古学の現代的意義――通念に縛られた学問観の変革を求めて」(『季刊地域と創造』五月号、一九七八年)は、前述の「考古学における『地域研究』の方法・序説」と、基本的には同じスタンスで書かれた論文である。この間わずか四年であるが、考古学をとりまく情勢の悪化に、戸沢が危機感を募らせていたことは、その論調からわかる。一九七七年は、大森貝塚が発見されて、ちょうど一〇〇年目に当たるが、長野県では中央自動車道の事前調査で、縄文時代前期の大規模な環状集石をともなう阿久遺跡の発掘調査が進み、その保存問題に直面していた。「縄文時代観を転換する」とまでいわれ、国民の多くが貴重な文化遺産と認める阿久遺跡が、高速道路の犠牲となって良いものかと問い、阿久遺跡の問題の根の深さは、この一〇〇年にわたって抱えた日本考古学の一つの本質的な課題の現れであって、「無節操で無思想的であった日本考古学の体質と、深くかかわる問題」と鋭く突いた。そこで、無節操な考古学の歩みを振り返るなかで、「掘るだけなら掘らんでも良い」という姿勢で考古学に向かった藤森の生きざまや学問観を、前述の「考古学における『地域研究』の方法・序説」と同様に読み解いた。そして、真に国民のために大切なこと、守るべき内容は学問の体質が教えてくれて、それをすでに藤森が実践していたことを明らかにする。

3　1989―2012

一九七〇年代後半、日本列島改造という嵐のなかで全国の遺跡が翻弄された時代にあって、戸沢は、研究者の責任として、遺跡の保存問題に積極的に取り組んだ一人である。しかも、戸沢の保存運動の特徴は、開発と文化財保存という関係を、それらを対立する関係としてではなく、両立できる関係としてとらえて、問題解決を図ろうとした。そのために、戸沢は、市民は言うに及ばず、開発事業者や行政をも巻き込んで保存運動に取り組んだことで、それは他の研究者には、とてもまねのできないものであった。たとえば一九七〇年代後半、東京都東久留米市の新山遺跡と下里本邑遺跡では、前者が市立小・中学校の建設、後者が都住宅供給公社の団地建設の事前調査であったが、市民・行政・事業者・研究者がそれぞれの立場を尊重しながら粘り強く話し合うことによって、開発を前提としないで、あくまでも遺跡の保存・活用のための資料をえる目的とした確認調査を実施し、その成果をもとに、開発計画を変更させて、遺跡の主要な範囲を都史跡として保存するという、開発と遺跡保存の両立を図ったのである。また、一九八〇年代後半には、地域総合開発の名のもとに、茨城県美浦村の陸平貝塚と長野県長門町（現長和町）の鷹山遺跡群で大規模なリゾート開発が計画されていたが、ここでも開発を推進する行政と対立するのではなく、それぞれの理念や価値観を共有して、その地域に生活する人びとと手を携えながら遺跡の保存と活用を図った。その結果、今日、陸平貝塚は約一四ヘクタール、鷹山遺跡群は約六・六ヘクタールが国史跡として保存され、それぞれ特色ある活用が進められている。

このように、遺跡の保存問題に精力的に取り組んでいた戸沢であったが、一九八〇年代後半には、文化庁が開発優先の「通達」を出したり、学界が発掘を営利目的とする、いわゆる発掘株式会社の存在を許すような風潮を踏まえて、改めて日本考古学協会の存立基盤を確立しようと訴えたのが「開発優先の発掘調査に反対し日本考古学の自主的発展を堅持するための声明（案）」である。しかし、日本考古学協会は、その声明（案）を継続審議とし、結局はうやむやに終わらせてしまったのである。戸沢は、大きく失望するが、戸沢の危惧が現実のものとなったことは、埋蔵文化財行政の現状をみれば明らかであろう。

「古代漂流」は、一九八九年から九一年に朝日新聞大阪本社版の学芸欄に連載された歴史読み物シリーズのうち、戸沢が執筆した旧石器時代から縄文時代に関する四話である。「見えてきた縄文の日常」（『古代漂流』一六、一九八九年一〇月二八日号）は、その当時の富山県小矢部市の桜町遺跡や山形県高畠町の押出遺跡などの発見が、今度こそ縄文人の生活を生き生きと描き出せることに期待を寄せる。そのような縄文の暮らしを描き出した小学生達がいたことを、次の「「校庭の遺跡」は語る」（『古代漂流』一七、一九八九年一一月一〇日号）で紹介する。前述した東京都東久留米市の新山遺跡の発掘と保存運動のなかで、発掘現場を見学していた小学生が、その卒業に当たって作成した版画集

『東久留米の縄文の人々』を手にした戸沢が、開発と保存のはざまに生まれたこの小学生達の版画集に感動し、考古学の前途の可能性を見出している。ちなみに、その版画集を題材に、戸沢の編集で『縄文人は生きている――原始との対話』(有斐閣、一九八五年)が刊行されたが、この本こそは戸沢が最も自慢し、かつ大切にしていたものであった。「二種の人類がいた谷」(『古代漂流』一八、一九八九年一一月一七日号)は、戸沢が見聞した人類発祥の地アフリカ・オルドバイで、強者と弱者の二種の猿人のうち、後者が生き残った背景を実感し、そのことを人類史のなかの教訓的として位置づける。そして、最後の「縄文以前の狩人たち」(『古代漂流』一九、一九八九年一一月二四日号)は、戦後発見された旧石器時代の存在、その生活を素描し、世界史の一角を構成する日本の姿、日本史の原点を確かに描き出す意義を語っている。

「一〇〇人が語る、私の〝昭和天皇独白録〟」(『歴史書通信』七五号、一九九一年)は、総合雑誌『文芸春秋』の一九九〇年一二月号が掲載して、国内外で反響を呼んだ「昭和天皇独白録」についての見解を述べたものである。

「藤森栄一著『古道』「解説」」(講談社学術文庫『古道』、一九九九年)は、一九六六年に学生社から刊行された藤森栄一の『古道――古代日本人がたどったかもしれみちをさぐる』が講談社学術文庫の一冊として文庫化された際の解説文である。戸沢は、藤森栄一の愛弟子であることは良く知られている。その藤森は〝在野の考古学者〟として生涯を終えたが、戸沢は、この解説文を書いた当時は明治大学の学長であったように、中央の学者として功を成していた。しかし、高校を卒業して、藤森のもとで一度は〝在野の考古学者〟として生きようとした戸沢にとって、藤森の生き方には一種の憧れのようなものがあったことは間違いない。その藤森の研究の軌跡と絡み合う『古道』の各章に登場する、これも市井の考古学者に温かい眼差しを向けながら、要をえた解説をおこなっている。

「平出発掘から五〇年、平出を活かす二一世紀」は、二〇〇〇年四月に戸沢が明治大学の学長という激務から解放され、当面は好きな本などを読んでのんびりしたいと決めたなかで、唯一おこなった「平出遺跡発掘五〇周年記念シンポジウム」(二〇〇〇年八月二七日)での講演録である。平出遺跡が発掘調査された五〇年前は、戸沢が藤森という師をえて、考古学を本格的に学び始めた時期である。前半では、そうした当時の思い出を念頭におきながら、平出遺跡の発掘の意義を「小さな村の大きな誇り」と「小さな村での大きな仕事」と称えながら、その画期的な総合調査の内容を報告書『平出——長野県宗賀村古代集落遺跡の総合研究』（朝日新聞社、一九五五年）に沿いながら解説する。後半では、戸沢自身が茨城県の陸平貝塚で実践している「動く貝塚博物館」と、都県（埼玉）境の狭山丘陵でナショナルトラスト・トトロのふるさと基金が構想する「エコミュージアム」を紹介しながら、平出遺跡では箱物の博物館ではなく、市民みんなで研究しながら、五年後、一〇年後、一〇〇年後という歳月をかけながら、皆でつくり続けていけるような、そうした平出遺跡を活かす史跡整備を提唱する。

当面はのんびりしたいという戸沢の想いは、突然の事件でかなわなくなった。二〇〇〇年一一月五日に発覚した「旧石器遺跡ねつ造」事件で、考古学に興味と関心を抱いていた国民を裏切るもので、考古学界の信頼は大きく揺らいだ。そして、考古学に人一倍の愛情をもち、市民と共に学ぶ考古学を実践してきた戸沢にとっては、許されざる驚愕な事件であった。その事件の真相を解明し、考古学の信頼を回復するために、まさに「渦中の栗を拾うべく」自らをも鞭打つことになった。そうした事件の解決に一定の方向性が示され、戸沢が心身ともに一段落ついた時の小論が「信州最古の旧石器を観る」（『信州の旅』一三三号、二〇〇五年）である。長野県飯田市の竹佐中原遺跡で発見された石器群は、黒耀石が一つも使われていなくて、かつ細かい加工の痕跡がない粗づくりのもので、信州で「最古相」を思わせた。そうした石器群が「旧石器遺跡ねつ造」事件の検証結果を踏まえて、発掘調査は慎重にも慎重を重ね、石器が埋まったままの跡型（インプリント）を正確に残すなど、決してねつ造などが疑われないものであった。ただし、竹佐中原遺跡の地質や地形、立地環境などから、正式な年代決定は今後の科学の進展をまたなければならないとはいえ、信州で「最古相」の石器群であることは間違いなく、痛んだ戸沢の心がこの時わずかに癒されたように思う。それは竹佐中原遺跡を「捏造事件で混迷する考古学界に、今後に向けての新しい研究を予感させる、一つの光明を投げかける」もので、「信州は日本列島人類史の貴重な宝をまた一つ持つことになった」と文を結んでいることからもわかる。この一文を信濃毎日新聞は見逃さなかった。その年、七月一五日のコラム「斜面」で取り上げ、東アジア旧石器との比較研究など手堅くその研究を進めるべきである、という戸沢の提言を引用しつつ、「考古学に「神の手」は要らない」と締めくくった。

「考古学変革の新しい契機」（『考古学ジャーナル』六二三号、二〇一二年）は、活字となったものでは最後の執筆文である。「考古学者としての研究と教育の理念は、平和と自由を守り、戦前のような誤りを繰り返さぬためにも、考古学の存立基盤をより確かにすることが目標」としていた戸沢が、二〇一一年三月一一日に起こった東日本大震災とその後の原発事故に大きく心を痛め、日本考古学には、未然に防ぐべく歴史的教訓はなかったか、あるいは唯一の被爆国でありながら原発事故を招いたことを自問する。そして、戸沢は、「考古学が過去の人類史に学び、将来にわたって人類全体が平和と安全のうちに共生することに貢献する学問であるべきという〝哲学〟の下にあろうとする」なら、三・一一の大震災を「考古学変革の新しい契機」としようと訴えている。

絶筆となった小論のなかにこそ、考古学者・戸沢充則の精神が息づいており、ここに込められた戸沢の訴えを、私たちがしっかりと受け止めて、行動をしていかなければならないことを、今、改めて噛みしめているところである。

第2部

業績目録・年譜

I 著作目録

●著書・論文以外には、書評・訳文・研究論文抄録・解題・追悼・インタビュー・座談会・対談などの見出しを〈 〉で付し、事典類については項目執筆と《 》で付すとともに、執筆項目を記している。
●単著・編著については、書名を太文字で表記している。
●執筆者が別の名前であっても、戸沢充則が執筆者であることが明らかなものには、論文などの題名の後に＊を付している。

一九四七年（昭和二二）

広畑遺跡発掘記　上　史実誌　一号　諏訪清陵高校地歴部　一〇月

一九四八年（昭和二三）

長地古墳調査　史実誌　二号　諏訪清陵高校地歴部　六月

広畑遺跡発掘記　下　史実誌　二号　諏訪清陵高校地歴部　六月

曽根遺跡研究　清陵考古学　一号　諏訪清陵高校地歴部　一〇月

一九四九年（昭和二四）

殿村遺跡調査報告　史実誌　三号　諏訪清陵高校地歴部　二月

会の消息　史実誌　三号　諏訪清陵高校地歴部　二月

一九五〇年（昭和二五）

下り林の一年　清陵地歴部報　二号　諏訪清陵高校地歴部　一月

〈書評〉藤森栄一著『続石器と土器の話』　清陵地歴部報　二号　諏訪清陵高校地歴部　一月

与助尾根発見の新資料　史実誌　四号　諏訪清陵高校地歴部　一月

与助尾根発見の一釣手土器＊　史実誌　四号　諏訪清陵高校地歴部　一月

尖石一年の動き　史実誌　四号　諏訪清陵高校地歴部　一月

長野県殿村発見の一異形石器　古代学研究　二号　古代学研究会　二月
（青木茂人・手塚昌孝と共筆）
諏訪地方に於る中期初頭縄文式土器の研究　清陵地歴部報　四号　諏訪清陵高校地歴部　三月
——一つの史論として——
岡谷市南部遺跡群の研究（藤森栄一・青木茂人・手塚昌孝と共筆）　諏訪考古学　五号　諏訪考古学研究所　六月
——滝沢コレクション集成——
岡谷市下り林遺跡の早期縄文式土器　信濃　二巻七号　信濃史学会　七月
所謂阿島式土器の新資料　古代学研究　三号　古代学研究会　九月
——長野県に於ける弥生式土器の一様式——
諏訪の古墳と上代史　清陵地歴部報　特別号　諏訪清陵高校地歴部　九月

一九五一年（昭和二六）

信濃北原遺跡調査概報（松島透と共筆）　諏訪考古学　六号　諏訪考古学研究所　一月
長地村梨久保遺跡調査報告（宮坂光昭と共筆）　諏訪考古学　七号　諏訪考古学研究所　四月
——中期初頭縄文式土器の研究資料篇Ⅰ——
宮川村晴ヶ峯発見の土器（宮坂昭久と共筆）　諏訪考古学　七号　諏訪考古学研究所　四月
——中期初頭縄文式土器の研究資料篇Ⅱ——
同人言＊　諏訪考古学　七号　諏訪考古学研究所　四月

小報　諏訪考古学　七号　諏訪考古学研究所　四月

一九五二年（昭和二七）

岡谷市下り林遺跡調査報告　諏訪考古学　八号　諏訪考古学研究所　四月
〈書評〉小林行雄「日本考古学概説」　諏訪考古学　八号　諏訪考古学研究所　四月
小報―最近のニュースから　諏訪考古学　八号　諏訪考古学研究所　四月

一九五三年（昭和二八）

諏訪湖周辺の中期初頭縄文式遺跡　―諸磯文化期における漁撈集落と狩撈集落―　信濃　五巻五号　信濃史学会　五月
小さな主題―中期初頭縄文式文化の一断面―　ミクロリス　六号　明治大学考古学研究部　七月
先史原史時代　川岸村誌　川岸村誌刊行会　九月
長野県岡谷市庄ノ畑遺跡の再調査　信濃　五巻一〇号　信濃史学会　一〇月
西志賀貝塚の構成と分層発掘の概要　ミクロリス研究発表要旨　明治大学考古学研究部　一〇月
プレアーケオロジィの諸問題（1）　ミクロリス　七号　明治大学考古学研究部　一二月

一九五四年（昭和二九）

長野県岡谷市下り林遺跡＊　日本考古学年報　2　日本考古学協会　四月

長野県諏訪郡梨久保遺跡＊　日本考古学年報　2　日本考古学協会　四月
プレアーケオロジィの諸問題（2）　ミクロリス　九号　明治大学考古学研究部　五月
学史勉強会「近代科学と日本考古学」　あゆみ　一　学史勉強会　九月
堀ノ内貝塚―発掘参加に備えて若干のメモ　あゆみ　二　学史勉強会　一〇月
学史勉強の周辺　ミクロリス　一〇号　明治大学考古学研究部　一〇月
野辺山高原の秋―矢出川細石器遺跡発掘紀行　あゆみ　三　学史勉強会　一一月
反省の時機―困難だった三の仕事を終えて　あゆみ　四　学史勉強会　一二月

一九五五年（昭和三〇）

樋沢押型文遺跡　石器時代　二号　石器時代文化研究会　一〇月
日本旧石器時代展＊　明大大学祭パンフレット　明治大学考古学研究部　一〇月
霧ヶ峰の無土器文化遺跡群の調査　ミクロリス　一二号　明治大学考古学研究部　一〇月
（堀江良雄・増井義巳・松沢亜生と共筆）
〝団体研究〟ということ　ミクロリス　一二号　明治大学考古学研究部　一〇月

一九五六年（昭和三一）

日本旧石器時代展　ミクロリス　一三号　明治大学考古学研究部　二月
―実施の経過と展示内容の報告―

日本旧石器時代展　ミクロリス　一三号　明治大学考古学研究部　二月
〈座談会〉日本旧石器時代研究の現状と諸問題（司会）
日本旧石器時代展　ミクロリス　一三号　明治大学考古学研究部　二月
―旧石器時代の研究と日本の歴史教育―
日本旧石器時代展　ミクロリス　一三号　明治大学考古学研究部　二月
展示会の一断面―アンケートから見た成果―
茶臼山石器文化（卒業論文　未刊　一部『考古学集刊』四巻四号に収録）　三月
各地域の縄文式土器・中部＊　日本考古学講座　三巻　河出書房　五月
日本史物語（一）石器時代のはじめ＊　螢雪時代　一一月号　旺文社　一一月
信州ロームと人類の文化　信州ローム　一号　信州ローム研究会　一二月
日本史物語（二）はなれ島に栄えた文化＊　螢雪時代　一二月号　旺文社　一二月

一九五七年（昭和三二）

日本史物語（三）文明のおとずれ＊　螢雪時代　一月号　旺文社　一月
日本史物語（四）ヤマトの国とヒミコ＊　螢雪時代　二月号　旺文社　二月
日本史物語（五）日本の統一＊　螢雪時代　三月号　旺文社　三月
長野県諏訪市茶臼山遺跡（藤森栄一と共筆）　日本考古学年報　5　日本考古学協会　三月
長野県岡谷市樋沢遺跡（藤森栄一と共筆）　日本考古学年報　5　日本考古学協会　三月

日本古代史物語　日本のあけぼの＊　中学時代　四月号　旺文社　四月

日本古代史物語　国の誕生＊　中学時代　五月号　旺文社　五月

日本歴史学会の回顧と展望（甘粕健と共筆）　史学雑誌　六六編五号　史学会　五月

無土器文化研究の歩み　私たちの考古学　四巻一号　考古学研究会　六月

縄文文化起源はどのように研究されるべきか　青考協連絡誌　三号　青年考古学研究者協議会　六月

日本古代史物語　ヤマトの国の発展＊　中学時代　六月号　旺文社　六月

日本古代史物語　日本の国の成長＊　中学時代　七月号　旺文社　七月

日本古代史物語　聖徳太子＊　中学時代　八月号　旺文社　八月

〈訳文〉　L・S・B・リーキー「石と骨の性質とその加工の原理」一　信州ローム　三号　信州ローム研究会　八月

日本古代史物語　大化改新＊　中学時代　九月号　旺文社　九月

切出形石器をめぐる問題　貝塚　六八号　土曜会　九月

縄文文化の時期区分について　青考協連絡誌　六号　青年考古学研究者協議会　一〇月

日本古代史物語　壬申の乱＊　中学時代　一〇月号　旺文社　一〇月

日本古代史物語　奈良の都＊　中学時代　一一月号　旺文社　一一月

日本古代史物語　貧窮問答歌＊　中学時代　一二月号　旺文社　一二月

一九五八年（昭和三三）

日本古代史物語　荘園と貴族社会＊　中学時代　一月号　旺文社　一月
日本古代史物語　武士の活躍＊　中学時代　二月号　旺文社　二月
一九五七年度の日本考古学界（1）無土器文化　貝塚　七三号　土曜会　二月
（堀江良雄と共筆）
日本古代史物語　古代史の終幕＊　中学時代　三月号　旺文社　三月
長野県八島遺跡における石器群の研究　駿台史学　八号　駿台史学会　三月
―古い様相をもつポイントのインダストリー―
ポイント（修士論文　未刊　一部「尖頭器文化」に収録）　三月
岩宿発見の前後　考古学手帖　一号　考古学手帖同人会　四月
長野県諏訪郡新道の中期縄文土器＊　考古学手帖　一号　考古学手帖同人会　四月
〈訳文〉L・S・B・リーキー「石と骨の性質とその加工の原理」二　信州ローム　四号　信州ローム研究会　四月
長野県殿村遺跡の中期縄文土器　考古学手帖　三号　考古学手帖同人会　八月

一九五九年（昭和三四）

〈時評〉松島・平田氏らの見解を知って　考古学手帖　六号　考古学手帖同人会　二月
長野県諏訪市八島遺跡　日本考古学年報　8　日本考古学協会　三月
利島大石山遺跡の第二次調査　東京都文化財報告　七　東京都教育委員会　三月

伊豆諸島文化財総合調査報告　二

時評・九四五〇年±四〇〇年　考古学手帖　七号　考古学手帖同人会　四月

〈訳文〉石と骨の性質とその加工の原理　三　信州ローム　五号　信州ローム研究会　七月

世界最古の土器の出現について＊　科学読売　九月号　読売新聞社　九月

読書案内・考古学＊　科学朝日　一一月号　朝日新聞社　一一月

縄文土器と土偶　別冊みずゑ　二五号　美術出版社　一二月

一九六〇年（昭和三五）

佐賀県多久三年山石器時代遺跡について（杉原荘介と共筆）　第二六回協会研究発表要旨　日本考古学協会　一〇月

エスキモー文化の故郷への旅＊　世界の旅・日本の旅　一六号　修道社　一一月

Pre-ceramic Age in Japan（杉原荘介と共筆）　Acta Asiatica　1　Bulletin of the institute of Eastern Culture　東方学会　一二月

一九六一年（昭和三六）

佐賀県多久茶園原石器時代遺跡について（杉原荘介と共筆）　第二七回総会研究発表要旨　日本考古学協会　四月

古いエスキモーの生活　アラスカ　明治大学アラスカ学術調査団　一一月

――ホット・スプリング貝塚の発掘――

一九六二年（昭和三七）

佐賀県伊万里市平沢良の石器文化（杉原荘介と共筆）　駿台史学　一二号　駿台史学会　三月

佐賀県伊万里市周辺の石器時代遺跡（杉原荘介と共筆）　第二八回総会研究発表要旨　日本考古学協会　三月

東京都利島大石山遺跡　日本考古学年報　11　日本考古学協会　三月

佐賀県・原遺跡の石器群（富桝憲次と共筆）　考古学手帖　一四号　考古学手帖同人会　四月

茶臼山石器文化（藤森栄一と共筆）　考古学集刊　四冊　東京考古学会　六月

唐津周辺の細石器（Ⅱ）（富桝憲次と共筆）　考古学手帖　一六号　考古学手帖同人会　一〇月

――唐津周辺の細石器――

一九六三年（昭和三八）

日本における所謂「前期旧石器」の諸問題　歴史教育　一一巻三号　歴史教育研究会　三月

神奈川県横浜市杉田遺跡　日本考古学年報　10　日本考古学協会　三月

唐津周辺の細石器（Ⅲ）（富桝憲次と共筆）　考古学手帖　一八号　考古学手帖同人会　四月

神奈川県杉田および桂台遺跡（杉原荘介と共筆）　考古学集刊　二巻一号　東京考古学会　六月

学界の趨勢―縄文式文化時代―　日本考古学年報　6　日本考古学協会　一〇月
帝釈寄倉岩陰遺跡の第一次調査　六三年度大会研究発表要旨　日本考古学協会　一〇月
（松崎寿一・杉原荘介・大塚初重と共筆）
縄文文化終末期の研究　明治大学人文科学研究所年報　四号
―東北地方を中心として―　明治大学人文科学研究所　一二月

一九六四年（昭和三九）

《項目執筆》一五項目　日本原始美術　1　縄文式土器　講談社　三月
一　尖底深鉢　夏島式　横須賀市夏島貝塚／二　尖底深鉢　夏島式　横須賀市夏島貝塚／一〇　尖底深鉢
未命型式　青森県上北郡六ヶ所村尾鮫遺跡／一六　尖底深鉢　野島式　横浜市金沢区野島貝塚／四五
深鉢関山式　栃木県下都賀郡藤岡篠山貝塚／一〇三　深鉢　阿玉台1式　市川市鳴神山貝塚／一七六
深鉢　堀之内1式（称名寺式）市川市曽谷貝塚／一七七　深鉢　堀之内1式　市川市曽谷貝塚／一七九
深形土器　堀之内2式　市川市姥山貝塚／一八〇　深鉢　堀之内2式　市川市曽谷貝塚／一八八　浅鉢
加曽利B1式　市川市姥山貝塚／一九〇　深鉢　加曽利B3式　市川市姥山貝塚／二五二　浅鉢　安行3
a・3b式？　千葉市園生貝塚／二五三　大型浅鉢　大洞C2式（杉田2）横浜市杉田遺跡／二五四
小型広口壺　安行3c式　市川市堀之内貝塚B地点
帝釈寄倉遺跡の調査―第一次調査―　帝釈峡遺跡群の調査研究　1
（杉原荘介と共筆）　帝釈峡遺跡群発掘調査団　三月

千葉県市川市曽谷貝塚　日本考古学年報　12　日本考古学協会　三月
矢出川遺跡　考古学集刊　二巻三号　東京考古学会　四月
縄文文化起源論の系譜　日本考古学の諸問題　考古学研究会　六月
千葉県天神前遺跡における晩期縄文式土器　駿台史学　一五号　駿台史学会　九月
（杉原荘介・大塚初重・小林三郎と共筆）
《項目執筆》九項目　日本原始美術　2　弥生式土器　講談社　九月
三四　前期　愛知県名古屋市西区貝田町西志賀／一一九　中期　東京都港区芝公園／一三六　中期　神奈川県藤沢市引地伊勢山／一四三〜一四八　中期　福島県会津若松市南御山

一九六五年（昭和四〇）

尖頭器文化　日本の考古学　I　河出書房新社　三月
関東地方の先土器時代　日本の考古学　I　河出書房新社　三月
日本先土器時代主要遺跡地名表　日本の考古学　I　河出書房新社　三月
日本先土器時代主要文献目録　日本の考古学　I　河出書房新社　三月
東および北日本における縄文文化終末期の様相　明治大学人文科学研究所年報　五号　明治大学人文科学研究所　三月
（杉原荘介・大塚初重と共筆）
佐賀県多久市多久三年山遺跡（杉原荘介と共筆）　日本考古学年報　13　日本考古学協会　三月
佐賀県多久市多久茶園原遺跡（杉原荘介と共筆）　日本考古学年報　13　日本考古学協会　三月

先土器時代における石器群研究の方法　信濃　一七巻四号　信濃史学会　四月
―考古学的な資料を、歴史学的な認識とするまでの、
整理と理解の過程に関する方法論への試みとして。―
北海道置戸安住遺跡の石器群　第三一回総会研究発表要旨　日本考古学協会　五月
蔭の主役たち―岩宿発掘までの間に―　図書新聞　五月二〇日号　図書新聞社　五月
千葉県堀之内貝塚B地点の調査（杉原荘介と共筆）　考古学集刊　三巻一号　東京考古学会　六月
日本最古の細石器―静岡県休場遺跡で発見―　週刊明治大学新聞　六月三日号
明治大学新聞学会　六月
縄文文化の発展と地域性・関東（岡本勇と共筆）　日本の考古学　II　河出書房新社　七月
後・晩期の縄文式土器群　井戸尻　中央公論美術出版　七月
―井戸尻的な土器の消滅―
帝釈寄倉岩蔭遺跡の第二次調査と二、三の問題　帝釈峡遺跡群の調査研究　2
（小林三郎・外山和夫・後藤和民・友永隆子・小宮恒雄・福井万千と共筆）　帝釈峡遺跡群発掘調査団　八月
東京都八丈島湯浜で発見された石器時代遺跡＊　昭和四〇年度発表要旨　日本考古学協会　一〇月
一九六五年帝釈峡遺跡群の発掘調査　昭和四〇年度発表要旨　日本考古学協会　一〇月
（松崎寿一・杉原荘介・藤田等・潮見浩と共筆）
茨城県立木遺跡（杉原荘介と共筆）　考古学集刊　三巻二号　東京考古学会　一二月

一九六六年（昭和四一）

九州における特殊な刃器技法（杉原荘介・横田義章と共筆）
—佐賀県伊万里市鈴桶遺跡の石器群— 考古学雑誌 五一巻三号 日本考古学会 一月

海・山の幸 市川市—市民読本— 市川市教育委員会 三月

茨城県法堂遺跡の調査（半田純子と共筆） 駿台史学 一八号 駿台史学会 三月

—「製塩址」をもつ縄文時代晩期の遺跡—

佐賀県伊万里市平沢良遺跡（杉原荘介と共筆） 日本考古学年報 14 日本考古学協会 三月

佐賀県伊万里市鈴桶遺跡（鈴木重美と共筆） 日本考古学年報 14 日本考古学協会 三月

北海道紋別郡新野上遺跡（鈴木重美と共筆） 日本考古学年報 14 日本考古学協会 三月

千葉県市川市鳴神山遺跡 日本考古学年報 14 日本考古学協会 三月

北海道白滝服部台遺跡の調査（杉原荘介と共筆） 第三三回総会研究発表要旨 日本考古学協会 四月

諏訪山遺跡—東京都北多摩郡大和町—（編著） 東大和市教育委員会 八月

日本における細石器文化の研究 明治大学人文科学研究所年報 七号

（杉原荘介・大塚初重と共筆） 明治大学人文科学研究所 九月

一九六七年（昭和四二）

〈研究論文抄録〉茶臼山石器文化（『考古学集刊一巻四号』）（藤森栄一と共筆）

日本考古学年報 15 日本考古学協会 三月

北海道常呂郡置戸安住遺跡　日本考古学年報　15　日本考古学協会　三月
宮城県栗原郡山王遺跡　日本考古学年報　15　日本考古学協会　三月
千葉県市川市姥山貝塚（杉原荘介と共筆）　日本考古学年報　15　日本考古学協会　三月
茨城県北相馬郡立木貝塚（外山和夫と共筆）　日本考古学年報　15　日本考古学協会　三月
神奈川県横浜市桂台遺跡　日本考古学年報　15　日本考古学協会　三月
先土器時代文化の構造（学位論文、『先土器時代文化の構造』同朋舎出版、一九九〇年に収録）　三月
北海道置戸安住遺跡の調査とその石器群　考古学集刊　三巻三号　東京考古学会　四月
東京都八丈島湯浜の石器時代遺跡　考古学集刊　三巻四号　東京考古学会　一〇月
（杉原荘介と共筆）
向台貝塚の発掘　週刊明治大学新聞　一〇月一二日号　明治大学新聞学会　一〇月
学位論文・先土器時代文化の構造　要旨　明治大学大学院紀要　五集　明治大学大学院　一二月

一九六八年（昭和四三）

私の学位論文　週刊明治大学新聞　二月一五日号　明治大学新聞学会　二月
海戸遺跡における集落（住居址群）の構成　海戸遺跡―第二次報告書―　長野県考古学会研究報告書　4　長野県考古学会　三月

加曽利南貝塚の土器（西村正衛・鈴木公雄と共筆）　貝塚博物館調査資料　二集　加曽利貝塚博物館　三月
加曽利貝塚Ⅱ――昭和三九年度加曽利南貝塚調査報告――
〈研究論文抄録〉神奈川県杉田遺跡および桂台遺跡の研究（杉原荘介と共筆）
（『考古学集刊』二巻一号）　日本考古学年報　16　日本考古学協会　三月
長野県南佐久郡矢出川遺跡（第三次調査）　日本考古学年報　16　日本考古学協会　三月
静岡県沼津市伊良宇根遺跡　日本考古学年報　16　日本考古学協会　三月
千葉県堀ノ内貝塚B地点の調査（杉原荘介と共筆）　日本考古学年報　16　日本考古学協会　三月
広島県比婆郡帝釈寄倉岩陰遺跡　日本考古学年報　16　日本考古学協会　三月
埼玉県砂川遺跡の石器文化　考古学集刊　四巻一号　東京考古学会　四月
帝釈寄倉岩蔭遺跡の第三次・四次調査　帝釈峡遺跡群の調査研究　3
（堀部昭夫と共筆）　帝釈峡遺跡群発掘調査団　八月
北海道川東羽田発見の石刃鏃とその遺跡　考古学集刊　四巻二号
（鶴丸俊明と共筆）　東京考古学会　一〇月
佐賀県原遺跡の細石器文化（杉原荘介と共筆）　一九六八年度大会研究報告要旨　日本考古学協会　一〇月
北日本における先土器時代終末期の様相　明治大学人文科学研究所年報　九号
（杉原荘介と共筆）　明治大学人文科学研究所　一二月

一九六九年（昭和四四）

〈書評〉魅力的な考古学の書（石器と土器の話・岩宿の発見）　読売新聞　二月一八日号　読売新聞社　二月
概報・月見野遺跡群（編著）　明治大学考古学研究室　三月
第四紀と人類　地理　一四巻三号　古今書院　三月
茨城県北相馬郡立木貝塚（第二次）　日本考古学年報　17　日本考古学協会　三月
千葉県千葉市犢橋貝塚　日本考古学年報　17　日本考古学協会　三月
広島県比婆郡帝釈寄倉岩陰遺跡（第二次）　日本考古学年報　17　日本考古学協会　三月
岡谷市後田原遺跡　日本考古学年報　17　日本考古学協会　三月
茨城県殿内（浮島）における縄文・弥生両時代の遺跡（杉原荘介・小林三郎と共筆）　考古学集刊　四巻三号　東京考古学会　四月
神奈川県月見野遺跡群における関東ローム層と石器文化（杉原荘介と共筆）　第三五回総会研究発表要旨　日本考古学協会　四月

一九七〇年（昭和四五）

西日本における先土器時代終末の研究　明治大学人文科学研究所紀要　一〇号
（杉原荘介と共筆）　明治大学人文科学研究所　三月
後田原遺跡（編著）　岡谷市文化財調査報告　三　岡谷市教育委員会　三月
茨城県美浦村法堂遺跡　日本考古学年報　18　日本考古学協会　四月

広島県比婆郡帝釈寄倉岩陰遺跡（第三次）　日本考古学年報　18　日本考古学協会　四月
狩猟・漁撈生活の繁栄と衰退　古代の日本　7　関東　角川書店　六月
縄文時代の遺跡・遺物と歴史構成　郷土史研究講座　1　朝倉書店　一〇月

一九七一年（昭和四六）

縄文人のエネルギー　信濃毎日新聞　一月一日号　信濃毎日新聞社　一月
学界の趨勢・先土器時代　日本考古学年報　19　日本考古学協会　三月
〈研究論文抄録〉九州における特殊な石刃技法　日本考古学年報　19　日本考古学協会　三月
―佐賀県伊万里市鈴桶遺跡の石器群―（『考古学雑誌』五一巻三号）
埼玉県所沢市砂川遺跡　日本考古学年報　19　日本考古学協会　三月
千葉県市川市北台遺跡　日本考古学年報　19　日本考古学協会　三月
千葉県市川市美濃輪台遺跡　日本考古学年報　19　日本考古学協会　三月
東京都北多摩郡大和町諏訪山遺跡　日本考古学年報　19　日本考古学協会　三月
北海道川東羽田発見の石刃鏃とその遺跡　考古学集刊　四巻四号　東京考古学会　九月
（第二次報告）（鶴丸俊明と共筆）
貝塚文化―縄文時代―（杉原荘介と共筆）　市川市史　一巻　市川市役所　九月
佐賀県原遺跡における細石器文化の様相　考古学集刊　四巻四号　東京考古学会　九月
（杉原荘介と共筆）

小林・小田・羽鳥・鈴木論文に対する論評　第四紀研究　一〇巻四号　日本第四紀学会　一二月

一九七二年（昭和四七）

埼玉県所沢市場北遺跡　日本考古学年報　20　日本考古学協会　五月
東京都北多摩郡大和町砂野遺跡　日本考古学年報　20　日本考古学協会　五月
北海道北見市川東羽田遺跡　日本考古学年報　20　日本考古学協会　五月
千葉県市川市向台遺跡　日本考古学年報　20　日本考古学協会　五月
千葉県市川市権現原遺跡　日本考古学年報　20　日本考古学協会　五月

一九七三年（昭和四八）

縄文土器は語る　信濃毎日新聞　一月一日号　信濃毎日新聞　一月
原始・古代の岡谷　岡谷市史　上巻　岡谷市役所　一月
故郷を見なおすということ　岡谷日々新聞　一月一日号　岡谷日日新聞社　一月
一九七一年度の日本考古学界　日本考古学年報　24　日本考古学協会　三月
—学界の動きと研究動向—（小林三郎と共筆）
氷河時代とニッポンの列島異変史　私大進学　八月号　ライオン社　八月

一九七四年（昭和四九）

縄文人のエネルギー—水煙土器—　信濃毎日新聞　一月一日号　信濃毎日新聞社　一月
藤森先生の死　考古学ジャーナル　九〇号　ニュー・サイエンス社　一月
美濃輪台遺跡—A地点（貝塚）—　市立市川博物館研究調査報告　一冊　市川市教育委員会　一月
（堀越正行と共編著）
原始集落の研究と宮坂先生　信濃毎日新聞　三月一〇日号　信濃毎日新聞社　三月
砂川先土器時代遺跡（安蒜政雄・鈴木次郎・矢島國雄と共編著）　所沢市教育委員会　三月
—埼玉県所沢市砂川遺跡の第2次調査—
一九七二年の日本考古学界—日本考古学協会—　日本考古学年報　25　日本考古学協会　三月
考古学における『地域研究』の方法・序説　信濃　二六巻四号　信濃史学会　四月
—藤森栄一の仕事を通して—
古代世界への旅　1　古きものへの情熱　看護学生　二二巻四号　メヂカルフレンド社　四月
古代世界への旅　2　縄文時代への旅　看護学生　二二巻五号　メヂカルフレンド社　五月
古代世界への旅　3　原始人の生活力　看護学生　二二巻六号　メヂカルフレンド社　六月
陸平貝塚の危機　読売新聞　七月二四日号　読売新聞社　七月
研究動向と問題点—原始・社会—　日本古代史事典　朝倉書店　一一月
原始・古代総論　日本史の基礎知識　有斐閣　一二月
〈解題〉考古学・考古学者　考古学・考古学者　学生社　一二月

一九七五年（昭和五〇）

砂川遺跡（安蒜政雄と共筆）　日本の旧石器文化　二巻　雄山閣出版　五月
〈書評〉渡辺誠著『縄文時代の植物食』　赤旗　五月一五日号　日本共産党　五月
海外短信　Ⅰ　ケニヤの考古学　歴史評論　三一三号　歴史科学者協議会　五月
人類発祥の謎ひめるオルドバイ遺跡　赤旗　七月五日号　日本共産党　七月
海外短信　Ⅱ　最古の人類文化を見る　歴史評論　三一六号　歴史科学者協議会　八月
パンスバン遺跡の発掘調査に学ぶ　上　赤旗　八月一日号　日本共産党　八月
パンスバン遺跡の発掘調査に学ぶ　中　赤旗　八月二日号　日本共産党　八月
パンスバン遺跡の発掘調査に学ぶ　下　赤旗　八月三日号　日本共産党　八月
海外短信　Ⅲ　人類発達史の宝庫オルドバイ遺跡を行く　歴史評論　三一七号　歴史科学者協議会　九月
インダストリー論　日本の旧石器文化　一巻　雄山閣出版　一一月
『諏訪考古学』と滝沢さん　復刻版諏訪考古学　五号　滝沢敬三自家本　一一月

一九七六年（昭和五一）

市民参加に三つの期待　赤旗　三月三日号　日本共産党　三月
多摩湖遺跡群の調査と市民参加　文化財保存全国協議会大会シンポジウム報告要旨　文化財保存全国協議会　五月

帝釈寄倉岩陰遺跡の調査—第一次調査— 帝釈峡遺跡群 帝釈峡遺跡群発掘調査団 六月
（杉原荘介と共筆）
帝釈寄倉岩陰遺跡の調査—第二次と二・三の問題—
（堀部昭夫と共筆） 帝釈峡遺跡群 帝釈峡遺跡群発掘調査団 六月
歴史における「地域研究」の意義 1 月刊多摩湖の記録 1 多摩湖遺跡群調査団 六月
—とくに郷土誌のあり方にふれて—
霧ヶ峰に寄せる憶い 信州の旅 一七号 信州の旅社 七月
〈書評〉H・ヴェント著、寺田和夫・中沢寅彦訳『サルから人間へ』
赤旗 七月一二日号 日本共産党 七月
海外の考古学 上 信濃毎日新聞 八月六日号 信濃毎日新聞社 八月
海外の考古学 下 信濃毎日新聞 八月七日号 信濃毎日新聞社 八月
理事会は反省してほしい 明大組合ニュース 一四二号
明治大学教職員組合 一〇月
「暗黒時代」の再来を許さないために ドキュメント明大暗黒時代
明治大学教職員組合調査部 一一月

一九七七年（昭和五二）

輝ける三〇年の歴史 明大組合ニュース 一四五号

―組合こそ、正義と良心の砦―　明治大学教職員組合　一月
しんやま―新山第一遺跡発掘調査概報（編著）　東久留米市教育委員会　三月
民主的で創造性に満ちた明大を　明大組合ニュース　一四六号　明治大学教職員組合　四月
大学の未来のために団結を　明大組合ニュース　一四七号　明治大学教職員組合　五月
暗中模索の中から大きな光を見た　明大組合ニュース　一四八号　明治大学教職員組合　七月
日本の考古学は何をやってきたか　1　―歴史における「地域研究」の意義　2―　月刊多摩湖の記録　13　多摩湖遺跡群調査団　八月
阿久遺跡保存問題緊急特別調査団報告　信濃考古　四四号　長野県考古学会　九月
転換迫られる「縄文時代観」―阿久遺跡調査の意義　上―　信濃毎日新聞　一〇月二五日号　信濃毎日新聞社　一〇月
転換迫られる「縄文時代観」―阿久遺跡調査の意義　下―　信濃毎日新聞　一〇月二六日号　信濃毎日新聞社　一〇月
学問の創造性ということについて―歴史における「地域研究」の意義　3―　月刊多摩湖の記録　16　多摩湖遺跡群調査団　一一月
岩宿へのながい道　季刊どるめん　一五号　ＪＩＣＣ出版局　一一月

阿久遺跡の調査と保存　上　赤旗　一一月二五日号　日本共産党　一一月
阿久遺跡の調査と保存　下　赤旗　一一月二七日号　日本共産党　一一月
日本考古学元年をおおった黒い影　考古学研究　二四巻三・四合併号　考古学研究会　一二月
―モースの食人説をめぐって―
〈書評〉甘粕健編『考古資料の見方』　赤旗　四月四日号　日本共産党　四月
縄文の土器にいどむ　自然　四月号　中央公論社　四月

一九七八年（昭和五三）

保存運動と行政の責任　赤旗　二月二〇日号　日本共産党　二月
藤森考古学の現代的意義　季刊地域と創造　五月号　銀河書房　五月
―通念に縛られた学問観の変革を求めて―
文化財の宝庫―八幡谷戸遺跡―　東やまと市報　五月一〇日号　東大和市役所　五月
押型文土器群編年研究素描　中部高地の考古学　Ⅰ　長野県考古学会　六月
組合活動をいきいきと発展させよう　週刊速報・明大組合ニュース　八〇九号　明治大学教職員組合　七月
上ノ台遺跡―東京都東大和市―（編著）　東大和市教育委員会　九月
原始の美とその秘密　東やまと市報　一〇月七日号　東大和市役所　一〇月
日本考古学を学ぶ　1（大塚初重・佐原真と共編著）　有斐閣　一一月

日本考古学史とその背景　阿久通信　三号　長野県考古学会　一一月
阿久遺跡保存運動をふりかえって
「ベストではないがベターである」という問題解決の仕方がもつ問題と反省　阿久通信　三号　長野県考古学会　一一月
黙視できない開発側の攻勢　赤旗　一一月一九日号　日本共産党　一一月
〈解説〉人間、藤森栄一とその考古学の原点　藤森栄一全集　一巻　学生社　一二月

一九七九年（昭和五四）

信州の河川と縄文文化　信州の旅　二七号　信州の旅社　一月
下里本邑―東京都東久留米市下里本邑遺跡確認調査報告書―（編著）　下里本邑遺跡調査会　二月
〈対談〉縄文時代を概観する　歴史公論　二月号　雄山閣出版　二月
地域研究の理念と方法・覚書　狭山丘陵　二号　所沢歴史研究会　三月
編む―生活史のなかから―　手―もう一つの生活　三号　クラフト・センター・ジャパン　六月
〈書評〉樋口隆康編『先史・原史―図説日本文化の歴史　1―』　週刊読書人　六月一八日号　週刊読書人　六月
日本考古学を学ぶ　3（大塚初重・佐原真と共編著）　有斐閣　六月
先土器時代論

日本考古学を学ぶ　2（大塚初重・佐原真と共編著）　有斐閣　八月
縄文農耕論
日本における細石器の研究　駿台史学　四七号　駿台史学　九月
〈インタビュー〉「野辺山シンポジウム」を開いた戸沢充則さん
信濃毎日新聞　九月一八日号　信濃毎日新聞社　九月
原始・古代総説　日本古代史の基礎　有斐閣　一〇月
研究動向―原始・古代―　古代史事典　朝倉書店　一一月
藤森考古学とその継承　信濃毎日新聞　一一月七日号　信濃毎日新聞社　一一月

一九八〇年（昭和五五）

多摩湖の歴史―湖底の遺跡と村の発掘―（編著）　東大和市役所　三月
狭山丘陵の地形と地質
多摩湖遺跡群の発掘と調査（和仁廉夫と共筆）
原始・古代の多摩湖とその周辺
市民参加の発掘が残したもの（勅使河原彰と共筆）
八ヶ岳西南麓の遺跡群と縄文農耕論の現状　広域遺跡保存対策調査研究報告　3　文化庁　三月
石器技術の起源と人類の進化　歴史公論　五月号　雄山閣出版　五月
日本先土器時代研究の視点　神奈川考古　八号　神奈川考古同人会　五月

狭山丘陵と私―会の発足にあたって― さやま手帖 1 狭山丘陵を市民の森にする会 七月

小さく素朴、豊かさを祈る―吊手土器― 信濃毎日新聞 九月三〇日号 信濃毎日新聞社 九月

多聞寺前遺跡―第一次調査概報―（共編著） 多聞寺前遺跡調査会 九月

縄文人の心のふるさと―抽象文装飾甕― 信濃毎日新聞 一〇月一一日号 信濃毎日新聞社 一〇月

報告・野辺山シンポジウム一九七九（編著） 明治大学考古学研究室 一二月

野辺山シンポジウムへの願い

野辺山シンポジウムの計画と実施

野辺山シンポジウムの意義と展望

〈インタビュー〉僕は人類史的楽天主義 東大和新聞 一二月二日号 東大和新聞社 一二月

一九八一年（昭和五六）

矢出川遺跡群とその調査 長野県考古学会誌 四〇号 長野県考古学会 三月

新山遺跡（編著） 東久留米市埋蔵文化財調査報告 八集 東久留米市教育委員会 三月

県史「遺跡地名表」の出版 信濃毎日新聞 四月二七日号 信濃毎日新聞社 四月

後田原遺跡 日本考古学年報 21・22・23合併号 日本考古学協会 四月

研究の到達点と保存の意義―先土器時代― 第2次埋蔵文化財白書 日本考古学協会 五月

報告・野辺山シンポジウム一九八〇（編著）　明治大学考古学研究室　一二月
一九八〇年度総合調査のまとめと次年度への課題
野辺山シンポジウムの成果―シンポジウムのおわりに―

一九八二年（昭和五七）

縄文中期農耕説の現状と問題点　シンポジウム縄文農耕の実証性
文部省科学研究費特定研究「古文化財」総括班　一月
〈書評〉H・J・エガース著『考古学研究入門』　朝日新聞　二月八日号　朝日新聞社　二月
概報・樋沢遺跡（編著）　岡谷・塩尻市教育委員会　三月
報告・野辺山シンポジウム一九八一（編著）　明治大学考古学研究室　三月
一九八一年度矢出川遺跡群総合調査の経過と課題
多聞寺前遺跡　Ⅰ（鶴丸俊明と共編著）　多聞寺前遺跡調査会　三月
鹿島台遺跡―昭和五四年度埋蔵文化財確認調査報告―（編著）　東大和市教育委員会　三月
旧石器時代末の生活　朝日新聞　七月八日号　朝日新聞社　七月
下里本邑遺跡―東京都東久留米市下里本邑遺跡調査報告書―（編著）　下里本邑遺跡調査会　九月
矢出川遺跡を国指定史跡に　信濃毎日新聞　一〇月二一日号　信濃毎日新聞社　一〇月
〈書評〉加藤晋平ほか編『縄文文化の研究　一巻』　季刊考古学　一号　雄山閣出版　一一月

長野県の遺跡概観　長野県史　考古資料篇〈主要遺跡―北・東信〉　長野県史刊行会　一二月

〈インタビュー〉報告と県見解に注目　朝日新聞（西埼玉版）一二月一六日号　朝日新聞社　一二月

一九八三年（昭和五八）

歴史の中の縄文人像　本　一月号　講談社　一月

縄文農耕　縄文文化の研究　二巻　雄山閣出版　二月

多聞寺前遺跡　Ⅱ（鶴丸俊明と共編著）　多聞寺前遺跡調査会　三月

佐賀県多久三年山における石器時代の遺跡（杉原荘介・安蒜政雄と共著）　明治大学文学部考古学研究室　明治大学文学部研究報告考古学　九冊　三月

八島遺跡　長野県史　考古資料篇〈主要遺跡―南信〉　長野県史刊行会　一二月

茶臼山遺跡　長野県史　考古資料篇〈主要遺跡―南信〉　長野県史刊行会　一二月

上ノ平遺跡　長野県史　考古資料篇〈主要遺跡―南信〉　長野県史刊行会　一二月

踊場遺跡　長野県史　考古資料篇〈主要遺跡―南信〉　長野県史刊行会　一二月

長野県史刊行会　一二月

曽根遺跡　長野県史　考古資料篇〈主要遺跡―南信〉　長野県史刊行会　一二月

海戸遺跡　長野県史　考古資料篇〈主要遺跡―南信〉　長野県史刊行会　一二月

庄ノ畑遺跡　長野県史　考古資料篇〈主要遺跡―南信〉　長野県史刊行会　一二月

総論―石器研究の視点と方法―　縄文文化の研究　七巻　雄山閣出版　五月

身近な文化財を守る　シンポジウム　自然と文化財を守るために　文化財保存全国協議会　六月

図書頒布会の改善は不可能か　日本考古学協会会報　八一号　日本考古学協会　六月

生きた歴史教室に学ぶ　学生新聞　七月一六日号　日本共産党　七月

縄文と弥生の間　歴史公論　九月号　雄山閣出版　九月

縄文人の心伝える―顔面付釣手土器―　日本経済新聞　九月一七日号　日本経済新聞社　九月

杉原荘介氏と登呂発掘　赤旗日曜版　九月二五日号　日本共産党　九月

日本における細石器文化研究の発祥地矢出川遺跡群　信濃考古　七九号　長野県考古学会　九月

矢出川遺跡群（編著）　長野県考古学会　一〇月

「明大アカデミズム」の高揚に向けて　明治大学広報　一五四号　明治大学　一〇月
町田・新井論文に対する論評　第四紀研究　二二巻三号　日本第四紀学会　一一月
東京都東久留米市下里本邑遺跡の調査と保存・活用（山崎丈と共筆）　考古学研究　三〇巻二号　考古学研究会　一〇月
探訪・先土器の遺跡（安蒜政雄と共編著）　有斐閣　一二月
解説・日本の先土器時代文化（安蒜政雄と共筆）
群馬県岩宿遺跡—先土器時代文化の発見—
神奈川県月見野遺跡群—先土器時代のムラ—（安蒜政雄と共筆）
長野県茶臼山遺跡—先土器時代石器群研究の方法—
長野県矢出川遺跡群—日本における細石器文化の研究—
〈書評〉レオ・デューエル著・石黒昭博訳『空からみた考古学』　赤旗　一二月二六日号　日本共産党　一二月

一九八四年（昭和五九）

日本先土器時代文化研究の道標　駿台史学　六〇号　駿台史学会　二月
—杉原荘介教授の業績とその学史的位置—
〈書評〉麻生優編『人間・遺物・遺跡—わが考古学論集　1』　季刊考古学　六号　雄山閣出版　二月

新山遺跡―第五次調査区域発掘調査報告書―（編著）　東久留米市教育委員会　三月
東久留米市埋蔵文化財調査報告　一四集

藤森栄一論　縄文文化の研究　一〇巻　雄山閣出版　四月

〈追悼〉学界に奉仕する心―東京考古学会と先生―　長野県考古学会誌　四八号　長野県考古学会　五月

〈対談〉狭山丘陵も〝都の西北〟　武州路　一三〇号　埼玉選秀会　六月
（角田吉博と対談）

遺跡が語る東京の三万年　1　―先土器・縄文時代―（監著）　柏書房　七月
はじめに―身近な文化財に歴史を学ぶ―
東京人類史の幕あけ―先土器時代の自然環境・ローム層の中の石器―
先土器時代のくらし―狩猟と採集・集団と交流―
先土器文化の発見―板橋区茂呂遺跡―
研究史をかざる遺跡―板橋区栗原遺跡・根ノ上遺跡―
研究史を変えた遺跡―調布市野川遺跡―
ムラと人の集団―調布市野川遺跡―
最古の先土器文化を追う―立川ローム最下層の石器―
道具と狩りの進歩―各種の石器―

遺跡が語る東京の三万年　2　―弥生・古墳時代―（監修）　柏書房　八月

はじめに―地域に根ざした歴史のあゆみ―
遺跡が語る原始・古代の東京　赤旗日曜版　八月二六日号　日本共産党　八月
―科学的でわかりやすい歴史意識の普及をめざして―
日本列島の形成と人類の登場　日本歴史大系　1　山川出版　一〇月
縄文社会の展開　日本歴史大系　1　山川出版　一〇月
日本の旧石器時代　講座日本歴史　1　東京大学出版会　一〇月
「象牙の塔」と都市文化　明治大学広報　明治大学　一〇月
矢出川遺跡群総合調査の経過と課題　自然保護への道　ほおずき書籍　一二月
杉原荘介の先土器時代研究　考古学者・杉原荘介―人と学問―　吉川弘文館　一二月

一九八五年（昭和六〇）

狩りの民と信濃へのみち　信濃路　四七号　信濃路　一月
縄文人は生きている―原始との対話―（編著）　有斐閣　三月
縄文人との対話―序にかえて―
探訪・縄文の遺跡　東日本編（編著）　有斐閣　三月
概説・縄文文化の研究〔I〕
千葉県堀之内貝塚―縄文文化研究のあゆみ
八ヶ岳山麓における洪積世末期の自然と文化（編著）　明治大学人文科学研究所　三月

市民の言葉で考古学　明治大学人文科学研究所紀要　別冊5　日本共産党　四月
日本考古学における型式学の系譜　赤旗　四月七日号

――「考古学演習」での型式学学習の記録――　論集日本原史　吉川弘文館　五月
考古学は三万年前の壁に挑む　赤旗　五月二一日号　日本共産党　五月
原始・古代（監著）　原村誌　上巻　原村　七月
石器時代の「交易」　季刊考古学　一二号　雄山閣出版　八月
〈解題〉再発見、藤森栄一の学問観の輝き　藤森栄一全集　一五巻　学生社　九月
人類史と自然　さやま手帖　六号　狭山丘陵を市民の森にする会　一二月

一九八六年（昭和六一）

長野県の考古学――地域考古史の確立を目ざして――　歴史手帖　一四巻一号　名著出版　一月
土器はなにを語るか　歴史手帖　一四巻二号　名著出版　二月
〈追悼〉「信濃」と考古学　長野県考古学会誌　五〇号　長野県考古学会　二月
茅野市史　上巻　原始・古代（監著）　茅野市　三月

歴史の舞台としての茅野市域
向山遺跡――東京都東久留米市向山遺跡発掘調査報告――（編著）　東久留米市教育委員会　三月

東久留米市埋蔵文化財調査報告　一二集

市町村史編さんと考古学　立川社会教育会館資料　四　東京都立川教育会館　三月
〈座談会〉富士吉田市史の編さんについて　富士吉田市史研究　一号　富士吉田市史編さん委員会　三月
縄文時代観の転換ということ　歴史手帖　一四巻四号　名著出版　四月
岩波講座日本考古学　五巻（編著）　岩波書店　四月
総論―考古学における地域性―
縄文時代の地域と文化―八ヶ岳山麓の縄文文化を例に―
先土器時代の文化の地域性　海外視点・日本の歴史　1　ぎょうせい　五月
古代の知恵を発掘する（監著）　福武書店　六月
「縄文王国」の考古学者たち　長野県風土記　旺文社　六月
縄文人のとまどい　赤旗　六月四日号　日本共産党　六月
縄文人は生きている　信州の旅　五七号　信州の旅社　七月
文化財の発展・文化財の保存　赤旗　七月五日号　日本共産党　七月
―すぐれた政策をもつ日本共産党―
〈解題〉縄文人を掘り出す研究の軌跡　藤森栄一全集　一二巻　学生社　八月
時代別文献解題―縄文時代―（勅使河原彰と共筆）　岩波講座日本考古学　別巻一　岩波書店　八月
完結した「藤森栄一全集」　信濃毎日新聞　八月二〇日号　信濃毎日新聞社　八月
日本考古学史年表（勅使河原彰と共筆）　岩波講座日本考古学　別巻二　岩波書店　九月

旧石器人の宝石の山　信州の旅　五八号　信州の旅社　一〇月
砂川遺跡と本橋清さん　砂川遺跡発掘二〇周年のつどい—講演要旨—　明治大学考古学研究室・所沢歴史研究会　一〇月
いま考古学の存立基盤は確かか？　考古学ジャーナル　二六八号　ニュー・サイエンス社　一〇月
The Collected Reports of TOZAWA's Seminar　戸沢ゼミ学生自家製　一〇月
縄文土器への憧憬　信濃毎日新聞　一一月一一日号　信濃毎日新聞社　一一月
日本における細石器研究　日本考古学論集　4　吉川弘文館　一一月
（『駿台史学』四七号所収、一九七九年九月）

一九八七年（昭和六二）

縄文ムラの収穫まつり　信州の旅　五九号　信州の旅社　一月
日本歴史に生きる縄文人　学生新聞　一月二四日号　日本共産党　一月
棚畑遺跡と大形完形土偶　上　信濃毎日新聞　三月二日号　信濃毎日新聞社　三月
棚畑遺跡と大形完形土偶　下　信濃毎日新聞　三月三日号　信濃毎日新聞社　三月
樋沢押型文遺跡調査研究報告書（会田進と共編著）　郷土の文化財　16　岡谷市教育委員会　三月
活動の中に活かそう　やさしさと思いやりの心　明大組合ニュース　一九〇号　明治大学教職員組合　五月

永遠の人類史　諏訪清陵同窓会報　諏訪清陵高校同窓会　五月

〈書評〉杉原壮介「SUGIHARA'S　HYPOTHESISを破ってほしい」
どんぐり集覧　一号　明治大学考古学研究室同人　六月

縄文のヴィーナス　信州の旅　六一号　信州の旅社　七月

文化財に対する正しい認識を育てる　赤旗　七月二一日号　日本共産党　七月

〈書評〉中村慎一「長江下流域新石器文化の研究」
どんぐり集覧　二号　明治大学考古学研究室同人　七月

陸平貝塚の考古学史の創造　陸平通信　一号　美浦村教育委員会　八月

〈書評〉上田正昭ほか『御柱祭と諏訪大社』　信濃毎日新聞　八月一〇日号　信濃毎日新聞社　八月

先土器・縄文時代の時期区分と時代区分
——学史を中心にして——　考古学研究　三四巻二号　考古学研究会　九月

〈書評〉能登健「縄文農耕論」　どんぐり集覧　三号　明治大学考古学研究室同人　一〇月

〈書評〉横山浩之『人類の起源を探る』　赤旗　一〇月二六日号　日本共産党　一〇月

縄文人との対話——私の考古学手帖——　名著出版　一一月

市民の言葉で考古学——序にかえて　（『赤旗』一九八五年四月七日号）

霧ヶ峰によせる憶い　（『信州の旅』一七号所収、一九七六年七月）

石器時代人の宝石の山　（『信州の旅』五八号所収、一九八六年一〇月、原題「旧石器人の宝石の山」）

信濃の河川と縄文文化　（『信州の旅』二七号所収、一九七九年一月、原題「信州の河川と縄文文化」）

縄文ムラの収穫まつり　（『信州の旅』五九号所収、一九八七年一月）
縄文王国の考古学者　（『長野県風土記』所収、一九八六年六月、原題「『縄文王国』の考古学者たち」）
藤森栄一先生の死　（『考古学ジャーナル』九〇号所収、一九七四年一月、原題「藤森先生の死」）
『かもしかみち』をたどる　（『藤森栄一全集』一巻所収、一九七八年一二月、原題「人間、藤森栄一とその考古学の原点」）
生きた人間を求めた学問　（『信濃毎日新聞』一九七九年一一月七日号、原題「藤森考古学とその継承」）
考古学における地域研究　（『信濃』二六巻四号所収、一九七四年四月、原題「考古学における『地域研究』の方法・序説―藤森栄一の仕事を通して―」）
エスキモー文化の故郷への旅　（『世界の旅・日本の旅』一六号所収、一九六〇年一一月）
パンスバン遺跡に学ぶ　（『赤旗』一九七五年八月一～三日号、原題「パンスバン遺跡の発掘調査に学ぶ」）
ケニアの考古学者の悲願　（『歴史評論』三一三号所収、一九七五年五月、原題「ケニヤの考古学」）
最古の人類文化を見る　（『歴史評論』三一六号所収、一九七五年八月）
人類発達史の宝庫オルドバイ遺跡を行く　（『歴史評論』三一七号所収、一九七五年九月）
石器技術の起源と人類の進化　（『歴史公論』六巻五号所収、一九八〇年五月）
編む―生活史のなかから　（『手―もうひとつの生活』三号所収、一九七九年六月）
道具を作るこころ、使うこころ　（『古代の知恵を発掘する』所収、一九八六年六月、原題「はじめに」「道具をつくる心、使う心―むすびにかえて」）
縄文土器と土偶―その美術史的素描　（『別冊みづゑ』二五号所収、一九五九年一二月）

縄文土器への憧憬　（『信濃毎日新聞』一九八六年一一月一一日号）
縄文人の心理の深層　（『信濃毎日新聞』一九八〇年一〇月一一日号、原題「縄文人の心のふるさと」）
小さな器に豊かな祈り　（『信濃毎日新聞』一九八〇年九月三〇日号、原題「小さく素朴、豊かさ祈る」）
縄文土器の美　（『日本経済新聞』一九八三年九月一七日号、原題「縄文人の心伝える」）
縄文人との対話　（『縄文人は生きている―原始との対話―』所収、一九八五年三月）
縄文人のとまどい　（『赤旗』一九八六年六月四日号）
縄文時代観の転換ということ　（『歴史手帖』一四巻四号所収、一九八六年四月）
身近な文化財を守る　（『シンポジウム 自然と文化財を守るために』所収、一九八三年六月）
陸平貝塚の危機　（『読売新聞』一九七四年七月二四日号）
阿久遺跡の保存運動　（『阿久通信』三号所収、一九七八年一一月、原題「阿久遺跡保存運動をふりかえって」）
市民参加の多摩湖の発掘　（『多摩湖の歴史―湖底の遺跡と村の発掘―』所収、一九八〇年三月、原題「市民参加の発掘が残したもの」）
みんなが創り出した遺跡の保存と活用　（『考古学研究』三〇巻二号所収、一九八三年一〇月、原題「東京都東久留米市下里本邑遺跡の調査と保存・活用」）
矢出川遺跡群の自然と文化財　（『報告・野辺山シンポジウム一九八〇』所収、一九八一年一二月と『報告・野辺山シンポジウム一九八一』所収、一九八二年三月を併せて再構成）
人類史と自然　（『さやま手帖』六号所収、一九八五年一二月）
学史勉強の周辺　（『ミクロリス』一〇号所収、一九五四年一〇月）

岩宿へのながい道（『季刊どるめん』一五号所収、一九七七年一一月）

日本考古学元年をおおった黒い影（『考古学研究』二四巻三・四合併号所収、一九七七年一二月、原題「日本考古学元年をおおった黒い影―モースの食人説をめぐって―」）

いま考古学の存立基盤は確かか？（『考古学ジャーナル』二六八号所収、一九八六年一〇月）

弥生・古墳時代の画期をテーマに―日本考古学協会八七年度大会から―　赤旗　一一月二一日号　日本共産党　一一月

〈書評〉佐原真さんと「日本人の起源」　どんぐり集覧　五号　明治大学考古学研究室同人　一二月

〈インタビュー〉遺跡の保存、活用にも情熱　読売新聞　一二月二一日号　読売新聞社　一二月

雑木林は自然と歴史の宝　あしあと　二号　東大和歴史探訪の会　八月

一九八八年（昭和六三）

岩宿文化を語る　KASAKAKE　一月一日号　笠懸町　一月

発掘物語・岩宿遺跡の発見　図説検証原像日本　二巻　旺文社　二月

〈書評〉『堀之内』（書評その1）　どんぐり集覧　六号　明治大学考古学研究室同人　二月

諏訪史第一巻と考古地域史　諏訪郡史研究紀要　一一号　諏訪教育会　三月

稲作の起源と文化の地域性　赤旗　三月一八日号　日本共産党　三月

明治大学和泉校地遺跡発掘調査報告書（編著）　明治大学和泉校地遺跡発掘調査団　三月

〈書評〉『堀之内』（書評その2）　どんぐり集覧　七号　明治大学考古学研究室同人　三月

縄文時代の住居と集落　長野県史　考古資料篇〈遺構・遺物〉
長野県史刊行会　四月
〈書評〉『堀之内』（書評その3）　どんぐり集覧　八号　明治大学考古学研究室同人　五月
日本歴史を変えた岩宿の発見　赤旗　五月二七日号　日本共産党　五月
―発掘四〇周年を前に―
縄文集落研究の「原点」　考古学ジャーナル　二九三号
ニュー・サイエンス社　七月
中央道の下敷にある信濃古代史の遺産　信州の旅　六四号　信州の旅社　七月
日本人の起源展・日本人はどこから来たか（共編著）　国立科学博物館一一〇周年記念　読売新聞社　七月
遺跡と地域開発の共存へ　読売新聞　八月九日号　読売新聞社　八月
―霞ヶ浦・陸平貝塚の総合調査―
〈書評〉鳥居龍蔵『諏訪史第一巻』　どんぐり集覧　一二号
明治大学考古学研究室同人　八月
八幡一郎先生と「郷土考古学論」―考古地域史の先駆者として―
長野県考古学会誌　五七号　長野県考古学会　一〇月
〈書評〉G・クラーク『中石器時代―新石器時代の揺籃期―』　明治大学考古学研究室同人　一〇月
どんぐり集覧　一四号

縄文人は私の生命　月刊健康　一二月号　月刊健康　一二月

一九八九年（昭和六四・平成一）

古代稲作農耕の研究と現代　書斎の窓　一月号　有斐閣　一月
ふるさとの心失う自然と文化財破壊　読売新聞　一月二五日号　読売新聞社　一月
黙ってはいられない「ふるさと創生」で遺跡危ない　赤旗　一月二八日号　日本共産党　一月
〈書評〉桐原健『縄文のムラと習俗』　信濃毎日新聞　一月二九日号　信濃毎日新聞社　一月
〈座談会〉中国の大学における考古学教育の歴史と現状（司会）　明大学術交流参考資料集　一三九号　明治大学　二月
長野県小県郡長門町鷹山遺跡群　Ⅰ（安蒜政雄・矢島國雄・小菅将夫と共編著）　長門町教育委員会　三月
鷹山遺跡群の調査と歴史
鷹山遺跡群の各遺跡
半蔵窪遺跡調査報告書（阿部芳郎と共編）　東京純心女子学園　三月
長野県史通史編　一巻　原始・古代（永峯光一・岩崎卓也・関晃と共監筆）　長野県史刊行会　三月
信濃史の黎明
考古学ゼミナール・縄文人と貝塚（編著）　六興出版　四月
貝塚を発掘する

解説—縄文人の風景—
東京都心にあらわれた縄文人　信州の旅　六六号　信州の旅社　四月
信州の文化財行政を問う　上　信濃毎日新聞　四月三日号　信濃毎日新聞社　四月
信州の文化財行政を問う　下　信濃毎日新聞　四月四日号　信濃毎日新聞社　四月
文化財保護は考古学の哲学—あとがきにかえて—　人類の未来と文化財保護　文化財保存全国協議会　六月
市民と創る考古学　歴史手帖　一七巻六号　名著出版　六月
よみがえる縄文人骨—長野県北村遺跡の集団墓—　歴史手帖　一七巻六号　名著出版　六月
考古学の一年生　明治大学考古学博物館友の会会報　三　明治大学考古学博物館友の会　七月
考古学から見たみち　文化財信濃　一六巻二号　長野県文化財保護協会　九月
日本歴史の原点・岩宿遺跡の保存　読売新聞　九月二二日号　読売新聞社　九月
石槍文化研究の「定点」—シンポジウム「中部高地の尖頭器文化」によせて—　長野県考古学会誌　五九・六〇合併号　長野県考古学会　一〇月
信州は石槍文化の中核地帯　信濃毎日新聞　一一月二〇日号　信濃毎日新聞社　一一月
古代漂流一六・見えてきた縄文の日常　朝日新聞（大阪）一〇月二八日号　朝日新聞社　一〇月
古代漂流一七・「校庭の遺跡」は語る　朝日新聞（大阪）一一月一〇日号　朝日新聞社　一一月
古代漂流一八・二種の人類がいた谷　朝日新聞（大阪）一一月一七日号　朝日新聞社　一一月
古代漂流一九・縄文以前の狩人たち　朝日新聞（大阪）一一月二四日号　朝日新聞社　一一月

一九九〇年（平成二）

〈対談〉従来の日本史を一変させた岩宿　朝日新聞　一月一日号　朝日新聞社　一月

（田中琢と対談）

先土器時代文化の構造　同朋舎出版　三月

先土器時代文化の構造（学位論文、一九六七年）

長野県八島遺跡における石器群の研究（『駿台史学』八号所収、一九五八年三月）

茶臼山石器文化（『考古学集刊』一巻四号所収、一九六二年六月）

矢出川遺跡（『考古学集刊』二巻三号所収、一九六四年四月）

埼玉県砂川遺跡の石器文化（『考古学集刊』四巻一号所収、一九六八年四月）

日本におけるいわゆる「前期旧石器」の諸問題（『歴史教育』一一巻三号所収、一九六三年三月、原題「日本における所謂「前期旧石器」の諸問題」）

尖頭器文化の研究（『日本の考古学』I所収、一九六五年三月、原題「尖頭器文化」）

日本における細石器の研究（『駿台史学』四七号所収、一九七九年九月）

先土器時代の文化の地域性（『海外視点・日本歴史』1所収、一九八六年五月、原題「先土器時代の文化と地域性」）

日本先土器時代文化研究の道標（『駿台史学』六〇号所収、一九八四年二月）

先土器時代の日本（『講座日本歴史』1所収、一九八四年一〇月、原題「日本の旧石器時代」）

縄文時代史研究序説　名著出版　三月

歴史の中の縄文人像―序にかえて―　（『本』一月号所収、一九八三年一月、原題「歴史の中の縄文人像」）
日本考古学史とその背景　（『日本考古学を学ぶ』1所収、一九七八年一一月）
日本考古学における型式学の系譜　（『論集日本原史』所収、一九八五年五月）
考古学における文化と地域性　（『岩波講座日本考古学』五巻所収、一九八六年四月、原題「総論―考古学における地域性―」）
縄文時代の遺跡・遺物と歴史構成　（『郷土史研究講座』一巻所収、一九七〇年一〇月）
地域研究の理念と方法　（『狭山丘陵』二号所収、一九七九年三月、原題「地域研究の理念と方法・覚書」）
考古地域史の確立を目ざして　（『歴史手帖』一月号所収、一九八九年一月、原題「長野県の考古学」）
海戸遺跡の歴史―一つの遺跡の考古地域史―　（『岡谷市史』上巻所収、一九七三年二月、原題「海戸遺跡」）
先史時代の川岸村―一つの村の考古地域史―　（『川岸村誌』一九五三年九月、原題「先史時代の川岸村」）
信濃考古地域史概観　（『長野県史』考古資料篇〈主要遺跡―北・東信〉所収、一九八二年一二月、原題「長野県の遺跡概観」）
東京都諏訪山遺跡の集落　（『諏訪山遺跡―東京都北多摩郡大和町―』所収、一九六六年八月）
千葉県向台遺跡の貝塚と集落　（『市川市史』一巻所収、一九七一年九月、原題「向台遺跡」）
千葉県姥山貝塚の集落と埋葬人骨群　（『市川市史』一巻所収、一九七一年九月、原題「姥山遺跡」）
千葉県今島田遺跡の集落構成　（『市川市史』一巻所収、一九七一年九月、原題「今島田遺跡」）
縄文時代の住居と集落　（『長野県史』考古資料篇〈遺構・遺物〉所収、一九八八年四月）
縄文農耕論の学史的意義　（『日本考古学を学ぶ』2、一九七九年八月、原題「縄文農耕論」）

縄文農耕論の現状と課題 （『縄文文化の研究』二巻、一九八三年二月、原題「縄文農耕」）

縄文時代史試論 （『日本歴史大系』1所収、一九八四年一〇月、原題「縄文社会の展開」と『探訪・縄文の遺跡』
東日本編所収、一九八五年三月、原題「概説縄文文化の研究〔Ｉ〕」を併せて再構成）

一九八八年度陸平貝塚周辺遺跡発掘調査報告および概要 （中村哲也・川村勝と共編）
陸平調査会報告　二　陸平調査会　三月

古屋敷遺跡発掘調査報告書 （阿部芳郎と共編） 富士吉田市史資料叢書　八巻
富士吉田市教育委員会　三月

歴史遺産としての雑木林　日本の生物　四巻四号　文一総合出版　四月

北村縄文人骨群はよみがえる　信州の旅　七二号　信州の旅社　四月

速報・シンポジウム「中部高地の尖頭器文化」　どんぐり集覧　一六号
明治大学考古学研究室同人　四月

文化財保存と村おこし　歴史手帖　一八巻五号　名著出版　五月
―記録映画「わがふるさとは美浦村・縄文人はよみがえる」にふれて―

こころのやすらぎを守る　赤旗　五月四日号　日本共産党　五月
―狭山丘陵の自然と文化財―

世界最大級の貝塚　一部道路化は反対　読売新聞　一〇月一二日号　読売新聞社　一〇月

文化財は最大の社会資本　考古学ジャーナル　三二四号
ニュー・サイエンス社　一〇月

《項目執筆》三項目　現代日本朝日人物事典　朝日新聞社　一二月
後藤守一／杉原荘介／藤森栄一
縄文人の骨はよみがえる　月刊健康　三五七号　月刊健康　一二月

一九九一年（平成三）

縄文人の嘆きと位置　学生新聞　一月一九日号　日本共産党　一月
―「深層文化論」が描くこと―
一〇〇人が語る、私の〝昭和天皇独白録〟　歴史書通信　七五号　歴史書懇話会　二月
自由学園南遺跡（監修）　東久留米市教育委員会　三月
〈書評〉鈴木公雄編『争点・日本の歴史1』　史学雑誌　一〇〇巻四号　史学会　四月
石器と人類文化　季刊考古学　三五号　雄山閣出版　五月
陸平・動く貝塚博物館構想　歴史手帖　一九巻五号　名著出版　五月
長野県小県郡長門町鷹山遺跡群　Ⅱ（安蒜政雄と共編著）　長門町教育委員会　七月
〈書評〉G・ボジンスキー著、小野昭訳『ゲナスドルフ』
鷹山遺跡群とその周辺をめぐる課題　赤旗　一二月二三日号　日本共産党　一二月

一九九二年（平成四）

〈追悼〉大澤和夫先生の温顔　長野県考古学会誌　六五・六六号　長野県考古学会　三月
中山道・小さな村の大きな夢　信州の旅　八二号　信州の旅社　四月
郷土史研究と考古学　市報東村山　三月一日号　東村山市役所　四月
歴史の基層をつくった人類たち　朝日選書―古代史を語る―　朝日新聞社　五月
ボジンスキー教授の来日
　―ゲナスドルフ遺跡における旧石器生活の復元―　歴史手帖　二〇巻六号　名著出版　六月
考古地域史の構想　信濃　四四巻七号　信濃史学会　七月
考古学における歴史叙述ということ　長野県史をふりかえる
　長野県史をふりかえる発行人会　七月
〈インタビュー〉日本人の「ルーツ」は？　青年新聞　七月四日号　日本共産党　七月
〈座談会〉岩宿遺跡が日本史を書き換えた　広報かさかけ　八月五日号　笠懸町　八月
岩宿文化資料館の夢　その1　Origin　一号　笠懸野岩宿文化資料館　九月
新版古代の日本　八巻（笹山晴生と共編著）　角川書店　一〇月
　古代の東国―広大な歴史の舞台―
　貝塚文化の形成と展開（勅使河原彰と共筆）
「岩宿時代」に向けて　展示解説―岩宿時代―　笠懸野岩宿文化資料館　一〇月
〈座談会〉地域で育てよう！岩宿文化　広報かさかけ　一〇月五日号　笠懸町　一〇月

「市民の考古学」に期待する　歴史手帖　二〇巻一二号　名著出版　一二月
〈インタビュー〉市民の考古学をもとめて　赤旗　一一月七日号　日本共産党　一一月
茨城県稲敷郡美浦村陣屋敷遺跡（監修）　陸平調査会　一二月

一九九三年（平成五）

岩宿文化資料館の夢　その2　Origin　二号　笠懸野岩宿文化資料館　一月
鳥居龍蔵「諏訪史第一巻」の思い出　諏訪史研究紀要　五号　諏訪市史編纂室　三月
北村遺跡の六年間　中央自動車道長野線埋蔵文化財発掘調査報告書　一四　長野県埋蔵文化財センター　三月
〈座談会〉自然と文化財保護の現状と展望　明日への文化財　三三号　文化財保存全国協議会　三月
（甘粕健・石部正志・佐久間貴士・椎名慎太郎・広井敏男・勅使河原彰〔司会〕）
市民参加のもとに市民のための市史を　市史編纂ニュース　二　東大和市史編さん室　三月
「動く貝塚博物館」構想の基礎―陸平貝塚の保存と活用―　論苑考古学　天山舎　四月
「縄文の王国」信濃と倭国時代の信濃　「邪馬台国」徹底論争　三巻　新泉社　四月
岩宿文化資料館の夢　その3　―岩宿大学開校―　Origin　三号　笠懸野岩宿文化資料館　四月
ほんとうの人間と学問　草原の狩人・由井茂也日記抄　ほおずき書籍　六月
《項目校閲》六二一項目　国語辞典　集英社　六月

あくふ（握斧）／あぶやまこふん（阿武山古墳）／アルタミラどうくつ（アルタミラ洞窟）／いわじゅくいせき（岩宿遺跡）／いんきょ（殷墟）／えんじん（猿人）／オルドバイいせき（オルドバイ遺跡）／かぼといせき（河姆渡遺跡）／かめかん（甕棺）／かんじょうれっせき（環状列石）／きざいはにわ（器財埴輪）／きゅうじん（旧人）／きゅうせっきじだい（旧石器時代）／くろいみねいせき（黒井峯遺跡）／くわがたいし（鍬形石）／けいしょうはにわ（形象埴輪）／げんしじだい（原史時代）／げんしつ（玄室）／げんじん（原人）／こうじんだにいせき（荒神谷遺跡）／さいしいせき（祭祀遺跡）／さいもんどき（彩文土器）／さきたまいなりやまこふん（埼玉稲荷山古墳）／ざざらぎいせき（座散乱木遺跡）／さんかくぶちしんじゅうきょう（三角縁神獣鏡）／しゃりんせき（車輪石）／じゅうきょし（住居址）／しんじゅうきょう（神獣鏡）／しんせっきじだい（新石器時代）／しんでんし（神殿址）／じんぶつはにわ（人物埴輪）／せいどうきじだい（青銅器時代）／せきしつ（石室）／せきそう（石槍）／せきぞく（石鏃）／せきふ（石斧）／せっかく（石槨）／せっかん（石棺）／せっきじだい（石器時代）／せんしじだい（先史時代）／たかまつづかこふん（高松塚古墳）／たてあなじゅうきょ（縦穴・竪穴住居）／チャシ／ちゅうせっきじだい（中石器時代）／てっきじだい（鉄器時代）／どうけん（銅剣）／どうたく（銅鐸）／どうほこ（銅矛・銅鉾）／どぐう（土偶）／とりはまかいづか（鳥浜貝塚）／ドルメン／トレンチ／とろいせき（登呂遺跡）／のじりこていいせき（野尻湖底遺跡）／はくへんせっき（剥片石器）／はにわ（埴輪）／ふじのきこふん（藤の木古墳）／ぼうすいしゃ（紡錘車）／やよいどき（弥生土器）／よしのがりいせき（吉野ヶ里遺跡）／ラスコーどうくつ（ラスコー洞窟）／れきしこうこがく（歴

史考古学）
陸平の保存と開発は「並列同義」、始動する「動く博物館構想」 広報みほ　七月号 美浦村 七月
黒曜石と石器社会 読売新聞　九月一五日号 読売新聞社 九月
めざましい群馬の岩宿時代研究
—企画展「群馬の岩宿時代」開催にあたって— 群馬の岩宿時代—第五回企画展示図録— 笠懸野岩宿文化資料館 一〇月
夢と現実とそして理想—開館一周年を迎えて— Origin　五号 笠懸野岩宿文化資料館 一〇月
第一回岩宿シンポジウムに期するもの 第一回岩宿フォーラム／シンポジウム資料集 笠懸野岩宿文化資料館 一〇月
研究と地域文化活動の拠点をめざして
—笠懸野岩宿文化資料館の開館— 岩波講座日本通史　月報二 岩波書店 一〇月
まんが信州の歴史　一巻（監修） 信濃毎日新聞社 一一月
考古学情報・文献交流正常化の抜本的対策を望む 日本考古学協会会報　一二三号 日本考古学協会 一二月

一九九四年（平成六）

『県史』へのある想い—考古学と地域研究— 山口県史研究　二号 山口県史編さん室 三月
〈座談会〉町・人・未来（森田光蔵・蓬萊泰三と鼎談） KASAKAKE　一九九四 笠懸町 三月

N君のこと―地域に生きる学問―　思索の樹海　一九九四　明治大学　四月

〝縄文時代観の転換〟を考える　赤旗　五月一〇日号　日本共産党　五月

日本考古学　一九九三年　歴史手帖　二二巻七号　名著出版　七月

岩宿時代とその研究　中部高地の考古学　IV　長野県考古学会　八月

縄文時代研究事典（編著）　東京堂出版　九月

《項目執筆一六六項目》赤木清（江馬修）／赤星直忠／麻生優／新井白石／飯島魁／磯崎正彦／市原寿文／伊東信雄／井戸尻編年／岩宿時代／岩野見司／上野佳也／江坂輝弥／海老原郁雄／大野延太郎（雲外）／大場磐雄／大林太良／大山柏／岡本勇／オホーツク文化／賀川光夫／加藤孝／加藤稔／金子浩昌／鎌木義昌／神村透／上村俊雄／河口貞徳／環濠／神田孝平／木内石亭／喜田貞吉／キャリパー形土器／巨大木柱遺構／清野謙次／桐原健／楠本政助／栗原文蔵／原土器時代／甲野勇／河野広道／小金井良精／後藤和民／後藤守一／小林達雄／小林久雄／小林行雄／駒井和愛／小山修三／近藤義郎／細石器／酒詰仲男／坂詰秀一／サケ・マス論／佐々木高明／佐々木忠次郎／擦文文化／佐藤達夫／佐原眞／澤四郎／^{14}C年代論争／潮見浩／柴田常恵／清水潤三／縄文時代・縄文文化／縄文中期農耕説／縄文農耕論／縄文晩期農耕説／縄文文化起源論／照葉樹林文化論／白井光太郎／菅江真澄／杉原荘介／杉山寿栄男／鈴木公雄／鈴木尚／芹澤長介／線刻礫／続縄文文化／薗田芳雄／高堀勝喜／高宮廣衛／高山純／塚田光／坪井清足／坪井正五郎／寺田兼方／寺村光晴／土器廃棄場／外山和夫／豊元国／渡来石器／鳥居龍蔵／中尾佐助／永峯光一／中村孝三郎／中谷治宇二郎／名取武光／ナラ林文化論／南北二系統説／西村正衛／野口義麿／配石遺構／橋本正／長谷部

言人／塙静夫／浜田耕作（青陵）／早川荘作／林謙作／林茂樹／半栽培段階説／樋口昇一／ひだびと論争／藤本強／藤本英夫／藤森栄一／掘立柱建物跡／北方起源説／松島義章／松村瞭／松本彦七郎／神子柴型石斧／神子柴・長者久保文化／水野正好／三森定男／ミネルヴァ論争／宮坂英弌／宮坂光昭／ミルン／向坂鋼二／武藤雄六／村越潔／モース／本ノ木論争／森嶋稔／八木奘三郎／八幡一郎／山口敏／山内清男／山本寿々雄／吉田格／礫石斧／和島誠一／渡辺仁／渡辺誠／羽状縄文系土器群／縁帯文系土器群／凹線文系土器群／陸平式土器／帯縄文土器／火炎土器／上ノ国式土器／豆粒文土器／夏島式土器／拝島式土器／樋沢式土器／表裏縄文土器／焼町類型土器／戌立・寺ノ浦遺跡／鷹山黒耀石鉱山跡／立野遺跡／長者久保遺跡／樋沢遺跡／モサンル遺跡／柳又遺跡

どうして遺跡とわかるのか―新発見の遺跡―　日本の歴史を解く百話　文英堂　九月

縄文人のイメージが変わった　日本の歴史を解く百話　文英堂　九月

―あいつぐ縄文時代の遺跡・遺物の大発見―

第二回岩宿シンポジウムを開催するにあたって　第二回岩宿フォーラム／シンポジウム資料集　笠懸野岩宿文化資料館　一〇月

石器群研究の視点　岩宿時代の画期を見る―第九回企画展示図録―　笠懸野岩宿文化資料館　一〇月

―企画展「岩宿時代の画期を見る」開催に当って―

縄文農耕論の段階と意義　市民の考古学　1　論争と考古学　名著出版　一〇月

〈書評〉田中琢・佐原真編『発掘を科学する』　赤旗　一〇月三一日号　日本共産党　一〇月

縄文時代草創期とは　一万年前を掘る　吉川弘文館　一一月

縄文人の生き方から学ぶ　東京中央ロータリー・クラブ週報　東京中央ロータリー・クラブ　一一月

一九九五年（平成七）

縄文人からなにを学ぶか　赤旗日曜版　一月一日号　日本共産党　一月

書かれざる『原史学本論』—杉原荘介の人と学問—　市民の考古学　2　考古学者—その人と学問　名著出版　二月

岩宿大学の開校にあたって　岩宿時代を知る—一九九三年度岩宿大学講義録集—　笠懸野岩宿文化資料館　三月

縄文人との対話　平出博物館ノート　九集　平出博物館　三月

発掘された先人のくらし（監著）日本歴史の中の東大和　東大和市史資料編　3　東大和市　三月

諏訪市史　上巻　原始・古代（監修）　諏訪市　三月

戦後五〇年に思う—皇国史観のもと五〇年前まで歴史から追放されていた縄文人—　グラフこんにちは　二三四号　日本共産党　三月

永遠の人類史　信州の旅　九二号　信州の旅社　四月

縄文人の時代（編著）　新泉社　五月

縄文時代論のもう一つの視角
常民の歴史を追い求めた考古学の心友　明治大学広報　五月号　明治大学　五月
縄文の風景　①　日本歴史の中の縄文人　女性のひろば　一九六号　日本共産党　六月
縄文の風景　②　縄文人の心を知った小学生　女性のひろば　一九七号　日本共産党　七月
〈解説〉永遠の「かもしかみち」　新装版かもしかみち　学生社　七月
「動く博物館」はもう動いている　陸平貝塚からのメッセージ―調査研究発表会記録集―　陸平調査会　七月
〈メッセージ〉歴史の真実と平和の願い　麦　一二三号　東大和の社会教育を考える会　八月
縄文の風景　③　トトロの森と縄文人　女性のひろば　一九八号　日本共産党　九月

一九九六年（平成八）

岩宿時代研究の出発点―群馬県岩宿遺跡の発掘―　市民の考古学　3　発見と考古学　名著出版　二月
〈追悼〉信州考古学「本物の教育者」森嶋稔氏を悼む　信濃毎日新聞　六月一九日号　信濃毎日新聞社　四月
〈解説〉歴史と人を追跡する記者の眼　現場取材、信濃の古代遺跡は語る　新泉社　四月
ツールのルーツ　1　人類が作った最初の道具―オノ―　コンセンサス　四月号　日本電気株式会社　四月
ツールのルーツ　2　素材は道具のいのち―ナイフ―

縄文時代の歴史を復原する　コンセンサス　五月号　日本電気株式会社　五月
—縄文研究の戦後五〇年—　季刊考古学　五五号　雄山閣出版　五月
ツールのルーツ　3　石片に隠された技術　コンセンサス　六月号　日本電気株式会社　六月
最新日本考古学用語辞典（大塚初重と共編）　柏書房　六月
ツールのルーツ　4　一万年前の飛道具—投槍—　コンセンサス　八月号　日本電気株式会社　八月
ツールのルーツ　5　火の利用と土器の誕生　コンセンサス　九月号　日本電気株式会社　九月
創意と活力の縄文時代　信州の旅　九七号　信州の旅社　九月
ツールのルーツ　6　漁労を発展させた骨角器—釣り針—　コンセンサス　一〇月号　日本電気株式会社　一〇月
ツールのルーツ　7　学ぶところのある縄文人の食文化　コンセンサス　一一月号　日本電気株式会社　一一月
ツールのルーツ　8　縄文人の精神生活—人形—　コンセンサス　一二月号　日本電気株式会社　一二月

一九九七年（平成九）

ツールのルーツ　9　銅鐸の謎をめぐって　コンセンサス　一月号　日本電気株式会社　一月
ツールのルーツ　10　大きく変わる縄文人像　コンセンサス　二月号　日本電気株式会社　二月

ツールのルーツ　11　技術の進歩と人類の未来　コンセンサス　三月号　日本電気株式会社　三月
岩宿遺跡より早かった大隅遺跡　大隅遺跡の旧石器　朝日町エコミュージアムの小径　四集　旧石器シンポジウム実行委員会　三月
〈対談〉自然と共生　豊かな縄文（野村崇と対談）　北海道新聞　九月七日号　北海道新聞社　九月

一九九八年（平成一〇）

新年所感―地球の未来を開拓する―　明治大学学園だより　二六六号　明治大学　一月
〈対談〉本学図書館の個性化に向けて（後藤総一郎と対談）　明治大学図書館紀要　二号　明治大学　三月
〈インタビュー〉考古学は夢とロマンの学問　螢雪時代　四月号　旺文社　四月
〈対談〉夢を現実に（石井孝子・倉田武夫と鼎談）　思索の樹海　一九九八　明治大学　四月
考古学と現代　必携古代史ハンドブック　新人物往来社　六月
〈インタビュー〉私の勉学時代　関塾タイムス　六月号　関塾　六月
来賓のあいさつ　柳田国男を学ぶ会の記録　「柳田国男を学ぶ会」運営委員会　七月
〈解説〉心に灯をともす考古学の話　新装版石器と土器の話　学生社　九月
列島初源の人類文化を追う　日本考古学　六号　日本考古学の五〇年　日本考古学協会　一二月

一九九九年（平成一一）

リバティタワー・二一世紀への挑戦　大学紀要　紫紺の暦程　三号　明治大学　三月
〈解説〉藤森栄一著『古道』　古道　講談社学術文庫　講談社　五月
信州の自然は二一世紀への遺産　信州の旅　一一〇号　信州の旅社　一〇月
〈追悼〉ただひたすらに生き抜いた考古学者　岡本勇―その人と学問―　岡本勇先生追悼文集刊行会　一一月

二〇〇〇年（平成一二）

東大和市史（監著）　先人たちのくらしをさぐる（後藤祥夫と共筆）　東大和市　三月
日本歴史の中の縄文人　信濃　五二巻四号　信濃史学会　四月
〈対談〉明治大学で学ぶ（脇水哲郎・倉田武夫と鼎談）　思索の樹海　一九九八　明治大学　四月
四〇〇〇年の眠りからさめた「仮面土偶」　グラフこんにちは　九月一七日号　日本共産党　九月
歴史遺産を新千年紀へ　中日新聞　一〇月二六日号　中日新聞社　一〇月
〈インタビュー〉「現物」に勝てなかった批判　毎日新聞　一一月六日号　毎日新聞社　一一月
消えぬ汚点「発掘ねつ造」　信濃毎日新聞　一一月八日号　信濃毎日新聞社　一一月

二〇〇一年（平成一三年）

そばの食べ方　信州の旅　一一七号　信州の旅社　一月
諏訪の歴史ハンドブック―原始・古代の遺跡をたずねて―（監修）　諏訪教育会　一月
考古学者杉原荘介の人と学問　大学史紀要　紫紺の歴程　五号　明治大学　三月
共生を求める新しい人類史を　経済　七月号　新日本出版社　六月
誤った歴史をくり返さない選挙を　波濤　一一七号　日本共産党後援会　七月
前・中期旧石器問題調査研究特別委員会準備会の六ヶ月　考古学協会会報　一四三号　日本考古学協会　七月
〈インタビュー〉「灰色」で終わらせない　毎日新聞　九月二二日号　毎日新聞社　九月
〈インタビュー〉ねつ造はっきりと判断、最後のお役目のつもり　日本経済新聞　九月三〇日号　日本経済新聞社　九月
〈インタビュー〉検証加速・これからが正念場　読売新聞　一〇月一六日号　読売新聞社　一〇月
〈インタビュー〉旧石器ねつ造から一年　どうなる研究再構築　中日新聞　一〇月二五日号　中日新聞社　一〇月
〈インタビュー〉旧石器「原点」も幻に　信濃毎日新聞　一一月三日号　信濃毎日新聞社　一一月
〈インタビュー〉検証・旧石器遺跡ねつ造　赤旗日曜版　一一月四日号　日本共産党　一一月
「旧石器問題」の検証はどこまで進んだか　科学　七一巻一一号　岩波書店　一一月

二〇〇二年（平成一四）

〈インタビュー〉研究成果 地域還元を　信濃毎日新聞　四月八日号　信濃毎日新聞社　四月

前・中期旧石器問題調査研究特別委員会報告 II（編著）　日本考古学協会　五月

―二〇〇一年度前・中期旧石器問題調査研究特別委員会報告（予稿集）―

予稿集編集の趣旨―真実に一歩近づいた実感

前・中期旧石器問題調査研究特別委員会準備会の六ヶ月

座散乱木遺跡検証結果（中間報告）説明会―二〇〇二・四・一八 岩出山町での特別委員会報告内容―

崩壊した「列島最古の歴史」　毎日新聞　六月一三日号　毎日新聞社　六月

―「旧石器ねつ造問題」検証の節目で―

縄文の八ヶ岳　地域文化　六二号　八十二文化財団　一〇月

私が影響を受けた考古学者・杉原荘介　文化遺産の世界　七号　国際航業株式会社　一一月

増補・縄文人の時代（編著）　新泉社　三月

縄文時代論のもう一つの視角（再録『縄文人の時代』一九九五年五月）

縄文時代研究への理念（書き下ろし）

〈書評〉白石太一郎編「日本の時代史　1　倭国誕生」　歴史と地理　五六〇号　山川出版社　一二月

交友抄・考古学の夢追う（佐原氏追憶）　日本経済新聞　一二月二一日号　日本経済新聞社　一二月

二〇〇三年（平成一五）

「常民」とともに歩む―後藤総一郎さんを悼む―　信濃毎日新聞　一月一五日号　信濃毎日新聞社　一月

考古学のこころ　新泉社　三月

こころを失った考古学への怒り（書き下ろし）

考古学との出合い（『諏訪市史研究紀要』五号所収、一九九三年三月、原題「鳥居龍蔵「諏訪史第一巻」の思い出」）

永遠のかもしかみち（『新装版かもしかみち』所収、一九九五年七月）

独力で尖石を掘りつづける（『歴史手帖』一四巻一号所収、一九八六年一月、原題「長野県の考古学―考古地域史の確立を目ざして―」の一節「宮坂英弌と尖石遺跡の発掘」）

尖石から与助尾根へ（書き下ろし）

縄文集落研究の原点（書き下ろし）

考古地域史がめざしたもの（『長野県考古学会誌』五七号所収、一九八八年一〇月、原題「八幡一郎先生と「郷土考古学論」―考古地域史の先駆者として―」）

執念と情熱の考古学と教育（『市民の考古学　2　考古学者―その人と学問―』所収、一九九五年二月、原題「書かれざる『原史学本論』―杉原荘介の人と学問―」）

旧石器発掘捏造事件を追う（書き下ろし）

考古学を学ぶこころを未来に（書き下ろし）

信州の考古学のこころ―よみがえる平出遺跡―　信州の旅　一二四号　信州の旅社　四月

野辺山の昔語り　佐久考古通信　八六号　佐久考古学会　四月
—由井茂也さんの日記を通して—
わが考古学事始　市民と学ぶ考古学　白鳥舎　五月
地域研究はなぜ大切か　縄文社会を探る　学生社　五月
〈インタビュー〉「旧石器ねつ造」の意味を問う　赤旗　五月三日号　日本共産党　五月
後藤総一郎さんとの出合い、そして別れ　伊那民俗研究　特別号　伊那民俗学研究所　六月
弥生時代の始まり五百年早かった　赤旗日曜版　六月一五日号　日本共産党　六月
—考古学者は受けて立て—
地域に根づく歴史への愛着　信州の旅　一二五号　信州の旅社　七月
諏訪に生きた考古学のこころ　諏訪教育　一〇五号　諏訪教育会　一〇月
きらめく黒耀石の町づくり　信州の旅　一二六号　信州の旅社　一〇月
〈書評〉勅使河原彰著『縄文の素顔』　赤旗　一二月一八日号　日本共産党　一二月
〈メッセージ〉人類史的視野をもって政治を　後援会ニュース　三・四月号外　三月

二〇〇四年（平成一六）

考古地域史論—地域の遺跡・遺物から歴史を描く—　新泉社　一月
考古学における歴史叙述ということ　（『長野県史をふりかえる』所収、一九九二年七月）
地域研究の理念と方法・覚書　（『狭山丘陵』二号所収、一九七九年三月）

考古地域史の構想　（『信濃』四四巻七号所収、一九九二年七月）
いまあらためて地域研究を想う　（『縄文社会を探る』所収、二〇〇三年五月、原題「地域研究はなぜ大切か」）
地域の考古学の先駆者たち　（『岡谷市史』上巻所収、一九七三年一月）
歴史の舞台としての地域　（『茅野市史』上巻所収、一九八六年三月、原題「歴史の舞台としての茅野市域」）
「貝塚文化」の展開と遺跡群　（『市川市史』一巻所収、一九七一年九月）
考古地域史の方法・試論　（『岩波講座日本考古学』五巻所収、一九八六年四月、原題「総論―考古学における地域性―」と「縄文時代の地域と文化―八ヶ岳山麓の縄文文化を例に―」を併せて再構成）
後藤総一郎さんを悼む辞　常民史学への視座―後藤総一郎 人と思想―　岩田書院　一月
縄文に近づく御柱　信州の旅　一二七号　信州の旅社　一月
〝悩む土偶〟から〝笑う埴輪〟へ　ひたちなか市の考古学　二号　ひたちなか市文化・スポーツ公社　七月
〈対談〉市民と学ぶ考古学の未来　上　赤旗　九月七日号　日本共産党　九月
（茢谷俊介と対談）
〈対談〉市民と学ぶ考古学の未来　中　赤旗　九月八日号　日本共産党　九月
（茢谷俊介と対談）
〈対談〉市民と学ぶ考古学の未来　下　赤旗　九月九日号　日本共産党　九月
（茢谷俊介と対談）

陸平が未来に残すもの―動く博物館構想の原点―　ようこそ陸平へ　陸平をヨイショする会　一〇月

二〇〇五年（平成一七）

「山の神」自然の中に生きる　信州の旅　一三一号　信州の旅社　一月
沼津始源の住民と生活　沼津市史　通史編　原始・古代・中世　沼津市　三月
「常民史学」の思想と考古学　地域と文化の考古学　I　六一書房　三月
地域研究がとらえた井戸尻文化　井戸尻考古館建設三十周年記念講演録集　井戸尻考古館　三月
ある考古少年の考古学にかけた夢　信州の旅　一三二号　信州の旅社　四月
信州の黒耀石文化　信濃　五七巻五号　信濃史学会　五月
まだ生きていてほしかった織笠昭くん　石器文化の研究　新泉社　六月
〈対談〉市民と学ぶ考古学の未来　茢谷俊介の考古学対談　新日本出版社　五月
歴史遺産を未来へ残す―信州・考古学の旅―　新泉社　八月
はじめに―二十一世紀に残すべき信州の自然と歴史遺産（『信州の旅』一一〇号所収、一九九九年一〇月、原題「信州の自然は二十一世紀への遺産」）
よみがえる五千年のムラ（『信州の旅』一二四号所収、二〇〇三年四月、原題「信州の考古学のこころ」）
きらめく黒耀石の町づくり（『信州の旅』一二六号所収、二〇〇三年一〇月）
地域に根づく歴史への愛着（『信州の旅』一二五号所収、二〇〇三年七月）

縄文に近づく御柱　（『信州の旅』一二七号所収、二〇〇四年一月）
「山の神」自然の中に生きる　（『信州の旅』一三一号所収、二〇〇五年一月）
閑話休題・信州そばの食べ方　（『信州の旅』一一七号所収、二〇〇一年七月、原題「そばの食べ方」）
「中山道」小さな村の大きな夢　（『信州の旅』八二号所収、一九九二年四月）
高速道路の下敷きにある信濃古代史の遺産　（『信州の旅』六四号、一九八八年七月）
眠りからさめた縄文人骨群　（『信州の旅』七二号所収、一九九〇年四月、原題「北村縄文人骨群はよみがえる」）
北村縄文人の墓碑　（『歴史手帖』一七巻六号所収、一九八九年六月）
縄文のヴィーナス　（『信州の旅』六一号所収、一九八七年七月）
東京都心にあらわれた縄文人　（『信州の旅』六八号所収、一九八九年四月）
永遠の人類史　（『信州の旅』九二号所収、一九九五年四月）
信州の風土　（『長野県史』考古資料篇〈主要遺跡―北・東信〉所収、一九八二年一二月、原題「長野県の遺跡概観」）
地域と遺跡分布の特徴（『長野県史』考古資料篇〈主要遺跡―北・東信〉所収、一九八二年一二月、原題「長野県の遺跡概観」）
時代の動きと文化の流れ（『長野県史』考古資料篇〈主要遺跡―北・東信〉所収、一九八二年一二月、原題「長野県の遺跡概観」）
三万年の人類史が動いたみち　（『信濃路』四七号所収、一九八五年一月、原題「狩りの民と信濃への道」と

『文化財信濃』一六巻三号所収、一九八九年九月、原題「考古学から見たみち」を併せて再構成）
「古道」人間史が流れるみち　（『古道』講談社学術文庫所収　一九九九年五月、原題「解説」）
歴史の真実に迫る学問観　（『季刊・地域と創造』五号所収、一九七八年五月、原題「藤森考古学の現代的意義」）
縄文時代観の転換を迫る阿久の発見　（『信濃毎日新聞』一九七七年一〇月一〇日号、原題「転換迫られる縄文時代観」）
阿久遺跡の全面保存に向けて　（『赤旗』一九七七年一〇月二五日号、原題「阿久遺跡の調査と保存」）
「阿久遺跡を守る県民集会」の成功　（『赤旗』一九七八年二月二八日号、原題「保存運動と行政の責任」）
黙視できない保存運動への攻勢　（『赤旗』一九七八年一一月一九日号、原題「黙視できない開発側の攻勢」）
深刻化増す文化財の危機　（『歴史手帖』二二巻七号所収、一九九四年七月、原題「文化財保存と村おこし」）
不発に終わった学会決議　（書き下ろし）
信州の文化財行政でなにが起こっていたか　（『信濃毎日新聞』一九八八年四月三・四日号、原題「信州の文化財行政を問う　上・下」）
歴史遺産を新千年紀へ　（『中日新聞』二〇〇〇年一〇月二六日号）
信州をこよなく愛した考古学者―八幡一郎　（『長野県考古学会誌』五七号所収、一九八八年一〇月、原題「八幡一郎先生と「郷土考古学論」―考古地域史の先駆者として―」〈抄録〉）
「人間的史観」を貫いた考古学―藤森栄一　（『信濃毎日新聞』一九八六年八月二〇日号、原題「完結した藤森栄一全集」）

地域に芽生えた原始集落の研究—宮坂英弌　（『信濃毎日新聞』一九七四年三月一〇日号、原題「原始集落の研究と宮坂先生」）

信州の考古学を支えた「信濃史学」—一志茂樹　（『長野県考古学会誌』五〇号、一九八六年二月、原題「『信濃』と考古学」）

信州考古学の本物の研究者—森嶋稔　（『信濃毎日新聞』一九九六年六月二六日号）

常民の歴史を追い求めた考古学の心友—後藤総一郎　（『明治大学広報』一九九五年五月号、原題「常民の歴史を追い求めた考古学の心友」と『地域と文化の考古学』I所収、二〇〇五年三月、原題「常民学の思想と考古学」と併せて再構成）

信州の地に生き抜いて一世紀—由井茂也　（書き下ろし）

おわりに—ある少年の考古学にかけた夢　（『信州の旅』一三二号所収、二〇〇五年四月）

信州最古の旧石器を観る　信州の旅　一三三号（終刊号）　信州の旅社　八月

狭山丘陵と私　雑木林の詩　五九号　東大和市環境を考える会　八月

民間学の思想　常民大学研究紀要　五　柳田学から常民の学へ　岩田書院　九月

由井茂也先生の「青春」は永遠である　佐久考古通信　九四・九五合併号　佐久考古学会　一二月

二〇〇六年（平成一八）

信州考古学支えた江戸っ子　信濃毎日新聞　一月一四日号　信濃毎日新聞社　一月

―樋口昇一さんを悼む―　新泉社　三月
藤森栄一を読む（編集代表・著）
人間、藤森栄一とその考古学の原点（『藤森栄一全集』一巻所収、一九七八年一二月）
生きた縄文人を掘り出す研究の軌跡（『藤森栄一全集』一二巻所収、一九八六年八月、原題「縄文人を掘り出す研究の軌跡」）
再発見、藤森栄一の学問観の輝き（『藤森栄一全集』一五巻所収、一九八五年九月）
あとがき（書き下ろし）
八ヶ岳山麓の考古地域史の試み　新尖石縄文考古館開館五周年記念考古論文集　尖石縄文考古館　三月
捏造の時代　地域文化　七六号　八十二文化財団　四月
〈インタビュー〉人間のいる考古学とは　毎日新聞　四月二四日号　毎日新聞社　四月
未来に引き継ぐ市民の歴史遺産　オール諏訪　二六〇号　諏訪郷土文化研究会　五月
〈書評〉文化財保存全国協議会編『新版遺跡保存の事典』　赤旗　七月一八日号　日本共産党　七月
私のポケット原稿　地域文化　七七号　八十二文化財団　七月
五十年前の樋口さんとの約束　信濃　五八巻九号　信濃史学会　九月
あの一言―生きるとは、ひたすらに生き抜くこと　信濃毎日新聞　九月四日号　信濃毎日新聞社　九月
すいとんの味　地域文化　七八号　八十二文化財団　一〇月

子どもに夢を　地域文化　七九号　八十二文化財団　一二月

二〇〇七年（平成一九）

郷愁の中の岡谷製糸業史　蚕糸博物館紀要　一一号　岡谷市教育委員会　一月

語りかける縄文人　新泉社　六月

序―縄文人は怒ってる（書き下ろし）

ふるさとで学んだ少年時代の考古学（講演：長地小学校、二〇〇六年一〇月一二日）

教育と考古学の風土（講演：諏訪季節大学会、二〇〇三年五月三一日）

戦後六〇年とわたしの考古学（講演：自由学園、二〇〇五年一一月一五日）

インダストリー論から考古地域史論へ（講演：長野県考古学会、二〇〇六年一二月二日）

老考古学徒のつぶやき（『地域文化』七二～七九号所収、二〇〇六年四月～二〇〇七年一二月）

縄文人は生きている（講演：岡谷市生涯学習大学、二〇〇五年八月六日）

仮面土偶発見！　あの感動をいま一度（対談：尖石縄文考古館、二〇〇六年五月九日）

地域研究がとらえた井戸尻文化（講演：井戸尻考古館、二〇〇四年八月一二日）

陸平が未来に残すもの―動く博物館構想の原点―（講演：美浦村文化財センター、二〇〇四年五月二三日）

歴史の道は未来につづく（講演：長和町黒耀石ふるさとまつり、二〇〇六年八月二七日）

歴史の真実に迫る学問観（講演：多摩考古学会、二〇〇五年七月二三日）

力を与えられたふるさとの声　長野日報　八月二五日号　長野日報社　八月

二十五年前の縄文農耕論　山麓考古　二〇号　武藤雄六さん喜寿記念号
山麓考古同好会　九月

人類史への旅　長野県考古学会誌　一二二号　長野県考古学会　一一月

二〇〇八年（平成二〇）

昭和二五（一九五〇）年の下島遺跡の調査　下島遺跡・下ッ原遺跡　茅野市教育委員会　三月
平成一八・一九年度広域営農団地農道整備事業八ヶ岳西麓地区に伴う緊急発掘調査報告書

「柳沢遺跡の銅戈・銅鐸」の発刊に寄せて　信濃毎日新聞　六月二四日号　信濃毎日新聞社　六月

〈対談〉支えあいの文化・縄文　縄文シティサミットｉｎしおじり・報告
（星野知子と対談）　縄文都市連絡協議会　六月

ふるさと諏訪の「文化力」　諏訪郷友会会報　三七号　諏訪郷友会　八月
―清陵同級生と原始ロマンの遺跡を歩く―

第九回和島誠一賞・戸沢充則氏受賞のあいさつ　文全協ニュース　一八〇号
文化財保存全国協議会　九月

日本人の心のやすらぎ守る狭山丘陵の自然と文化　トトロの森から　五七号　トトロのふるさと財団　九月

諏訪神社と日本文化の古相　全国諏訪神社連合会講演集　二輯
全国諏訪神社連合会　一〇月

二〇〇九年（平成二一）

月見野の発掘—先土器時代研究の転換点—（編著）　新泉社　三月

はじめに—解題をかねて（書き下ろし）

月見野・野川以前と以後（『砂川先土器時代遺跡』所収、一九七四年三月、原題「砂川遺跡の第一次調査から第二次調査まで」）

先土器時代論（『日本考古学を学ぶ』3所収、一九七九年六月）

神奈川県・月見野遺跡群（安蒜政雄と共筆、『探訪・先土器の遺跡』所収、一九八三年一二月）

日本先土器時代研究の視点（『神奈川考古』八号所収、一九八〇年五月）

先土器時代研究の到達点と保存の意義（『第2次埋蔵文化財白書』所収、一九八一年五月）

石槍文化研究の定点（『長野県考古学会誌』五九・六〇合併号所収、一九八九年一〇月）

岩宿時代とその研究（『中部高地の考古学』Ⅳ所収、一九九四年八月）

インダストリー論とは何だったのか（『語りかける縄文人』所収、二〇〇七年六月、原題「インダストリー論から考古地域史論へ」）

諏訪湖底曽根遺跡研究一〇〇年の記録（監著）　曽根遺跡研究会　三月

曽根遺跡発見一〇〇年に寄せて

曽根は諏訪の文化力の表徴　諏訪市博物館研究紀要　三号　諏訪市博物館　三月

〈追悼〉近藤義郎さんを悼む—「月の輪人」の誇り—　読売新聞　一〇月二三日号　読売新聞社　一〇月

二〇一〇年（平成二二）

竹佐中原遺跡の調査と日本旧石器文化の研究　長野県竹佐中原遺跡における旧石器時代の石器文化　II　長野県埋蔵文化財センター　三月

〈弔辞〉藤森考古学の二人の魂　長野県考古学会誌　一三一・一三二合併号　長野県考古学会　三月

〈インタビュー〉「旧石器発掘捏造」発覚から一〇年――戸沢名誉教授に聞く――　中日新聞　六月一五日号　中日新聞社　六月

「縄文学者」坪井清足先生の光芒　坪井清足先生卒寿記念論文集　埋文行政と研究のはざまで　坪井清足先生の卒寿をお祝いする会　一一月

二〇一一年（平成二三）

人間史観の考古学　心に灯　読売新聞　八月一七日号　読売新聞社　八月

二〇一二年（平成二四）

考古学変革の新しい契機　考古学ジャーナル　六二三号　ニュー・サイエンス社　一月

〈シンポジウム〉縄文の八ヶ岳　その魅力を語る　茅野市尖石縄文考古館開館一〇周年記念論文集（水野正好・小林達雄と鼎談、［司会］会田進・勅使河原彰）　尖石縄文考古館　三月

道具と人類史　新泉社　七月

道具のルーツ　（『コンセンサス』四月〜三月号所収、一九九六年四月から一九九七年三月、原題「ツールのルーツ」）

土器はなにを語るか　（『歴史手帖』一四巻二号所収、一九八六年一二月）

縄文土器への憧憬　（『信濃毎日新聞』一九八六年一一月一一日号）

縄文人の心理の深層　（『信濃毎日新聞』一九八〇年一〇月一一日号）

縄文人のエネルギー　（『信濃毎日新聞』一九七一年一月一日号）

小さな器に豊かな祈り　（『信濃毎日新聞』一九八〇年九月三〇日号、原題「小さく素朴、豊かさを祈る」）

縄文土器の美　（『日本経済新聞』一九八三年九月一七日号、原題「縄文人の心伝える」）

縄文の八ヶ岳の世界　（『地域文化』六二号所収、二〇〇二年一〇月、原題「縄文の八ヶ岳」〈抄録〉）

Ⅱ 講演一覧

◉戸沢充則のメモ記録にもとづいて作成した。当然一九七二年以前にも行われていたはずであるが、戸沢のメモと日記以外に確認の方法がないので、ここでは省略している。なお、最下段は、主催者か会場かの区別をつけがたいものもあるが、これも戸沢の記録を忠実に活かし、その区別には言及していない。

◉講演年だけで、月日が不明な場合は、該当年の最後に記している。

一九七二年（昭和四七）

貝塚文化について　千葉市教育委員会

一九七六年（昭和五一）

八月二九日　日本考古学の動向—諏訪の考古学の歩み—　諏訪教育会

一九七八年（昭和五三）

一一月一九日　土器と住居跡　東大和市教育委員会

一九七九年（昭和五四）

一一月　七日　八ヶ岳西南麓遺跡群の特徴と意義　文化庁

一二月　二日　日本先土器時代研究の視点　神奈川考古同人会

一九八〇年（昭和五五）

五月一一日　信州の考古学と地域研究　佐久考古学会

石器時代の文化（連続五回）　朝日カルチャーセンター

一九八一年（昭和五六）

五月一八日　西ヶ原遺跡の発掘　大蔵省印刷局
七月　四日　新山遺跡の縄文人　東久留米市教育委員会
七月一九日　狭山丘陵に眠る遺跡　東村山郷土研究会
九月　二日　先土器時代の遺跡群　神奈川県教育委員会
一一月一四日　八ヶ岳山麓の縄文文化　長野県中央自動車道遺跡調査会
一二月　五日　矢出川遺跡群の総合調査　駿台史学会
考古学と歴史教育　信州大学歴史研究会

一九八二年（昭和五七）

一月二三日　縄文時代の多摩　東村山公民館
四月　五日　日本の石器時代（四月一二日・一九日・二六日、五月一〇日の連続五回）　朝日カルチャーセンター
一一月　二日　縄文人像を考える　東大和歴史探訪会

一九八三年（昭和五八）

八月　三日　縄文人の生活　下諏訪町博物館
一〇月二三日　矢出川遺跡群の保存と活用　長野県考古学会大会

一九八四年（昭和五九）

一一月一七日　縄文人との出逢い　大井町教育委員会

一九八五年（昭和六〇）

一月二〇日　先土器時代人の生活　山梨県考古学協会

三月一七日　歴史教育と貝塚発掘　市川考古博物館

三月二四日　縄文人は生きている　東大和歴史探訪の会

一一月一五日　土器の発明　千代田成人大学

先土器時代文化の舞台　神奈川県民アカデミー

一九八六年（昭和六一）

三月　四日　狭山丘陵と武蔵野の大昔　東大和市教育委員会

八月　二日　信濃の考古地域史　信濃教育会

九月二七日　縄文人は生きている　千代田成人大学

一九八七年（昭和六二）

一月　先土器時代の茅野　茅野市教育委員会

一九八八年（昭和六三）

一月二三日　諏訪史第一巻と考古地域史　諏訪教育会
七月二七日　日本最古の人類文化を求めて　東京国立博物館
八月　一日　縄文ムラから古代の村へ　信濃教育会
一〇月　一日　縄文人の日々　尖石考古館

一九八九年（昭和六四・平成元）

四月二八日　考古学入門　東急セミナー
五月一二日　考古学的に見たみち　長野県文化財保護協会
九月一〇日　歴史の中の岩宿遺跡　笠懸村
一〇月二一日　石槍文化研究の「定点」　長野県考古学会秋季大会
一〇月二八日　先土器時代研究の出発点　明治大学考古学博物館
一一月一七日　縄文文化起源論の歩みと視点　神奈川県民アカデミー

一九九〇年（平成二）

一月一二日　縄文人は生きている　岩手県埋蔵文化財センター
三月一一日　縄文時代草創期とは（座談会）　橿原考古学研究所
四月二二日　ひとの歴史と雑木林とこころと　トトロのふるさと基金

五月二〇日　地域考古史の構想　信濃史学会
八月一九日　北村縄文人の生活基盤　明科町教育委員会
九月二二日　歴史遺産を地域に生かす　三方町
一〇月一二日　縄文の諏訪　明治大学（諏訪講座）
一〇月二七日　日本考古学史の中の宮坂英弌　尖石考古館
一一月一三日　原始・古代遺跡にかこまれた町　匹見町
一一月一七日　陸平貝塚の保存と村おこし　美浦村

一九九一年（平成三）

三月三〇日　陸平・動く貝塚博物館構想　明治大学考古学博物館友の会
三月三一日　加曽利貝塚に学ぶ　日本考古学協会・文化財保存全国協議会
五月二四日　日本文化の古層を探る　II　明治大学（諏訪講座）
八月　六日　縄文王国信濃と倭国時代の信濃　東方史学会
九月二二日　戦争と人類史　東大和原水禁
九月二七日　長野県の考古学　諏訪教育会
一〇月二六日　市川の森と遺跡　市川の自然と文化の会
一一月　六日　論争・縄文農耕論　明治大学考古学博物館

一九九二年（平成四）

四月　五日　ボジンスキー教授の来日　明治大学考古学博物館友の会
六月二八日　リゾート開発、まちづくり、文化財保護　文化財保存全国協議会長野大会
九月二五日　日本文化の古層を探る　Ⅲ　明治大学（諏訪講座）

一九九三年（平成五）

三月　四日　考古学って面白いよ　笠懸村
五月　二日　岩宿時代とその研究　日本考古学協会第五九回総会
六月一〇日　縄文文化のゆくえ　明治大学考古学博物館
六月一一日　縄文人は生きている　静岡県埋蔵文化財研究所
六月一三日　考古学と市民　岩宿博物館友の会
一一月一九日　杉原荘介、書かれざる原史学本論　明治大学考古学博物館

一九九四年（平成六）

三月二〇日　縄文人との対話　平出歴史大学
六月　五日　岩宿人の文化をどのように研究するか　岩宿大学
九月二五日　縄文時代観の転換を考える　寺野東遺跡の保存を考える会
一一月一七日　縄文時代と現代　東京中央ロータリークラブ

一一月二〇日　「縄文王国」の崩壊　長野県考古学会秋季大会
一二月一七日　動く博物館はもう動いている　陸平調査会

一九九五年（平成七）

一月一九日　縄文の大発見と縄文時代観　NHK文化センター
五月二九日　湖岸の文化創造と陸平　美浦村
七月　豊かな森と縄文人のくらし　東村山郷土研究会
八月二〇日　霞ヶ浦周辺の貝塚文化　玉里村
一〇月二〇日　列島初原始の人類文化を追う　明治大学考古学博物館
一〇月二五日　考古学と現代　明治大学公開大学
一一月一六日　石器の原産地と消費地　関ブロ研修会
一一月一八日　九州の岩宿時代研究　九州旧石器文化研究会

一九九六年（平成八）

二月　九日　八ヶ岳山麓の縄文文化　茅野市
一一月　四日　岩宿遺跡より早かった大隅の発見　朝日町民大学
一二月　八日　岩宿時代史の構築に向けて　岩宿大学
一二月二一日　縄文時代の話　国立市図書館

一九九七年（平成九）

一月二四日　人類史に学ぶ　公認会計士会
五月　三日　縄文人の歴史を発掘する　尖石考古館
六月一一日　信州教育の伝統と考古学　長野県教育センター
九月一八日　古代遺跡に魅せられて　岡谷市生涯教育
人類史と道具・技術　明治大学理工学部
考古学に学ぶ　武蔵野市文化講座

一九九八年（平成一〇）

七月　七日　氷河時代をのり切る若い力　松商学園高等学校
八月　二日　三内丸山遺跡の発掘と縄文人の生活　明治大学校友会
一一月一九日　縄文王国の崩壊　長野県考古学会

一九九九年（平成一一）

一月　八日　見直されてきた縄文文化　明治大学リバティアカデミー
九月一八日　初期人類史の教訓　成田市民大学
一〇月三一日　日本歴史の中の縄文人　信濃史学会

二〇〇〇年（平成一二）

八月二七日　平出発掘から五〇年、平出を活かす二一世紀　塩尻市

二〇〇一年（平成一三）

二月二三日　縄文の八ヶ岳　地質ボーリング協会
四月　一日　二一世紀のふるさと岡谷　岡谷市
五月二〇日　開会挨拶―公開討論会の趣旨　日本考古学協会第六七回総会公開討論会
六月一六日　日本考古学の発展と「明大考古学」　明治大学リバティアカデミー
八月　四日　八ヶ岳山麓における縄文文化論の再構築　信濃教育会
一〇月　七日　旧石器問題の検証はどこまで進んだか（報告）　日本考古学協会盛岡大会
一〇月一三日　日本考古学の存立基盤を考える　文化財保存新潟協議会
一〇月二一日　地域考古史の構想再論　明治大学考古学博物館
一〇月二七日　縄文地域社会の復原　大学合同シンポ
一二月一七日　世界の旧石器を見る　飯田市山本公民館

二〇〇二年（平成一四）

三月一七日　旧石器研究は生きている　長野県埋蔵文化財センター
四月一八日　座散乱木遺跡の検証（中間報告）の説明　岩出山町

五月二五日　前・中期旧石器問題特別委二〇〇一年度活動の総括　日本考古学協会第六八回総会
八月　三日　茶臼山発掘五〇周年　諏訪市文化センター

二〇〇三年（平成一五）

五月三一日　教育と考古学の風土　諏訪季節大学会
一〇月二八日　諏訪神社と日本文化の古層　全国諏訪神社連合会

二〇〇四年（平成一六）

五月二三日　陸平が未来に残すもの—動く博物館構想の原点—　美浦村文化財センター
八月二一日　地域研究がとらえた井戸尻文化　井戸尻考古館

二〇〇五年（平成一七）

七月二三日　歴史の真実に迫る学問観　多摩考古学会
八月　六日　縄文人は生きている　岡谷市生涯学習大学
一一月一五日　戦後六〇年とわたしの考古学　自由学園

二〇〇六年（平成一八）

五月　九日　仮面土偶発見！　あの感動をいま一度（対談）　尖石縄文考古館

八月二七日　歴史の道は未来に続く　長和町黒耀石ふるさとまつり
一〇月一二日　ふるさとで学んだ少年時代の考古学　岡谷市立長地小学校
一二月　二日　インダストリー論から考古地域史論へ　長野県考古学会

二〇〇七年（平成一九）

六月三〇日　支えあいの文化・縄文　縄文シティサミットｉｎしおじり
一〇月二四日　人類史への旅　富士見町立南中学校

二〇〇八年（平成二〇）

一一月一五日　曽根は諏訪の文化力の表徴　諏訪市博物館

二〇〇九年（平成二一）

一〇月一四日　藤森考古学の二つの魂　藤森みち子氏ご逝去、弔辞
一〇月二四日　語りかける縄文人―縄文人は怒っている―　風樹文庫

二〇一〇年（平成二二）

三月二八日　考古学と戦後史　諏訪・戦争はいやだ平和を守ろう会
九月二三日　信州縄文王国と栃原遺跡　北相木村公民館

Ⅲ　年譜

●明治大学に入学する一九五二年以前の遺跡の調査履歴は、長野県内に限られているので県名は省略している。
●県市町村史の編纂委員などでは、終了時が不明確なものがあるが、その場合は出版物が刊行された年月を便宜的に終了時としている。

一九三二年（昭和七）——〇歳

一〇月一九日　戸沢正則・とりいの四男として長野県岡谷市栄町に生まれる

一九三九年（昭和一四）——七歳

四月　岡谷小学校（下校）入学

一九四三年（昭和一八）——一一歳

岡谷小学校の裏山（後、下り林遺跡）で防空壕掘り中に土器等発見

一九四五年（昭和二〇）——一三歳

四月　旧制諏訪中学校入学

一〇月　教科書スミ塗り後、学校裏の畑で縄文土器を採集。以後、学校周辺（諏訪市）や市内（岡谷市）等で遺物採集を始める

一九四六年（昭和二一）——一四歳

四月　諏訪清陵高校（併設中学校）編入学。地歴部員

一一月　諏訪史談会主催（八幡一郎指導）海戸遺跡発掘を見学。地歴部員数名で海戸遺跡を発掘、弥生土器を得る。防空壕掘りをした記憶から下り林遺跡を発見、連続して発掘（四九年

頃まで）

一九四七年（昭和二二）――一五歳

八月　諏訪湖底曽根遺跡を舟上から調査（以後、数回）。古塚古墳調査

一一月　史実会を結成、広畑遺跡発掘調査

一九四八年（昭和二三）――一六歳

四月　諏訪清陵高校進学。与助尾根遺跡発掘調査に参加（以後、数回）。コウモリ塚古墳調査

五月　古塚古墳調査

一一月　殿村遺跡発掘調査

一二月　下り林遺跡発掘調査（以後、翌年秋まで一〇回余）

一九四九年（昭和二四）――一七歳

四月　尖石を守る会の活動に加わる

六月　与助尾根遺跡発掘調査に参加

七月　梨久保遺跡発掘調査（以後、五〇年夏まで数次）

八月　滝沢コレクションの調査。海戸遺跡、丸山遺跡発掘調査

九月　下島遺跡、上ノ段遺跡発掘調査

一九五〇年（昭和二五）——一八歳

一〇月　松島透らと北原遺跡、立野遺跡、林里遺跡発掘調査

一一月　細久保遺跡発掘調査（第一次）

一九五一年（昭和二六）——一九歳

三月　諏訪清陵高校卒業

四月　諏訪考古学研究所同人

九月　広畑遺跡発掘調査

一〇月　鬼戸窯跡発掘調査。ゴミッ沢遺跡発掘調査

一一月　川岸村誌のため荒神塚古墳等村内の遺跡調査。庄ノ畑遺跡発掘調査

一九五二年（昭和二七）——二〇歳

四月　明治大学入学（文学部史学地理学科考古学専攻）

八月　長野県樋沢遺跡発掘調査

九月　長野県茶臼山遺跡発掘調査（一二月まで）

一九五三年（昭和二八）——二一歳

五月　長野県上ノ平遺跡発掘調査
六月　神奈川県下組貝塚発掘調査。青森県金木砂礫層調査
七月　愛知県西志賀貝塚発掘調査
八月　長野県新道遺跡発掘調査
一一月　長野県馬場平遺跡発掘調査

一九五四年（昭和二九）――二二歳

九月　長野県矢出川遺跡発掘調査（一一月）
一〇月　千葉県堀之内貝塚発掘調査。青年考古学協議会設立に参加
この年、明大考古学研究会の活動に力を入れる

一九五五年（昭和三〇）――二三歳

六月　神奈川県夏島貝塚発掘調査
七月　神奈川県南堀貝塚発掘調査
八月　東京都小河内遺跡群発掘調査。長野県八島遺跡発掘調査
一一月　明大考古学研究会で日本最初の旧石器時代展を企画・主宰

一九五六年（昭和三一）――二四歳

四月　明治大学大学院修士課程入学
六月　千葉県犢橋貝塚発掘調査
八月　山梨県古屋敷遺跡発掘調査
一一月　京都市深草遺跡発掘調査
一二月　奈良県飛鳥寺発掘調査

一九五七年（昭和三二）――二五歳

三月　神奈川県杉田遺跡発掘調査
四月　長野県男女倉遺跡発掘調査
五月　千葉県上座遺跡発掘調査

一九五八年（昭和三三）――二六歳

四月　明治大学大学院博士課程入学。新潟県荒屋遺跡発掘調査
五月　明治大学大学院特選研究生（一九六一年三月まで）。千葉県加曽利貝塚発掘調査
六月　神奈川県赤穂原遺跡発掘調査
七月　東京都八丈島踏査
八月　東京都大石山・ボータ遺跡発掘調査
一〇月一九日　塚原富士子と結婚

一〇月　青森県雨滝遺跡発掘調査（一一月まで）

一九五九年（昭和三四）——二七歳

五月　千葉県曽谷貝塚発掘調査

一一月　長野県神子柴遺跡発掘調査（第二次）

一二月　埼玉県五領遺跡発掘調査

一九六〇年（昭和三五）——二八歳

四月　日本考古学協会員（二〇〇四年三月まで）

六月　明治大学アラスカ学術調査団員としてホット・スプリング貝塚発掘調査（七月まで）

八月　佐賀県多久三年山・茶園原遺跡発掘調査

一九六一年（昭和三六）——二九歳

四月　明治大学文学部専任講師（一九六八年三月まで）

五月　千葉県鳴神山遺跡発掘調査

七月　北海道白滝服部台遺跡発掘調査

八月　佐賀県平沢良・鈴桶遺跡発掘調査

一九六二年（昭和三七）――三〇歳

三月　明治大学大学院博士課程中退

五月　千葉県姥山貝塚発掘調査

七月　宮城県山王遺跡発掘調査

八月　千葉県堀之内貝塚発掘調査。北海道置戸遺跡発掘調査

九月　神奈川県桂台遺跡発掘調査

一〇月　千葉県庚申・曽谷貝塚発掘調査

一一月　茨城県立木貝塚発掘調査

一九六三年（昭和三八）――三一歳

五月　千葉県堀之内貝塚B地点発掘調査

六月　静岡県伊良宇根遺跡発掘調査

七月　青森県雨滝遺跡発掘調査（第三次）

八月　広島県帝釈寄倉岩陰遺跡発掘調査

一一月　長野県矢出川遺跡発掘調査（第三次）

一九六四年（昭和三九）――三二歳

三月　東京都八丈島湯浜遺跡発掘調査

五月　千葉県犢橋貝塚発掘調査
八月　千葉県加曽利貝塚発掘調査。広島県帝釈寄倉岩陰遺跡発掘調査（第二次）
一一月二三日　長男・冬樹誕生

一九六五年（昭和四〇）――三三歳

二月　千葉県加曽利貝塚発掘調査
六月　茨城県法堂遺跡発掘調査
八月　広島県帝釈寄倉岩陰遺跡発掘調査（第三次）
一〇月　千葉県加曽利貝塚北貝塚発掘調査

一九六六年（昭和四一）――三四歳

二月　東京都諏訪山遺跡発掘調査（三月まで）
六月　千葉県加曽利貝塚発掘調査
七月　長野県海戸遺跡発掘調査
八月　広島県帝釈寄倉岩陰遺跡発掘調査（第四次）。千葉県美濃輪台貝塚発掘調査
一〇月　埼玉県砂川遺跡発掘調査
一一月　千葉県北台貝塚発掘調査
一二月　長野県岡谷市史顧問（一九七三年三月まで）

この年、東京都東大和市文化財専門委員（二〇〇五年六月まで）

一九六七年（昭和四二）――三五歳

一月　八日　長女・めぐみ誕生
三月　東京都砂野遺跡発掘調査。埼玉県場北遺跡発掘調査
六月　千葉県向台貝塚発掘調査
七月　千葉県権現原貝塚発掘調査
九月二五日　『先土器時代文化の構造』で文学博士（明治大学）
一〇月　北海道川東羽田遺跡発掘調査

一九六八年（昭和四三）――三六歳

四月　明治大学文学部専任助教授（一九七六年三月まで）
五月　茨城県陸平貝塚測量調査
八月　長野県後田原遺跡発掘調査。佐賀県原遺跡発掘調査
九月　神奈川県月見野遺跡群発掘調査

一九七〇年（昭和四五）――三八歳

四月　神奈川県月見野遺跡群発掘調査（第二次）

六月　明治大学教職員組合執行委員（一九七一年六月まで）

一九七一年（昭和四六）――三九歳

一一月　日本考古学協会委員（一九七三年五月まで）

一九七二年（昭和四七）――四〇歳

六月　長野県石子原遺跡視察

一九七三年（昭和四八）――四一歳

二月　砂川遺跡発掘調査（第二次）

五月　日本考古学協会委員（一九七五年五月まで）

一九七五年（昭和五〇）――四三歳

四月　明治大学在外研究員でアフリカ・フランスを歴訪（一二月まで）

六月　藤森栄一賞選考委員会委員（二〇〇五年六月まで）

一九七六年（昭和五一）――四四歳

一月　東京都多摩湖遺跡群調査団長（三月まで）

四月　明治大学文学部専任教授（二〇〇二年三月まで）

六月　明治大学教職員組合執行委員長（一九七七年六月まで）。東京都新山遺跡調査会理事（一九八一年三月まで）・第Ⅰ次調査区代表調査委員（一九七七年一月まで）

一九七七年（昭和五二）――四五歳

二月　東京都新山遺跡調査団長（一九八一年三月まで）

一九七八年（昭和五三）――四六歳

三月　東京都上ノ台遺跡調査団長

四月　長野県史考古資料編全一巻担当編纂委員・監修（一九八八年三月まで）

五月　日本考古学協会委員（八月まで）

八月　東京都下里本邑遺跡調査会理事・調査団長（一九八三年三月まで）

一二月　東京都東久留米市文化財保護審議会委員（一九九〇年一二月まで）

一九七九年（昭和五四）――四七歳

四月　明治大学人文科学研究所重点共同研究「八ヶ岳東南麓における洪積世末期の自然と文化の変遷」研究代表者（一九八一年三月まで）

九月　野辺山シンポジウム一九七九を主宰

一〇月　東京都多聞寺前遺跡調査会理事・調査団長（一九八三年八月まで）

一九八〇年（昭和五五）――四八歳

三月　東京都鹿島台遺跡調査団長
四月　狭山丘陵の自然と文化財を考える連絡会議代表委員（一九九六年四月まで）
六月　明治大学臨時学長室専門員（一九八二年三月まで）
七月　千葉県土気遺跡発掘調査（一九八六年まで）
一〇月　野辺山シンポジウム一九八〇を主宰

一九八一年（昭和五六）――四九歳

四月　長野県史通史編原始・古代担当編纂委員・監修（一九八九年三月まで）。長野県原村誌指導顧問（一九八五年七月まで）。長野県原村阿久遺跡整備委員会委員（二〇一二年四月九日まで）
八月　長野県樋沢遺跡発掘調査（第三次）。樋沢遺跡研究シンポジウムを主宰
一〇月　野辺山シンポジウム一九八一を主宰

一九八二年（昭和五七）――五〇歳

四月　明治大学学長室専門員（一九八四年三月まで）

八月　東京都新山遺跡（第Ⅴ次）調査団長（一九八四年三月まで）

一九八四年（昭和五九）――五二歳

三月　東京都向山遺跡調査団長（一九八六年三月まで）

四月　山梨県富士吉田市史編さん専門委員（二〇〇〇年三月まで）

九月　東京都上砂遺跡調査団長

一〇月　長野県鷹山遺跡調査団顧問（一九八六年三月まで）

一一月　長野県茅野市史編纂顧問（一九八六年三月まで）

一九八五年（昭和六〇）――五三歳

三月　東京都半蔵窪遺跡調査団長（八月まで）

四月　明治大学特別研究員（一九八六年三月まで）。長野県遺跡調査指導委員会会長（一九八九年三月まで）。東京都上宿遺跡調査団長（一九八七年三月まで）

一九八六年（昭和六一）――五四歳

四月　長野県鷹山遺跡群調査団顧問（二〇一二年四月九日まで）

一〇月　明治大学文学部二部主任（一九八八年九月まで）

一二月　東京都新橋遺跡調査団長（一九八八年三月まで）

一九八七年（昭和六二）――五五歳

四月　茨城県美浦村陸平調査会副会長・調査団長（二〇〇八年三月まで）
五月　東京都上ノ台遺跡調査団長（六月まで）
七月　東京都東久留米市第一小学校周辺遺跡発掘調査団長（一九八九年三月まで）
八月　東京都神明山南遺跡調査団長（一九九四年一月まで）
一〇月　東京都自由学園南遺跡発掘調査団長（一九九六年三月まで）

一九八八年（昭和六三）――五六歳

三月　長野県諏訪市史監修（一九九五年三月まで）
一二月　東京都東村山市遺跡調査会理事（二〇〇八年三月まで）

一九八九年（昭和六四・平成一）――五七歳

二月　東京都中の割遺跡調査団長（一九九〇年三月まで）
八月　東京都下里本邑遺跡（第2地点）発掘調査団長（一九九五年三月まで）
一一月　東京都東大和市史編さん委員（二〇〇〇年三月まで）

一九九〇年（平成二）――五八歳

三月　長野県茅野市尖石遺跡整備委員会委員長（二〇〇九年三月まで）

五月　長野県鷹山遺跡群調査団長
八月　東京都笹塚遺跡調査団長（一〇月まで）
一〇月　明治大学文学部史学地理学科長（一九九二年九月まで）。東京都東村山市史編さん委員（一九九六年三月まで）

一九九一年（平成三）――五九歳

二月　群馬県笠懸町岩宿文化資料館展示計画策定委員長（一九九二年八月まで）
四月　東京都東村山市史編集調査会委員（一九九六年三月まで）

一九九二年（平成四）――六〇歳

二月　東京都宮前遺跡調査団長（一二月まで）
四月　明治大学考古学博物館館長（一九九六年三月まで）。群馬県笠懸町笠懸野岩宿文化資料館館長（一九九四年三月まで）。長野県遺跡調査指導委員会会長（二〇一〇年三月まで）
五月　東京都笹塚遺跡調査団長（七月まで）
六月　岩宿文化賞選考委員（一九九四年三月まで）
一〇月　東京都六仙遺跡発掘調査団長（一九九七年三月まで）
一一月　長野県長門町鷹山遺跡群保存・活用協議会顧問（二〇〇二年三月まで）

一九九四年（平成六）――六二歳

一月　東京都小山台遺跡発掘調査団長（一九九七年三月まで）
四月　東京都東久留米市埋蔵文化財調査団長（二〇一二年四月九日まで）
七月　長野県長門町鷹山遺跡教室校長（二〇〇四年三月まで）
八月　東京都新山遺跡発掘調査団長（九月まで）
一〇月　明治大学文学部長（一九九六年三月まで）

一九九五年（平成七）――六三歳

一月　東京都新橋南遺跡発掘調査団長（三月まで）
五月　日本考古学協会五〇周年記念出版特別委員長（一九九九年五月まで）
七月　東京都川岸遺跡調査団長（八月まで）

一九九六年（平成八）――六四歳

三月　東京都山浦遺跡（第Ⅰ次）調査団長。東京都東大和市郷土博物館協議会委員（一九九八年二月まで）
四月　明治大学学長（二〇〇〇年三月まで）。東京都東村山市文化財保護審議会委員（二〇〇〇年三月まで）
七月　東京都下宅部遺跡調査団長（二〇〇六年三月まで）

一九九七年（平成九）——六五歳

一月　長野県茅野市新尖石考古館建設専門委員会委員長（二〇〇〇年七月まで）

二月　東京都東久留米市No.12・13遺跡発掘調査団長（三月まで）

五月　東京都山浦遺跡（第Ⅱ次）調査団長（七月まで）

一九九八年（平成一〇）——六六歳

九月　文化財保護審議会第一専門調査会専門委員（二〇〇一年一月まで）。東京都金山遺跡調査団長（一〇月まで）。東京都西下里遺跡調査会理事・調査団長（二〇〇三年三月まで）

一九九九年（平成一一）——六七歳

一月　長野県塩尻市史跡平出遺跡整備委員会委員長（二〇一二年四月九日まで）

三月　東京都自由学園南遺跡調査団長

二〇〇〇年（平成一二）——六八歳

四月　長野県茅野市尖石縄文考古館名誉館長（二〇一二年四月九日まで）。宮坂英弌記念尖石縄文文化賞選考委員会委員長（二〇一〇年三月まで）。東京都自由学園遺跡調査団指導委員（二〇〇五年一二月まで）

一二月　日本考古学協会前・中期旧石器問題調査研究特別委員会準備会委員長（二〇〇一年五月ま

で）

二〇〇一年（平成一三）――六九歳

二月　文化審議会文化財分科会第一専門調査会専門委員（二〇〇二年二月まで）

五月　日本考古学協会前・中期旧石器問題調査研究特別委員会委員長（二〇〇二年六月まで）

九月　長野県竹佐中原遺跡等調査指導委員会委員長（二〇〇八年七月まで）。長野県茅野市仮面土偶愛称選考委員会委員長

二〇〇二年（平成一四）――七〇歳

三月　明治大学退職

四月　明治大学名誉教授（二〇一二年四月九日まで）。長野県長門町黒耀石展示・体験館建設委員会委員長（二〇〇四年三月まで）

八月　長野県長門町第一期史跡星糞峠黒曜石原産地遺跡整備委員会委員（二〇〇四年三月まで）

二〇〇三年（平成一五）――七一歳

四月　沼津市史編集委員会委員（二〇〇五年三月まで）

二〇〇四年（平成一六）――七二歳

四月　東京都東村山市文化財保護審議会委員（二〇〇五年一〇月から長和町）町立黒耀石展示・体験館名誉館長（二〇一二年四月九日まで）。長野県長門町（二〇〇八年三月まで）

二〇〇五年（平成一七）――七三歳

六月　藤森栄一賞選考委員会委員長（二〇一一年二月まで）

二〇〇六年（平成一八）――七四歳

一月　茨城県美浦村陸平貝塚保存活用検討委員会学術指導委員（二〇一〇年一月まで）

二〇〇七年（平成一九）――七五歳

七月　長野県長和町第二期史跡星糞峠黒曜石原産地遺跡整備委員会顧問（二〇一二年四月九日まで）

二〇〇八年（平成二〇）――七六歳

五月　東京都向山遺跡（第三次）調査団長（六月まで）

六月一六日　第九回和島誠一賞受賞

二〇一一年（平成二三）――七九歳

一一月二八日　第六五回毎日出版文化賞受賞

二〇一二年（平成二四）――七九歳

四月　九日　逝去（享年七九）

「考古学の道標」編集委員会

勅使河原彰（委員長）
石川日出志（事務局長）
佐々木憲一
石川正行
追川吉生
大竹幸恵
大竹憲昭
小川直裕
門内政広
奈良忠寿
三上徹也
矢島國雄

口絵写真提供
多摩湖遺跡群にて：東大和市教育委員会
「仮面の女神」を発掘する：茅野市尖石縄文考古館
自宅の書斎にて：三上徹也
上記以外、戸沢富士子

考古学の道標《みちしるべ》——考古学者・戸沢充則《とざわみつのり》の軌跡《きせき》

2014年 11月25日　第1版第1刷発行

編　者＝「考古学の道標」編集委員会
発行者＝株式会社　新 泉 社
東京都文京区本郷2−5−12
TEL 03（3815）1662 ／ FAX 03（3815）1422
印刷・製本／萩原印刷

ISBN978-4-7877-1413-8　C1021